La chirurgie
à l'Hôtel-Dieu de
Montréal
au XIXe siècle

PIERRE MEUNIER, M.D., F.R.C.S.(C)

La chirurgie à l'Hôtel-Dieu de Montréal au XIXe siècle

*Les trois fleurs de lis représentent les trois fondateurs de l'Hôtel-Dieu
et les trois premières religieuses venues de France.
La croix symbolise le dévouement du personnel hospitalier,
la flamme la science et la charité et le monogramme
l'origine de Montréal, Ville Marie.*

1989
Les Presses de l'Université de Montréal
C.P. 6128, succ. « A », Montréal (Québec), Canada   H3O 3J7

Du même auteur

Étude clinique de la dysménorrhée, Paris, Librairie Maloine, 1950

Diagnostic gynécologique, Montréal, les Presses de l'Université de Montréal, 1966

L'Insurrection à Saint-Charles en 1837 et le Seigneur Debartzch, Montréal, Fides, 1986, « Prix Percy-Foy »

ISBN 2-7606-0812-3

Dépôt légal, 3e trimestre 1989 — Bibliothèque nationale du Québec

Aux religieuses hospitalières
de Saint-Joseph
qui depuis trois siècles contribuent à l'essor
de la médecine à Montréal

PRÉFACE

Médecins et historiens ont plusieurs points en commun. D'abord, tous deux étudient l'homme: le premier s'intéresse à sa naissance, à sa croissance et aux diverses causes de sa mort, alors que le second cherche à comprendre son évolution à travers ses rapports avec ses contemporains. C'est pourquoi les connaissances médicales ne peuvent se concevoir en dehors de l'histoire sans leur mémoire et leur synthèse dans le temps, à des époques différentes.

Malheureusement, depuis quelques années, plusieurs facultés de médecine ont abandonné l'enseignement de l'histoire médicale. En omettant cette discipline, elles privent les étudiants de la référence principale sur laquelle devraient se greffer les connaissances actuelles. La rencontre du jeune étudiant avec ce qui le précède dans le temps lui donnerait de la médecine une vision plus globale qui l'aiderait à comprendre que la solution qu'on lui propose aujourd'hui ne prévalait pas hier et aura disparu demain. En se familiarisant avec la médecine d'autres époques, il acquerrait l'habitude de se méfier des critères actuels et l'esprit critique nécessaire pour accepter ou récuser ceux du futur. Son esprit embrasserait de plus larges horizons. Il comprendrait que si l'histoire ne peut résoudre nos problèmes actuels, elle peut aider à les poser correctement.

L'enseignement d'une médecine scientifique dépouillée de son contexte historique débouche sur l'inculture médicale et sur l'amnésie. En revanche, certains médecins consacrent leurs loisirs à l'étude de l'histoire: ils accumulent ainsi une somme de connaissances qui souvent sortent pour la première fois des archives médicales. En mettant par écrit le fruit de leurs recherches et de leurs réflexions, ils pallient l'insuffisance de l'enseignement de l'histoire de la médecine. Pierre Meunier est de ceux-là.

IX

Que son choix se soit arrêté sur le xixe siècle n'est pas le fruit du hasard. Fertile en découvertes importantes et en notions nouvelles que l'expérience allait révéler exactes, la seconde partie du xixe siècle vit se raffiner plusieurs techniques chirurgicales jusque-là grossières et assista aux débuts de l'anesthésie et de l'asepsie ainsi qu'à la découverte des rayons X.

C'est donc l'histoire médicale de ce siècle que raconte Pierre Meunier, à partir de la perspective chirurgicale propre à l'Hôtel-Dieu, seul hôpital montréalais francophone de l'époque. Son œuvre, divisée en plusieurs chapitres succincts, relate les hauts faits de la chirurgie, en particulier ceux du docteur William-Hale Hingston, éminent chirurgien, maire de Montréal en 1875, et consultant au chevet du président des États-Unis (1881), et qui allait être anobli à la fin de ce siècle. Il souligne certains événements de l'époque qui devaient s'avérer lourds de conséquences pour la nôtre.

L'œuvre du Dr Pierre Meunier, gynécologue à l'Hôtel-Dieu de Montréal et professeur à la faculté de médecine de l'Université de Montréal, enrichira notre patrimoine et ravivera, nous l'espérons, notre mémoire collective.

Marcel Cadotte, m.d., M.Sc.
Rédacteur en chef de
L'Union médicale du Canada
Professeur agrégé de pathologie
Université de Montréal et
Hôtel-Dieu de Montréal

TABLE DES MATIÈRES

AVANT-PROPOS

Cet ouvrage a pour objet de faire revivre les débuts de la chirurgie à l'Hôtel-Dieu de Montréal. Cet hôpital, fondé par Jeanne Mance en 1642 et situé rue Saint-Paul à l'ombre de l'église Notre-Dame, fut abandonné et reconstruit avenue des Pins en 1860, pour former avec l'Ecole de médecine et de chirurgie de Montréal située en face, l'un des premiers Centres hospitaliers universitaires (CHU) en Amérique. C'était l'époque où la chirurgie connaissait une grande impulsion.

En effet, la découverte de l'éther et du chloroforme au milieu du XIXe siècle donna un essor considérable à la chirurgie qui jusque-là se limitait à de rares amputations — véritables tortures —, et à quelques interventions mineures. L'anesthésie générale rendue possible, la crainte céda à une meilleure collaboration des malades et les opérations devinrent plus fréquentes et plus osées.

Les sources d'information les plus anciennes, permettant de décrire les procédés opératoires de nos devanciers, se trouvent dans les revues médicales d'expression anglaise, soit le « Medical Chronicle or Montreal Monthly Record of Medicine and Surgery » et le « British American Journal of Medicine and Physical Sciences ». C'est dans ces revues que les premiers chirurgiens de l'Hôtel-Dieu, les docteurs Horace Nelson, Pierre Munro et William Hale Hingston publiaient, car « l'Union médicale du Canada » n'existait pas encore.

À partir de 1867, les religieuses de l'Hôtel-Dieu ont enregistré des protocoles opératoires dont les détails et la calligraphie font la joie du lecteur. Ces protocoles, complétés par de nombreuses statistiques, sont un véritable trésor historique. Grâce à ces registres si bien conservés par les religieuses hospitalières de Saint-Joseph, il est possible de revivre cette période héroïque de la chirurgie, alors que l'habileté et la rapidité de l'opérateur compensaient le manque de solutés intra-veineux et de transfusions, et quand, en l'absence d'antisepsie et d'asepsie, l'infection était la règle, si on ne prenait pas des soins extrêmes de propreté. En effet, les succès presque « miraculeux » de certains chirurgiens à l'époque pré-aseptique tenaient principalement à leur dextérité, au nettoyage minutieux des mains, des instruments, voire du plancher et des murs de la salle d'opération, comme l'exigeait le docteur W.H. Hingston la veille de ses interventions chirurgicales. Nous verrons que celles-ci, loin d'être mineures, étaient quelquefois de réels « commandos » dont le succès ne cesse de nous étonner après plus d'un siècle.

Le premier journal médical canadien-français, « l'Union médicale du Canada », apparut en 1872. Il fut suivi de « l'Abeille médicale » en 1879 et de la « Gazette médicale » en 1887. Des internes, sous la rubrique « Courrier des hôpitaux » et « Cours et cliniques des chirurgiens de l'Hôtel-Dieu », faisaient le bilan des activités chirurgicales de chaque mois, ne manquant pas de rapporter les rares laparotomies qui, à l'époque, étaient de véritables exploits chirurgicaux. Les professeurs de l'École de médecine et de chirurgie y publiaient des articles didactiques, discutaient des techniques opératoires et poursuivaient dans « l'Abeille médicale » une vive polémique avec l'Université Laval dont ils rejetaient l'emprise.

Nos prédécesseurs, comme nos ancêtres, aimaient en effet la controverse, et toute innovation étaient âprement discutée. C'est ainsi que l'antisepsie et l'asepsie, universellement reconnues aujourd'hui, furent contestées et qu'il fallut toute l'autorité de Pasteur et de Lister pour les imposer.

La dernière décennie du siècle vit naître les laboratoires et les rayons X, dans lesquels la clinique trouva, enfin, de précieux auxiliaires. La chirurgie abdominale, jusque-là gynécologique, devint timidement digestive avec les premières appendicectomies et les premières gastroentérostomies.

Il est quelquefois bon de retourner à nos « racines chirurgicales » et de considérer tout le chemin parcouru.

Chapitre 1

L'HÔTEL-DIEU DE MONTRÉAL
en 1800

Au début du XIXe siècle, l'Hôtel-Dieu de Montréal, fondé en 1642, était situé dans le Vieux Montréal, au coin des rues Saint-Paul et Saint-Sulpice. L'œuvre de Jeanne Mance, encore bien modeste, était ravagée par le temps: « les murs, qui comptaient un siècle d'existence et qui avaient passé par trois incendies, menaçaient grandement de s'écrouler malgré les réparations effectuées chaque année et qui ne laissaient pas d'être très onéreuses. Les meilleurs ouvriers consultés avaient déclaré que tout était dans le plus mauvais état »[1].

À cette époque, selon Maude Abbott, l'Hôtel-Dieu ne pouvait accueillir que trente malades et n'admettait aucun patient atteint de maladie contagieuse[2].

D'après la tradition établie par Jeanne Mance, les religieuses soignent les malades conformément aux règles suivantes: « L'hospitalière fera au malade un chaleureux accueil et l'avertira doucement

1

de se mettre en bon état afin que Dieu donne sa bénédiction aux remèdes et aliments dont il a besoin. Elle fera préparer son lit, lui enlèvera ses vêtements dans une pièce chauffée et aura toujours de l'eau chaude pour lui laver les pieds. Elle s'informera du jour que la maladie a commencé, observera les heures de la fièvre, relâchement ou redoublement, pour en informer le médecin. Elle ne permettra jamais que le malade quitte le lit sans la permission du médecin. Le médecin devra toujours être accompagné auprès des patients afin que ses ordonnances puissent être promptement exécutées »[3].

Sœur Jeanne Bernier qui a écrit ce qui précède donne ensuite une assez bonne description de l'hôpital: « Pénétrons maintenant dans les anciennes salles. Elles ont vingt-cinq pieds de large, seize pieds de haut et d'une longueur proportionnée au nombre des malades. Les planchers sont de bois mou; le balayage se fait au bran de scie humide ».

« Chaque malade a son lit de grandeur uniforme. Il a, en outre, à sa disposition, une paire de pantoufles, une robe de chambre, une petite table marquée au chiffre du lit. Le nom d'un saint sert à distinguer les malades. Le chemin de croix est aussi érigé dans chaque salle.

« Des bouteilles d'étain et des rouleaux de bois réchauffent les patients au besoin. La règle recommande, en outre, de mettre des pots de fleurs aux fenêtres pour réjouir les malades, de brûler des parfums, et de faire aérer les salles dans le temps convenable, ouvrant les fenêtres du côté où le vent ne donne pas.

« Toutes les sœurs vont servir les malades aux heures des repas. Elle entrent dans les salles deux à deux. Arrivées au milieu de la salle, toutes se mettent à genoux pour la prière du matin pendant que la Supérieure donne l'eau bénite aux malades et récite le « petit Benedicite ». Les prières finies, les hospitalières servent le déjeuner, aident les plus débiles à prendre leur nourriture et déplient leur serviette. Elles lavent les mains des malades avant les repas et ce rite est précédé et suivi d'une inclination.

« Les autres sœurs rendent tous les services nécessaires et font les lits se mettant deux à deux à chacun. Vers dix heures, elles servent la soupe. Pendant le repas, elles visitent les malades pour s'assurer que rien ne leur manque. Le silence est exactement gardé afin que le service puisse se faire avec plus d'attention.

« Les fondatrices ont même la permission de dispenser les malades de l'abstinence, selon qu'elles le jugent nécessaire. Les attributions de la pharmacienne représentent la partie scientifique des soins aux malades. Accompagnant le médecin dans les salles, la pharmacienne reçoit leurs ordonnances et s'y conforme à la lettre.

« Tous les pansements et traitements doivent être faits par elle ou ses compagnes. Elle prépare tous les médicaments, n'en donne aucun aux malades sans leur faire laver la bouche auparavant et sans leur donner des petites douceurs par-dessus le remède pour en adoucir l'amertume[3]. »

Ancien Hôtel-Dieu (jusqu'à 1821) rue Saint-Paul.

Notons que l'Hôtel-Dieu fut l'unique hôpital de Montréal jusqu'à la fondation de l'Hôpital général en 1819. Rappelons aussi que, jusqu'au début du XIXe siècle, la ville ne s'étendait guère au-delà de ses fortifications qui s'élevaient le long des actuelles rues Berri, Saint-Jacques, McGill et de la Commune. La petite église paroissiale était située dans l'axe de la rue Notre-Dame, en marge de la Place d'Armes. Lorsque cette première église sera remplacée par l'actuelle basilique, en 1829, on rétablira la continuité de la rue Notre-Dame[4].

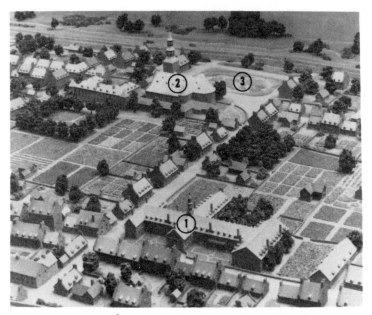

nord

1- Hôtel-Dieu   2- Église Notre-Dame   3- Place d'Armes

sud

1- Hôtel-Dieu   2- Église Notre-Dame   3- Place d'Armes

Photographie d'une maquette au Musée Hélène de Champlain.
Courtoisie de Mme David MacDonald-Stewart.

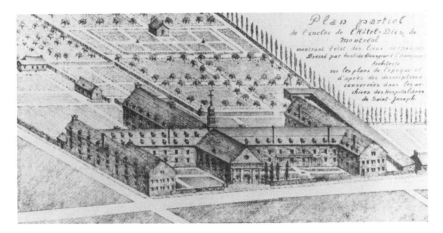

Plan partiel de l'enclos de l'Hôtel-Dieu de Montréal.

Chapitre 2

LES MÉDECINS DE L'HÔTEL-DIEU AU DÉBUT DU XIXe SIÈCLE

Parmi les médecins qui ont contribué à l'œuvre de l'Hôtel-Dieu de Montréal au cours de la première moitié du XIXe siècle, certains méritent une attention particulière, et bien sûr, notre admiration, car ces pionniers n'eurent pas la tâche facile.

LE DOCTEUR ROBERT SYM

On sait peu de chose du docteur Robert Sym, qui pratiqua la médecine à l'Hôtel-Dieu de 1782 à 1807 (année de sa mort), sauf qu'il était d'origine britannique et protestant et qu'il mourut à l'hôpital après s'être converti au catholicisme, comme le confirme ce touchant témoignage anonyme: « Dieu voulut sans doute le récompenser du zèle qu'il avait constamment déployé dans l'exercice de son emploi, en lui faisant trouver dans cette même maison la grâce du salut; car il eut le bonheur d'embrasser la foi catholique, et les religieuses lui accordèrent, après sa mort, arrivée en 1807, les mêmes suffrages qu'elles ont coutume d'offrir à Dieu pour chacune d'elles à son décès »[5].

Le docteur Robert Sym pratiqua la médecine avant que la chirurgie ne prenne véritablement son essor avec James Syme, William Fergusson, et Sir Astley Paston Cooper en Angleterre avec Diffenbach, Langenbeck, Von Graefe et Gustave Simon en Allemagne et avec Larrey, Dupuytren, Velpeau et Nelaton en France. Sa chirurgie devait être essentiellement traumatique, limitée aux amputations et aux pansements des plaies. Il devait aussi pratiquer des saignées et des ouvertures d'abcès.

En effet, depuis Ambroise Paré, qui au XVIe siècle avait introduit les ligatures artérielles, la chirurgie avait fait bien peu de progrès. Par contre, grâce à une connaissance plus approfondie de l'anatomie, grâce aussi aux études de Willian Harvey sur la circulation artérielle, aux découvertes en histologie et à une plus stricte discipline scientifique, particulièrement celle de l'école d'Édimbourg (où John Hunter[6] répondait à la proposition du jeune Jenner, voulant expérimenter la vaccine (*cow-pox*) sur l'humain, « *Don't think, try* »), les bases de la médecine scientifique et expérimentale étaient posées.

C'est sur ces fondations que la physique, la chimie et la biologie érigeront, au cours du XIXe siècle, un arsenal imposant de connaissances qui remplaceront les théories le plus souvent erronées des siècles précédents. La transition ne fut cependant pas instantanée et on mit du temps à rejeter un enseignement séculaire selon lequel la maladie devait être expulsée de l'organisme par le jeûne, par des purgations, des saignées ou des sangsues. Encore en 1833, on dut importer 41 500 000 sangsues en France, et on pouvait dire que François-Joseph-Victor Broussais, par son enseignement, saignait littéralement le pays.

En l'absence de dossiers et de publications scientifiques, il est difficile de reconstituer la carrière médicale du docteur Sym. On sait seulement qu'en 1782, avec les docteurs Charles Blake, Jean-Baptiste Robert et George Selby, il adressa une requête aux autorités de Montréal pour les mettre en garde contre une nouvelle maladie contagieuse et souvent fatale qu'on nomma le « Mal de la Baie Saint-Paul »[7].

Cette maladie serait apparue vers 1775 et selon la croyance populaire, aurait été apportée à la Malbaie par un détachement de troupes écossaises. La phase initiale était caractérisée par des ulcérations aux lèvres, à la langue, à l'intérieur de la bouche, et par des pustules;

lors de la phase secondaire, les ulcères devenaient plus profonds, cratériformes; on voyait apparaître des adénopathies et des douleurs; à la phase tertiaire, les os et les cartilages du nez étaient détruits, ce qui défigurait les patients et leur laissait un faciès grotesque. Des tuméfactions osseuses apparaissaient sur la tête, les jambes, les doigts. Enfin, en phase terminale, il y avait dyspnée, perte de l'appétit, de la vue, de l'ouïe et de l'odorat.

Le gouverneur Guy Carleton dépêcha à la Baie Saint-Paul le docteur Badelart, médecin militaire, pour faire rapport de la situation. Ce dernier observa les mêmes symptômes et administra des préparations mercurielles qui guérirent, dit-il, tous les cas. De ces succès thérapeutiques, il conclut qu'il s'agissait de syphilis propagée d'abord par contacts sexuels et ensuite à toute une famille par manque d'hygiène, le père, la mère, les enfants et les grands-parents buvant dans le même verre et fumant à la même pipe.

Tous n'étaient pas, cependant, de l'avis du docteur Badelart, et on rapporta au gouverneur Carleton, devenu Lord Dorchester, qu'une maladie semblable était connue en Écosse sous le nom de « sibbans ».

Face à la possibilité d'une maladie vénérienne et honteuse, on s'adressa au clergé pour instruire le peuple et rapporter les cas, ce qui incita plusieurs malades à se cacher pour ne pas mentir au confessionnal. Des curés se permirent même d'administrer une médication mercurielle, mise au point par un certain docteur Bowman. C'est ainsi qu'en 1786, le docteur Charles Blake prévient le Conseil exécutif de l'abus et des dangers du médicament de Bowman en ces termes:

> « Mr. Sym, un praticien éminent de Montréal, m'a appris que sept patients se sont présentés dans la même journée, pour admission à l'hôpital (Hôtel-Dieu) avec un gonflement de la tête dû à l'usage intempestif du mercure administré par des prêtres suivant les directions de Bowman. Ceci peut montrer au Conseil qu'il existe un danger même quand on a agi avec les intentions les plus humanitaires[8]. »

Quelques années plus tard, la même maladie, semble-t-il, apparut en Angleterre. On ne crut pas à la syphilis, mais au « mal écossais » appelé « sibbans ». Pour sa part, le docteur Sym l'appela simplement « une sorte de Pox ». De son côté, Ambroise Tardieu, dans son manuel de pathologie, décrit le « sibbans » comme une pseudo-syphilis[9].

LE DOCTEUR GEORGE SELBY

Né et diplômé en Angleterre comme son prédécesseur, le docteur Selby fut médecin de l'Hôtel-Dieu pendant vingt-deux ans, de 1807 à 1829. Il fut également médecin de l'Hôpital général de Montréal, après sa fondation en 1819. Nous savons qu'il était un excellent praticien et qu'il jouissait d'une clientèle considérable. Originaire du Northumberland, il épousa, en 1785 à Montréal, Marie-Josephte Dumbar dont il eut un fils, William, qui plus tard, allait suivre les traces de son père comme médecin de l'Hôtel-Dieu. Tout en habitant Montréal, le docteur Selby était co-seigneur de LaSalle[10].

Il enseigna à la première école de médecine fondée en 1821, la « Montreal Medical Institution »[11]. Jusqu'à la transformation de cette école en Faculté de médecine de l'Université McGill en 1828, le droit de pratique médicale était accordé par le Gouverneur en conseil sous la recommandation d'un bureau d'examinateurs, composé de pionniers formés en Angleterre et faisant école. Pour la région de Montréal, on comptait au nombre des examinateurs, le docteur Daniel Arnoldi, le grand patron du temps (qui deviendra le premier président du Collège des médecins et chirurgiens, en 1847), le docteur George Selby, le docteur J. Johnson et le docteur Benjamin Greene[12].

Avant cette première école de médecine, le droit de pratique était accordé par le Gouverneur général à ceux qui avaient fait un apprentissage de quatre ans chez un médecin-patron. (Voir un brevet d'apprentissage, page suivante.)

Le docteur Selby fut témoin de l'agrandissement de l'Hôtel-Dieu en 1827-1828 et de la construction de l'église Notre-Dame, terminée en 1829.

En effet, suite au recouvrement de créances en France et à un octroi du gouvernement reçu conjointement avec l'Hôpital Général en 1823, les religieuses hospitalières de Saint-Joseph décidèrent de rénover et d'agrandir l'hôpital, dont la capacité en 1828, atteindra cinquante lits[13], alors que l'Hôtel-Dieu de Québec, fondé en 1639[14], n'en compte que vingt-huit, selon les docteurs Sylvio Leblond et Jean Beaudoin[15].

Il est intéressant de rappeler comment les religieuses de l'Hôtel-Dieu réussirent à retrouver des sommes qu'elles croyaient perdues depuis la Révolution française et grâce auxquelles on procéda à la rénovation et à l'agrandissement de l'hôpital.

« Mère Le Pailleur entendit dire à quelques personnes que si la paix se rétablissait entre les puissances de l'Europe, il ne serait pas

Brevet d'apprentissage de médecine

Notaire: Duberger   Date: 10 mai 1810
          St-Louis, seigneurie de Camouraska, conté camouraska

L'apprenti docteur:
Nom: Lassard   Prénom : Ignace
Qualité. Cultivateur
Domicile:Murray Bai ou Malbay , en le comté "Northumberland

Maitre: docteur en médecine
Nom: Levoitevin   Prénom : François
Qualité: docteur en médecine. chirurgien, pharmacien
Domicile: St-Louis , seigneurie , Camouraska, deuxieme rang des concession

Durée: 8 anées entières et consécutives
        révolue le veille de ce quantième de l'année.

Obligations de l'apprenti:
Morales: Être actif, décent et obéissant
          Se conformer à ses comandements
Monétaires: 15 piastre d'Espagne par année.
            6 piastres payables maintenat et reste payable à la fin de chaque année.

Obligations du maître:
1- Montrer et enseigner la profession
2- Fournir remèdes et livres nécessaires
3- donner une décharge et un certificat à l'expiration de l'apprentissage

Témoins:
Nom: Jean Michaud   Qualité: cultivateur   signature: non
domicile Camouraska

Nom: Anselme Moutn ,   Qualité: menuisier   signature: non
domicile : Camouraska

Brevet d'apprentissage de médecine (collection Raymond Lessard).

impossible de recouvrer les rentes que les communautés du Canada avaient autrefois sur la France, et dont on ne retirait plus rien depuis la révolution. Après avoir réfléchi mûrement sur le sujet de ces conversations, elle prit la résolution de rechercher tous les anciens contrats de l'Hôtel-Dieu et de la communauté des hospitalières relatifs à

11

ces rentes. Ce travail l'occupa beaucoup pendant trois mois, quoiqu'elle employât un copiste pour transcrire toutes ces pièces. Lorsqu'elle eut terminé cet ouvrage, elle le mit aux archives, en attendant quelque occasion favorable de s'en servir. On eût dit que la Providence avait inspiré à la sœur Le Pailleur une précaution si sage. Environ six mois après, M. Thavenet, prêtre de Saint-Sulpice, sur le point de repasser en France, alla la trouver et lui dit qu'il connaissait une personne de laquelle il répondait, qui partait pour Paris, et qui se chargerait avec plaisir de ses affaires. Surprise d'une offre si conforme à ses désirs, la sœur Le Pailleur crut trouver l'occasion favorable.

« Tous mes papiers sont prêts, lui répondit-elle; mais je vous
« prierais de me dire quelle est cette personne, car je ne les lui livrerai
« pas sans savoir son nom. — C'est moi, ma chère sœur, repartit M.
« Thavenet, et je vous promets de mettre dans la poursuite de cette
« affaire tout le zèle qui dépendra de moi pour y réussir. Rien ne sera
« épargné de ma part afin de retirer ce qui vous est dû. »

« M. Thavenet partit durant l'automne de l'année 1815, et se rendit en trente-cinq jours à Paris. Là il obtint de M. Duclaux du Pouget, supérieur du séminaire de Saint-Sulpice, l'autorisation de faire toutes les démarches nécessaires pour la commission importante dont il s'était chargé. Il serait impossible de dire les peines, les sollicitudes sans nombre qu'il se donna, et les refus qu'il eut à essuyer de la part des employés du gouvernement, tant en France qu'en Angleterre, où il fut obligé de faire plusieurs voyages.

« Dieu exauça les prières de ses servantes, et bénit les démarches de M. Thavenet, qui en l'année 1821 leur envoya les premiers fonds qu'il avait recouvrés pour elles. Il serait difficile d'exprimer la joie de la sœur Le Pailleur lorsqu'elle se vit ainsi récompensée de ses peines. « Je suis payée de tous mes travaux, dit-elle avec satisfaction, « par le plaisir que j'éprouve de laisser après moi la maison en état « de suffire à tous les besoins. »

« Un dénouement si inespéré, et qui faisait rentrer l'Hôtel-Dieu en possession de sommes assez considérables, donna aux hospitalières la pensée de rebâtir leur maison et celle des pauvres. Ces bâtiments, consumés trois fois par l'incendie, et toujours réparés avec les mêmes murs, inspiraient aux hospitalières de vives inquiétudes. Elles adressèrent donc à Dieu beaucoup de prières; elles prirent conseil de leurs supérieurs et tinrent entre elles plusieurs assemblées. Les dépenses qu'elles étaient obligées de faire presque chaque année pour réparer les bâtiments construits depuis près d'un siècle, et la facilité que la Providence leur offrait de les rebâtir; l'invitation de leurs

supérieurs à prendre ce parti, toutes ces considérations les détermi-
nèrent enfin à cette grande entreprise. Pour ne rien négliger de ce
que pouvait commander la prudence, elles invitèrent M. Charles
Delorme, entrepreneur, et M. Joseph Fournier, maçon, à examiner
les bâtiments qu'ils jugèrent l'un et l'autre être dans le plus mauvais
état. Après tous ces préliminaires, on commença au mois de mai 1826
à démolir le bâtiment des pauvres; et en même temps les tailleurs de
pierre, les charpentiers, les menuisiers travaillaient à préparer les
divers matériaux. Ils firent tant de diligence qu'au mois d'octobre
suivant la maison se trouva construite et toute couverte en fer-blanc.
On acheva la menuiserie et les enduits pendant l'hiver.

« Le 1er mars 1827, on entreprit les réparations de l'église; et le
30 avril suivant on démolit le monastère des religieuses. Elles se lo-
gèrent durant ce temps dans une partie du bâtiment des pauvres, où
elles pratiquèrent toutes leurs observances régulières avec autant de
fidélité que dans leur monastère. Ce fut un spectacle touchant de voir
les sentiments de regret et de douleur qu'elles éprouvèrent en abandonnant les murs de la maison où elles s'étaient consacrées à Dieu.
Les unes laissaient échapper malgré elles leurs plaintes et leurs gé-
missements, d'autres ne pouvaient s'empêcher de verser des larmes;
celles-ci baisaient leurs anciens murs avant de les quitter, celles-là
emportaient avec elles quelques pierres d'un édifice qui leur était si
cher, et qui avait été sanctifié par les vertus de tant d'âmes d'élite.
Par respect pour leurs devancières, elles désirèrent laisser subsister
une belle voûte très solide qui se trouve aujourd'hui sous leur réfec-
toire. Enfin, le 18 mai, M. Roque, prêtre de Saint-Sulpice et vicaire
général, bénit solennellement le bâtiment des pauvres, et le 3 juin
suivant, jour de la Pentecôte, on chanta la grand'messe dans l'église
et on y reporta le très saint Sacrement. Le 11 du même mois, on posa
les fondations du monastère, dont M. Roque bénit la première pierre.
Les entrepreneurs firent paraître tant de zèle et d'activité dans cette
construction qu'au mois de novembre de cette même année le monastère était déjà couvert. Le 21 mai de l'année suivante, les religieuses reprirent possession de leur choeur; et enfin, le 13 juillet, M.
Hubert, prêtre de Saint-Sulpice et confesseur des religieuses, fit la
cérémonie de la bénédiction du monastère, à laquelle toute la communauté assista processionnellement en chantant le psaume *Miserere
mei, Deus*, qu'on reprit jusqu'à cinq fois, et qu'on termina dans le
caveau destiné à la sépulture des religieuses, et où l'on récita le *De
profondis*.

« La construction de tous ces bâtiments pénétra les hospitalières
d'une vive reconnaissance pour M. Thavenet, au zèle duquel, après

Dieu, elles croyaient en être redevables. Aussi l'ont-elles toujours considéré depuis comme l'un de leurs plus insignes bienfaiteurs. Dans un petit écrit qu'elles ont composé pour faire connaître aux sœurs qui viendront après elles combien elles lui sont obligées, elles s'expriment ainsi: « Nous lui devons une reconnaissance qui ne finira qu'avec « nous. Quoiqu'il demeurât à une lieue de Paris, il était infatigable « pour poursuivre le succès de nos affaires, ne voulant jamais prendre « de voiture, malgré nos sollicitations. Il avait une persévérance à « toute épreuve, et il en fallait une, nous pouvons dire, héroïque, « pour réussir dans des affaires qui lui faisaient éprouver tant de « rebuts. Ce saint homme a rendu des services immenses à notre « pays. Que d'enfants secourus et instruits! que de pauvres soulagés, « vêtus, nourris et logés au moyen des ressources qu'il a procurées « à notre maison et à toutes les communautés du Canada! Si nous « sommes à l'aise à présent, si nous avons pu relever notre monastère « qui s'écroulait, et aussi améliorer le sort de nos malades, c'est à son « zèle et à sa charité que nous le devons[16]. »

LE DOCTEUR ROBERT NELSON

En 1829, le docteur Robert Nelson, diplômé de Hartford, Connecticut, succéda au docteur George Selby. Il était le frère du docteur Wolfred Nelson de Saint-Denis et comme lui révolutionnaire. Après la défaite des patriotes, il organisa, à partir du Vermont, une armée d'invasion et se proclama président de la République canadienne. Ses troupes furent battues à Odelton, près de la frontière et il ne revint jamais au Canada[17].

Durant son court séjour comme médecin de l'Hôpital Général et de l'Hôtel-Dieu, il se distingua par son audace et son habileté chirurgicale. En effet, selon les témoignages des docteurs Pierre Munro et Pierre Beaubien, il aurait été le premier au Canada à pratiquer des laparotomies, une fois pour un kyste de l'ovaire, une autre fois pour un fibrome de neuf kilogrammes. On ne sait si les deux patientes laparotomisées survécurent. Très rares étaient les malades qui survivaient à une intervention abdominale, en l'absence d'antisepsie et d'asepsie, d'autant plus qu'elles étaient opérées « in extremis », qu'elles étaient souvent purgées la veille, déshydratées, en déséquilibre électrolytique et abattues par de fortes doses de laudanum (teinture d'opium). Bref, les conditions idéales pour mourir! Le docteur Nelson était également considéré comme un maître dans l'opération de la « taille »[18].

14

À cette époque, la chirurgie se limitait habituellement aux amputations, aux résections de séquelles osseuses, aux ouvertures d'abcès, etc. Malgré cela, certains chirurgiens, ceux des armées en particulier, avaient beaucoup à faire. Rappelons que Dominique Jean Larrey, qui fut chirurgien de Napoléon et participa à soixante grandes batailles, fit, en un seul jour, deux cents amputations sur le champ de bataille dans des « ambulances volantes », comme on les appelait[19]. On a peine à imaginer qu'en quelques minutes, alors qu'un aide comprimait l'artère fémorale ou humérale, il avait le temps de sectionner la peau, de rétracter celle-ci, de sectionner les tissus mous en amont, d'isoler et de ligaturer les vaisseaux, de scier l'os et de refermer les téguments. L'histoire ne dit pas s'il avait le temps de se laver les mains entre chaque cas!

Quelques chirurgiens des grandes villes étaient également très occupés. On rapporte que Dupuytren à Paris, voyait jusqu'à 10 000 patients par année. Très ambitieux, il avait peu d'amis et Percy disait de lui qu'il était le premier des chirurgiens et le dernier des hommes[20]. Sir Astley Paston Cooper, à Londres, débordait également d'activité, « il se levait à six heures, disséquait des cadavres jusqu'à huit heures, prenait son petit déjeuner, voyait des patients en consultation jusqu'à une heure p.m. Ensuite, visite des salles au Guy's Hospital, cours d'anatomie ou de dissection au Saint-Thomas Hospital, et opérations occasionnelles jusqu'à sept heures. Son dîner terminé, il faisait un petit somme et retournait à l'hôpital pour d'autres cours ou pour voir des malades, et n'était de retour qu'à minuit »[21].

Pour en revenir au docteur Robert Nelson, qui aurait pu être un émule du docteur Cooper, ajoutons que, selon un rapport du docteur Wayland Campbell paru dans le « Montreal Monthly Record of Medicine and Surgery », il aurait aussi été le premier au pays, à la suite d'une autopsie en 1854, à invoquer une pathologie appendiculaire comme cause de péritonite[22]. C'était un avant-gardiste hautement considéré dans les milieux médicaux. Nous avons retrouvé une de ses publications alors que, réfugié aux États-Unis, il habitait New-York.

Voici cet article, paru dans l'« American Medical and Monthly Journal » de septembre 1862, dans lequel il fait part de son expérience de la cystostomie et décrit une technique nouvelle chez la femme.

« Mrs. G.W.R., thirty years of age, mother of two children, the last four years old, has suffered slightly for ten years, at times, in urinating. Four years ago (1858) she came under the present fashionable treatment for uterine disease such as leeching, scarifying, causticating, &c., of the os uteri, without relief. Since last December her sufferings increased, and prevented her from going about, and in January she had to keep her bed nearly all the time, to avoid the severe paroxysms that exercise would induce. In the early days of August it was discovered that her sufferings were due to a calculus in the bladder. She then came under my care. It was evident that the only remedy that could relieve her was the removal of the stone. The question to be considered was, what method would answer best. Dilatation of the canal and lithotrity had previously disappointed me; besides that, the state of her bladder was such exquisitively sensitive, ulcerated, and the urine passed was thick with ropy mucus and pus that crushing of the stone into fragments, many of which would remain behind, and so increase the actual disease of the bladder as to render such an operation dangerous, that lithotrity could not be thought of. There remained but lithotomy to be tried; but, looking back to the risk of losing the power of retaining the urine should the sphincter be divided as in the usual operation. I decided to avoid this serious accident, by not interfering with the sphincter, but to enter the bladder through the vagina, beyond the sphincter. Accordingly on the 6th August, having administered chloroform, the bladder slightly injected with water, and a staff introduced through the urethra, the knife was thrust through the roof of the vagina in the mesial line, and carried about an inch and a half towards the uterus, making an opening of sufficient size in the dilatable part of the bladder to admit the common lithotomy forceps which were readily introduced, and the stone at once seized and slowly drawn out. The stone being very porous and friable, a portion of it was crushed in the forceps, and had to be clawed out, and the finer particles washed away by injections of tepid water. The next step was to close the lips of the wound neatly and exactly, and thus retain them. This was effected by five sutures of common flax thread, as more simple, fitting better, and quite as effective as the wire material. A no. 12 female catheter, with two large fenestrae, armed with a shield, to prevent its entering too far into the bladder, was introduced, and retained « in situ » by an elastic cord. The stone is 1¾ inches long and 1½ thick, studded with very rough eminences; it was very porous, and of the phosphatic kind.

« All her previous distress vanished of course; passed the remainder of the day well; slept well that night, and the same for the subsequent time. The catheter becoming plugged with tenacious mucus, had to be withdrawn every two or three hours for a couple of days, to clear it. The bladder then recovered rapidly, and thick mucus

Docteur Robert Nelson
Archives Publiques – Ottawa

diminished. On the sixth day the sutures were cut and removed, the wound being quite healed by the « first intention. » On the seventh day she got up to her meals with the rest of the family. From the first to the last, not a drop of urine escaped through the wound into the vagina. She has continued perfectly well ever since, going about visiting her relatives in a state of comfort and happiness unknown to her for a long time past. »

C'était cinq ans seulement après les premiers succès de Sims qui fermait les fistules vésico-vaginales avec des fils d'argent.

LE DOCTEUR PIERRE BEAUBIEN

Le docteur Pierre Beaubien fut admis à l'Hôtel-Dieu de Montréal en 1829, la même année que le docteur Robert Nelson. Il fut, après la conquête, le premier médecin canadien français de l'institution et celui qui illustrera l'hôpital le plus longtemps, soit jusqu'à sa mort en 1881. Il était né à la Baie-du-Febvre, le 13 août 1796.

« À peine le jeune Pierre Beaubien avait-il fini sa première année de philosophie, qu'il fut épris, selon le docteur Frank, de l'idée de passer la mer, pour se livrer de suite, à Paris, à l'étude de la médecine. Il arrivait à Paris à une époque fameuse, celle de la renaissance de la faculté médicale. Il s'appliqua à recueillir sa part dans l'héritage médical cédé à l'humanité souffrante par les Morgagni, Bichat, les illustres Laënnec et Récamier. C'est ainsi qu'il écrivait à un parent au Canada, à la date du 7 avril 1823: « J'ai eu l'honneur de vous faire passer (envoyer) ma thèse qui vous annonce la fin de mes études, mais non pas encore mon retour au Canada. J'ai peine à prendre sur moi la résolution de quitter cette belle France, parce que j'ai encore besoin de m'instruire, non seulement dans mon état, mais dans les sciences accessoires, dans la littérature. »

Le jeune Canadien soutint sa thèse devant l'illustre Récamier et les autres membres de la faculté médicale avec succès, ce qui lui mérita le titre de docteur en médecine; il avait alors vingt-six ans. En dédiant cette thèse à monsieur Récamier, professeur à l'École de médecine de Paris, il s'exprime ainsi: « J'ai pris le rhumatisme articulaire pour sujet de ma dissertation pour deux raisons: la première, parce que j'ai été longtemps sous M. Fouquier, médecin de l'Hôpital de la Charité, où l'on voit beaucoup de rhumatismes articulaires, surtout à l'état aigu; la seconde, parce que je suis né et que je dois exercer la médecine dans un pays où ces affections sont très communes. Dans le Canada, les habitants, pour faire certains travaux d'agriculture, sont souvent

Docteur Pierre Beaubien

obligés d'avoir leurs pieds dans l'eau; par exemple pour récolter leurs sucres d'érable dans le printemps, où ils ont leurs pieds dans l'eau froide, la neige et la glace fondante, pendant toute la journée, quelquefois pendant plusieurs jours de suite, sans changer de chaussures: et de cette manière ils contractent très souvent le rhumatisme articulaire, etc. »

« Il fut accueilli à Montréal avec ferveur. La charitable influence de M. Roque le fit admettre comme médecin des messieurs de Saint-Sulpice de l'Hôtel-Dieu et de la communauté des sœurs de la congrégation de Notre-Dame.

« La nouvelle qu'un célèbre médecin de Paris, le docteur Laënnec, enseignait comment écouter la poitrine des malades se répandit aux quatre coins du monde, et le docteur Beaubien fut le héraut chargé de la publier sur le sol canadien.

« Son premier stéthoscope était un rouleau de papier d'un pied de long, formé de trois cahiers de papier battu, fortement serré, maintenu par du papier collé et aplani à la lime aux deux extrémités.

« Sa bibliothèque contenait tous les ouvrages les plus importants en fait de médecine et de chirurgie, surtout les livres de ses savants professeurs et des médecins les plus distingués avec lesquels il avait eu des rapports des plus fructueux. Ce sera pour lui une mine précieuse où il puisera plus tard pour rédiger ses cours, quand il deviendra professeur à l'École de médecine de Montréal, dont il sera un des fondateurs et un des conférenciers les plus appréciés de son temps »[23].

Bilingue, il était à même de puiser dans la littérature médicale anglaise aussi bien que française et il dut lire avec beaucoup d'intérêt les publications de Bright en 1827 sur la glomérulo-néphrite.

Plus tard, il sera grand propriétaire terrien, possédant une partie du versant nord du Mont-Royal, dont il revendra 117 acres pour le désormais célèbre cimetière catholique Notre-Dame-des-Neiges.

Ce grand maître de la médecine canadienne-française s'éteindra à l'âge de 85 ans.

LE DOCTEUR PIERRE ANTOINE MUNRO

En 1838, on note le remplacement du docteur Robert Nelson, le révolutionnaire volontairement exilé aux États-Unis et dont la conduite dut terrifier la communauté, par le docteur Pierre Antoine Munro dont le savoir, la réputation et le dévouement marqueront aussi l'histoire médicale de l'hôpital.

« Pierre Munro avait la cote d'honneur et il passait pour le meilleur chirurgien de Montréal. Ses élèves disaient qu'il avait du génie. Et cependant, à suivre ses cours, ses cliniques, l'on aurait cru qu'il n'avait fait que des erreurs de diagnostic ou de traitement dans sa carrière chirurgicale. Il mettait autant d'ostentation à nous raconter ses bévues, nous expliquer comment il fallait s'y prendre pour éviter les fautes qu'il avait commises, que d'autres y mettaient de gloriole à se vanter de leurs cures miraculeuses. Je crois que la méthode d'enseignement de ce Maître humble et génial était la bonne.

« La science et l'habileté de Pierre Munro étaient partout reconnues, ce qui lui valait d'être fréquemment appelé en consultation. Les écrivains contemporains ont dit que sa charité pour les pauvres était proverbiale et qu'il réservait toujours au moins deux heures par jour pour soigner les indigents.

« Peu avant son accession à la direction de l'École, Pierre Munro faillit mourir du typhus; lors de l'épidémie de 1847, il donna ses soins sans compter aux immigrants Irlandais débarqués à Montréal et il fut atteint de la maladie. Peu friand des honneurs, Pierre Munro n'accepta le poste de doyen de l'École que pour l'année 1849. Le 8 juillet 1873, soit vingt-quatre ans plus tard, il fut toutefois réélu président et il resta doyen de 1874 à 1878. Il accepta cette nomination comme un devoir sacré, car il avait pressenti les événements dont l'École aurait à souffrir.

« En 1877, lors de la fondation de la succursale de l'Université Laval à Montréal, le recteur le désigna comme doyen de la Faculté de médecine. Survinrent les difficultés connues et Pierre Munro en 1879, réintégra les rangs de l'École avec toute son équipe, moins trois. Les docteurs Trudel, d'Orsonnens, Bibaud, Durocher, Peltier, Coderre, Hingston et Desjardins lui conservèrent fidélité et loyauté.

« Son court passage comme doyen de la Succursale de Laval n'apporta à Pierre Munro qu'amertume et déceptions.

« De 1878 à 1882, date de sa mort, il semble que la rupture Laval-Victoria ait rompu l'équilibre d'une existence éprise d'idéal, pleine de réalisations désintéressées et accomplies sous le signe du devoir et de la charité.

« Cette longue période de disputes continuelles changea profondément le caractère et les habitudes de vie du docteur Munro.

Homme pacifique et ordonné, il souffrait de cette situation instable. Un jour vint où il se sentit dépassé par les événements et, dans un moment de désespoir irraisonné, il passa de vie à trépas. »

La mort tragique de Pierre Munro a profondément bouleversé ses collègues qui, accourus d'urgence à son chevet, firent tout en leur pouvoir pour lui ramener la vie mais en vain. « L'Union Médicale du Canada » a rappelé en termes aussi objectifs que possible les circonstances de sa mort.

« Le 12 avril 1882, il s'acquitta de son devoir pascal et le 13 avril, il dîna comme d'habitude sans que sa physionomie ou ses actes ne puissent faire soupçonner rien d'insolite. Il monta à sa chambre et quelques instants plus tard, on entendit un grand cri. Le vieillard était étendu sur son lit et baignait dans son sang, près d'agoniser. Les docteurs C.M. Filiatrault, William Hingston et J.A.S. Brunelle, appelés en toute hâte, eurent un instant l'espoir de le sauver, mais en dépit de leurs efforts, le malade s'éteignit quelques heures après. À l'enquête du coroner Jones, le jury rendit le verdict de mort dans un moment d'aberration mentale (près du lit du défunt, sur une chaise, il y avait un vieux couteau à amputation et un bassin rempli de sang). Le service funèbre fut chanté à l'Hôtel-Dieu. Savant sans ostentation, le docteur Munro a été considéré comme le plus grand chirurgien de la province, toujours en quête du progrès; ses travaux feront époque dans l'histoire de la chirurgie canadienne. Trente-cinq années d'enseignement lui ont valu la réputation d'un homme savant, laborieux et dévoué[24].

Contrairement à son assistant, le docteur William Hingston, dont nous lirons plusieurs publications, le docteur Munro ne semble pas avoir contribué aux revues médicales de l'époque. Son nom apparaît cependant, comme chirurgien, dans quelques protocoles opératoires rédigés après 1868. On décrit dans « l'Union Médicale » sa technique relative à l'opération de la « taille » périnéale pour les calculs vésicaux. On mentionne l'ablation qu'il aurait faite d'une tumeur du cou de deux livres et demie. Il aurait aussi fait une résection intestinale lors d'une cure de hernie étranglée. On ne faisait pas à ce moment de suture intestinale après une résection, mais on abouchait les deux bouts de l'intestin à la paroi, réalisant ainsi une fistule. Malheureusement, le patient serait décédé d'une pneumonie cinq semaines plus tard[25]. Nous verrons plus loin son propre témoignage au sujet de cette résection.

Docteur Pierre Munro

En 1842, on procède à la construction de l'aile nord-ouest de l'Hôtel-Dieu: sa capacité sera doublée, passant de cinquante à cent lits. Montréal est fière de posséder l'un des plus grands hôpitaux de tout le pays.

Toutefois, ces cents lits n'étaient pas tous occupés par des malades, car depuis les premiers temps de sa fondation, l'Hôtel-Dieu admettait des gens démunis et sans toit, et dans les annales de l'époque, on parle souvent de *l'aile des pauvres*. On ignore cependant quelle pouvait être la proportion de cas de médecine et de chirurgie par rapport à ces « longs séjours ». En supposant un partage à peu près égal, on imagine facilement que les docteurs Beaubien et Munro étaient fort occupés, s'aidant mutuellement, en l'absence de frontière bien établie entre chirurgie et médecine.

Cette dernière devenait de plus en plus scientifique, et c'est cette même année 1842, que Rokitansky publia son traité de pathologie, basé sur plus de 30 000 autopsies, que Kolliker découvrit les spermatozoïdes et que O.W. Holmes attira l'attention sur le fait que la fièvre puerpérale est contagieuse[26].

La chirurgie était limitée par l'absence d'anesthésie. Dans l'Antiquité, une mixture de mandragore et d'opium était utilisée et deux cents ans avant Jésus-Christ, Apulée écrivait que « si quelqu'un est obligé de se faire mutiler, brûler ou scier un membre, qu'il en boive la moitié d'une once dans du vin et qu'il dorme jusqu'à ce que le dit membre soit tranché »[27]. Malgré l'allusion qu'y fit Shakespeare dans « Roméo et Juliette », ce mélange soporifique ne semble pas avoir survécu à l'Antiquité.

Au début du XIXe siècle, la teinture d'opium (laudanum) ou un mélange d'alcool et d'opiacés (un cordial) étaient utilisés, avec plus ou moins de succès, avant les interventions chirurgicales. La morphine apparut dans le formulaire de Magendie en 1821, mais les injections sous-cutanées n'étaient pas encore d'usage comme médication pré-opératoire. Pour les amputations des membres inférieurs, Dupuytren avait inventé un compresseur de la cuisse qui écrasait l'artère fémorale, le nerf crural et le nerf sciatique. Pour les opérations mineures comme celle des ongles incarnés, on utilisait la réfrigération. En voici un exemple cité par M.-A. Jamain:

« Un mélange de glace réduite en petits fragments et de sel marin fut mis dans un morceau de mousseline claire et grossière dite tarlatane, et appliqué ensuite sur l'orteil malade. Les tissus ne tardèrent pas à devenir d'un blanc mat, à prendre une dureté considérable. La section de la peau autour de l'ongle, de la matrice, l'arrachement de l'ongle, ne causèrent au malade qu'une douleur très modérée, qui eût été sans doute moins grande encore si l'on avait prolongé le contact du mélange réfrigérant. Les tissus reprirent bientôt leur coloration normale, le sang commmença à couler et tout se passa comme à la suite des opérations pratiquées dans les conditions ordinaires. »

L'ivresse que procurait l'alcool était un autre moyen fort utilisé, surtout dans l'armée et la marine. Citons de nouveau M.-A. Jamain: « À la vérité, on a pu remédier à des déplacements articulaires avec la plus grande facilité, pratiquer même des opérations sans que les malades s'en soient aperçu. Mais l'ivresse, même revêtue de l'idée thérapeutique, n'a pu entrer dans les habitudes dignes et rationnelles de l'art vraiment chirurgical. La dégradation dont elle est le type, l'infidélité de son action, l'état variable d'imbécillité dans lequel elle plonge, les réactions auxquelles elle expose après le réveil de l'économie, les irritations que peut provoquer sur le tube digestif l'ingestion des boissons qui la déterminent, devaient l'exclure de la série des ressources prophylactiques contre la douleur »[28].

La pratique de l'obstétrique, vieille comme le monde, était encore aux mains des sages-femmes. Il y avait moins d'un siècle que De-Venter, Smellie, Mauriceau, Peter Chamberlan avaient apporté leur science et leur art aux accouchements dystociques. On appelait ces obstétriciens des « sages-femmes en culottes » et on ne les réclamait qu' « in extremis ».

Les idées taboues et la pudeur religieuse limitaient aussi les examens gynécologiques comme le démontre la gravure du début du XIXe siècle à la page suivante. Les kystes ovariens, ignorés, devenaient énormes et on répétait les ponctions des dizaines de fois.

Pour revenir aux médecins de l'Hôtel-Dieu les épidémies mettaient souvent leur dévouement à dure épreuve. Les années 1832 et 1834 furent marquées par deux terribles épidémies de choléra, apporté par les immigrants irlandais, et qui causa, la première année, entre 900 et 1000 décès dans la ville de Montréal. Les fossoyeurs ne fournissaient pas et, un jour, plus de cent victimes attendaient pour être enterrées dans le cimetière Saint-Antoine, alors situé à l'emplacement de l'actuelle Place du Canada.

La mort était si subite et les certificats de décès délivrés avec une telle hâte que des gens furent enterrés vivants. Edgar Andrew Collard rapporte le cas d'une demoiselle Hervieux, inhumée dans le

L'examen gynécologique.

cimetière Saint-Antoine et dont le corps fut découvert des années plus tard, lors de travaux d'excavation: sortie de son état léthargique, elle avait brisé son cercueil et réussi à sortir un bras. On crut sans doute avec raison que plusieurs personnes avaient été ainsi enterrées vivantes et la nuit, des témoins affirmaient avoir vu des fantômes dans le voisinage du cimetière[29].

En 1836, Willian L. Stone, un Américain, fit une tournée d'inspection des institutions religieuses de Montréal. Voici son appréciation de l'Hôtel-Dieu:

« The broad and ample gateway into the yard was wide open. A very civil-spoken man met us at the door and conducted us into the hospital. This now celebrated institution fronts upon Saint-Paul street, extending 324 english feet by 468 feet in depth on Saint-Joseph street from which latter we entered. (L'entrée de l'hôpital se trouvait donc rue Saint-Joseph, aujourd'hui Saint-Sulpice, et celle de la communauté rue Saint-Paul.) The whole buildings belonging to and connected with the establisment include the hospital, the convent or cloister, a chapel, kitchen, a bake-house stales and cemetery. A large garden is likewise attached.

« A nun conducted us to the chapel, through both wards of the hospital and through the apothecary's apartment. The jars and gallipots are all of the ancient translucent dark-blue and white china, of the same size and pattern. Nothing could have been more neatly and beautifully arranged than the various articles making up the assortment of the medical preparations; the retorts, bottles, vials, and a hundred of fancy glass, containing drops extracts, essences, solutions, etc. where disposed with the nicest taste and skill. Two of the nuns are in constant attendance, manufacturing and preparing medicine. They cup and bleed. The physician merrily prescribes and they execute his orders.

« Two of the nuns are in attendance upon each ward of the hospital night and day. There are thirty-six nuns in the community. Every variety of disease finds alleviation here, without any question being asked as to sect and country. If labouring under a disease wich is not contagious, the patient is received and when restored is dismissed without any compensation or any question being asked.

« The bed and rooms were in perfect order, each bearing the name of a saint; a male of in the men's apartment and female in that of women. The sick lay quietly in their respective beds neatly curtained[30]. »

À l'est, un mur en pierre de vingt pieds de haut séparait le monastère de la rue Saint-Jean-Baptiste. Au nord, se trouvait le couvent de la congrégation de Notre-Dame, aujourd'hui démoli, au nord-ouest la nouvelle église Notre-Dame, toute neuve, ouverte au culte depuis seulement sept ans, à l'ouest le séminaire de Saint-Sulpice et ses jardins. Au sud étaient les dépendances de l'hôpital, hangars, etc.

Montréal ne comptait alors qu'environ 35 000 habitants, mais c'était un grand centre commercial à cause de son port, qui desservait la région et le Haut-Canada, et du premier chemin de fer au pays, reliant Laprairie à Saint-Jean, voie vers les État-Unis. Les premiers bateaux à vapeur se mêlaient sur le fleuve aux voiliers au long cours[31].

L'INSURRECTION DE 1837

L'année 1837 fut marquée par la grave insurrection politique et militaire que l'on connaît et dont sœur Raymond fit le récit dans les annales de l'Hôtel-Dieu: « Notre Canada si paisible et si heureux sous le gouvernement britannique fut de nouveau bouleversé dans les années 1837-38 non par des puissances étrangères mais par des troubles civils qui faillirent le perdre sans ressource.

« Des semeurs de discorde, comme on en trouve partout, couvrant un fanatisme aveugle du beau nom de Patriotisme et de Liberté, tramaient sourdement une noire rébellion contre le gouvernement, sans qu'on sache trop quel en était le motif sinon la soif effrénée d'une indépendance imaginaire.

« D'un bout à l'autre du diocèse de Montréal, on ne voyait que division entre les citoyens et enfants d'une même religion.

« Le peuple, toujours extrême en tout, se laissa en grande partie enchanter par les discours hypocrites des chefs de la révolte et, suivant son impulsion, se laissa enrôler sous leurs bannières, sans penser aux suites que pourrait entraîner leur conduite. Malheur alors aux Canadiens qui osaient leur montrer leur devoir ou qui refusaient de se ranger à leur suite. On voulait même s'emparer de force de sa Grandeur (Mgr Lartigue), qui pour lors était malade dans notre hôpital. Effrayées des bruits sinistres qui couraient, nous chargeâmes notre chère sœur Lacroix de veiller secrètement afin de pouvoir avertir à temps s'il arrivait quelqu'accident. Mais Dieu ne permit pas que l'on fit injure à la personne de notre saint Évêque et la nuit se passa tranquillement »[32].

Chapitre 3

L'ÉCOLE DE MÉDECINE
ET DE CHIRURGIE
DE MONTRÉAL
en 1847

Naissance de l'École de médecine et de chirurgie

En 1843, il y eut mésentente entre les fondateurs de la faculté de médecine de l'Université McGill et certains d'entre eux s'associèrent pour fonder, à leur frais, une école de médecine rivale appelée d'abord « St-Lawrence medical School » et plus tard, « École de médecine et de chirurgie de Montréal », qui sera incorporée en 1845. C'étaient les docteurs Francis Arnoldi, fils du docteur Daniel Arnoldi dont nous avons parlé antérieurement, les docteurs Badgeley, Willian Sutherland, J. McNider et Pierre Munro.

Les cours se donnaient dans un vieil immeuble au bas de la rue Saint-Urbain, où les fondateurs offraient aux étudiants une bibliothèque de mille volumes. On enseignait en anglais ou en français, moyennant un supplément de deux livres*.

* La monnaie d'échange était alors la livre anglaise.

29

L'horaire était le suivant:

9 heures: accouchements, maladies des femmes et des enfants par le docteur Arnoldi fils, (Francis).
10 heures: matière médicale par le docteur Sutherland.
11 heures: pratique de la chirurgie par le docteur Pierre Munro.
14 heures: anatomie par le docteur Horace Nelson.
15 heures: pratique de la médecine par les docteurs Badgeley et Pierre Beaubien.
20 heures: chimie et pharmacie par le docteur Sutherland[33].

Chaque matière comportait cent vingt leçons d'une heure et coûtait 12$. L'enseignement était théorique. Le seul travail pratique était la dissection des cadavres souvent dérobés au cimetière. L'Hôtel-Dieu n'admettait pas encore les étudiants dans ses salles et ces derniers ne pouvaient acquérir une expérience clinique à moins d'assister leurs professeurs à leurs cabinets de consultation ou lors de leurs visites à domicile, ce qui ne pouvait être le privilège que d'un très petit nombre. L'expérience chirurgicale était encore plus rarement acquise, car selon le docteur McDermott il n'y eut jamais, jusqu'en 1862, plus de trente opérations par année à l'Hôpital Général. On suppose facilement que la même situation prévalait à l'Hôtel-Dieu.

À la fin de leurs études, les étudiants répondaient à un questionnaire de deux heures devant des examinateurs et étaient recommandés au Gouverneur général pour une licence, s'ils étaient jugés compétents[34].

Cette école de médecine était bilingue, comme nous l'avons vu, et mixte du point de vue religieux. Les docteurs Badgeley, Sutherland et Arnoldi étaient protestants, alors que les docteurs Beaubien, Munro, Nelson et Bibaud étaient catholiques.

Voulant concurrencer les médecins de McGill qui publiaient dans le « British American Journal of Medecine and Physical Sciences » fondé en 1845 par le docteur Hall, un des leurs, les médecins de l'école chargèrent le docteur Leprohon de la rédaction d'une revue médicale française qui s'appela « Lancette canadienne » mais ne dura que six mois.

Nous avons déjà dit un mot des docteurs Munro et Beaubien. Voici quelques notes biographiques des docteurs Horace Nelson et Jean Gaspard Bibaud.

Le docteur Horace Nelson

Le docteur Horace Nelson, fils du Docteur Wolfred Nelson, était né à Saint-Denis. Selon Jean-Jacques Lefèbvre, sa mère, d'ancienne noblesse canadienne, était née Charlotte de Noyelle de Fleurimont. Gradué de McGill en 1837, il dut, à cause de l'insurrection, s'exiler et séjourner plusieurs années à New-York, où il fut l'élève du célèbre chirurgien Valentine Mott. Il devint professeur de chirurgie à l'Université de Burlington, membre de la Société de pathologie des États-Unis et fut même rédacteur d'une revue médicale appelée « Nelson's American Lancet ».

Il est revenu à Montréal après l'amnistie, en 1845, alors qu'on venait de fonder l'École de médecine et de chirurgie de Montréal et qu'on lui offrait le poste de professeur d'anatomie.

En juin 1847, selon Edgar Andrew Collard[35], le docteur Horace Nelson eut, comme patiente, une modiste présentant une tumeur de deux livres (on ne précise ni la nature ni le point précis de cette tumeur dans la littérature médicale). Ce cas n'avait en soi rien de remarquable sauf que cette patiente fut la première au Canada à être opérée sous anesthésie générale par un médecin. En effet, le docteur Horace Helson se procura de l'éther d'un dentiste appelé J.-H. Webster, qui avait acheté cette merveille d'un voyageur de commerce américain et l'utilisait avec succès dans sa pratique. Avant d'utiliser cette nouvelle substance anesthésique, le docteur Horace Nelson décida d'en faire l'expérience sur des chiens d'abord et sur lui-même ensuite. À quatre reprises, il inhala l'éther, perdant et reprenant conscience à chaque fois. Il alla même jusqu'à se faire enlever une dent par le docteur Webster pour bien se convaincre de l'efficacité du produit. Rassuré, il entreprit d'opérer sa patiente sous anesthésie générale. Ce grand succès fut ensuite publié dans le « British American Journal of Medecine and Physical Sciences » comme une première au pays et une des premières au monde car c'était l'année qui suivait la découverte de l'éther par Norton, aux États-Unis. Quelques mois plus tard, Simpson à Édimbourg découvrait le chloroforme. (Voir la gravure de la page suivante.)

En 1847, cependant, le docteur Horace Nelson céda sa place au docteur Bibaud et retourna à Plattsburg où, déjà célèbre, une nombreuse clientèle l'attendait. Cependant, en 1859, il revint définitivement à Montréal où il continua à pratiquer une chirurgie d'avant-garde jusqu'à sa mort prématurée en 1863, la même année que son père.

Laughing gas.

Il est intéressant de citer quelques écrits de ce pionnier de la chirurgie, publiés, pendant son long séjour aux États-Unis et après son retour à Montréal. Voici trois articles retrouvés dans le « British American Journal of Medicine and Physical Sciences » en 1860.

« *John Sherman*, aged 47 years, a farmer, residing in the northern part of Clinton County, some thirty miles from Plattsburg, and well known as the man with the « big lump on his face, » called at my surgery on the 10th Oct. 1853, and requested my advice in relation to a tumour that had been growing on the side of his face and neck for over twenty years. He was a man of excellent constitution, very athletic, and over six feet in height, had never been ill, though for some weeks past he was suffering very unpleasantly from the effects of the enormous growth occupying the parotid, lateral facial and cervical regions. From careful examination and questioning, I ascertained the following facts: The tumour kept slowly though steadily increasing, and for years he had consulted, in turn, pretty nearly all the medical men of Clinton and Franklin Counties, till it had reached to such an enormous size that they dissuaded him from entertaining the idea of submitting to such a severe and certainly dangerous operation as the removal of his old friend. However its great size, dizziness of the head, with more or less pain in the face and neck, his incapacity of doing the least labour having to support the tumour with his right hand when walking or stooping to relieve the difficulty in breathing and swallowing from its pressure on the trachea, esophagus and large bloodvessels and nerves of the neck, he had come to the determination of submitting to its removal, provided there was anything like an even chance of success.

« The dimensions of this appendage to his otherwise not unpleasing physiognomy were by accurate measurements as follows fourteen inches in length, twelve inches in width, ten inches thick, and a circumference at its free border of forty-seven inches, while its attached surface to the face and neck measured thirty-one inches. Commencing near the external angle of the right eye, it covered the whole side of the face from the commissure of the lips to the base of the jaw, thence downwards covering the entire lateral surface of the neck and overlapping the trachea, its attachment terminating opposite the first rib, and two inches more, unattached, limited the inferior boundaries of this extraordinary growth; passing backwards and upwards, the tumour spread back upon the shoulder, the posterior cervical region, over a portion of the occipital and temporal bones, pushing upwards, displacing and stretching the ear which measured some six inches, full three inches more than its congener. The tumour was very hard, tense, variously lobulated, quite insensible to pressure except at its median and anterior portions, perfectly immoveable in its facial attachments, and much more moveable as it proceeded downwards; the integuments were highly vascular of a deep red colour, and bleeding freely whenever injured, a circumstance that happened very frequently, as from its great size and awkward situation it was always in the way. It was after a pretty sharp hemorrhage, from a tear against a nail while Sherman was passing through a narrow door, that he resolved to run the risk of the operation. Its very slow and gradual growth, the absence of all lancinating or darting pain, and the non-complication of the cervical glands together with his unimpaired constitution, pointed, at once and most unequivocally, the diagnosis that the tumour was not of a malignant nature; and, therefore, if he did not succumb under the operation, or from its immediate consequences, it would never be reproduced.

« Having been fully apprized of the very great danger attending the removal of the tumour, as also that it was the only possible chance — small as it was — of prolonging his life, and freeing him from suffering and misery, he at once resolved to submit to the ordeal, and went home to settle some matters, preparatory to his return to Plattsburgh on the 5th Nov. 1853. Punctual to the appointment, he reported himself on the 3rd of that month, an the preparatory steps were taken for the operation: he was placed upon low diet, removed from exitement of any and every description, and the bowels pretty freely acted upon. The first indication was to guard against the loss of blood, which I had a right to presume would be great; and the most natural, at the same time the most effectual, means of meeting this indication presented itself by the ligature of the external carotid artery, thereby at once controlling and cutting off the direct supply of blood to the tumour and parts immediately adjacent. This plan was not adopted for a two-fold reason: the first, the situation of the tumour directly over the course of this vessel, requiring that the operation should be more than one-half completed before the artery could be exposed; and, secondly, in the event of succes in ligating the vessel, I doubted much whether any commensurate benefit would accrue, knowing in such case that the anastomotic circulation in extremely vigorous and free, and that the operation would be not only more complicated but also much more lengthened. The sequel will prove that this view was correct.

« The necessary preparations were made, the various instruments, ligatures, etc., being close to hand, assisted by my excellent friend Dr. Frs. J. D'Avignon, of Ausable Forks, my late colleague Professor E. Kane, and my brother who had come from Montreal, in the presence of several professional and other friends, I proceeded as follows: Sherman was laid on a table, the head slightly elevated with pillows, and standing behind, an incision was made from the lowest or thoracic portion of the tumour, three inches from its attached border upwards along the neck and face to the corner of the eye; taking the knife in the left hand, the integuments along the lobe of the ear were severed, and the incision carried downwards and backwards to the starting point, consequently dividing the integuments in the whole extent of the tumour; the dissection was commenced below and keeping close to the tumour, at times with the edge of the knife, at others with its handle, and again with the fingers, the anterior portion was detached to nearly half of its extent. Passing now above, the first or second cut of the knife was followed by a gush of blood from a large artery (most probably the anterior auricular, very much enlarged) which was at once tied — another cut and another ligature, this happened four or five times, and were the only ligatures applied during the operation; the bleeding rather free-from numerous small arterial and venous branches was effectually controlled by the application of ice. I had now loosened the tumour from its attachments to the face, and had reached the mastoido-maxillary space; at this stage the dissection was continued by liberating the ear, its cartilaginous portion being strongly and firmly attached to the tumour, from thence it was quickly and without difficulty separated from its attachments to the temporal and occipital bones, and from the posterior region of the neck. Now the process was somewhat varied, at times I worked at the anterior, at others at the posterior surface, then above, then below — my stout friend, D'Avignon, pulling up and down with both hands to assist the dissection which was concluded almost solely with the handle of the knife or by tearing with the fingers. The tumour was now detached save at one point — back of the jaw — which appeared as if it were the pedicle; hence here should be the source of all evil, here must be the passage of the nutrient vessels; a large ligature was in readiness, and seizing the pedicle between the fingers of the left hand, it was divided wiht one stroke of the knife — the tumour removed, but there was no artery!

« We could ascertain the extent of the deep relations of this large mass: the length of the incision extending from the eye to the first rib was over thirteen inches in length, and uncovering the zygomatic process, the masseter muscle, ramus and angle of the jaw on one side, and on the other the mastoid process with origin of sterno-cleido-mastoideus, lateral portions of occipital bone, part of accipito-frontalis and trapezius muscles; the parotid region presented a deep chasm, at the bottom of which could be seen the syloid process and the three muscles attached to it, the external carotid could be distinctly felt and seen; the sterno-cleido-mastoideus was exposed throughout its extent, as also the anterior and posterior inferior cervical triangles limited above by the omo-hyoideus muscle. Such were the parts implicated and exposed in this tedious dissection. But a comparatively-speaking small quantity of blood was lost; the wound having been allowed to become glazed, the integuments were brought together by nine or ten sutures with adhesive slips between each of them, a compress and then a carefully applied bandage completed the dressing, and Sherman walked to his bed, after having been on the table less than twelve minutes.

« No chloroform was administered, he objecting strenuously to its use, as he was anxious to know and see what was going on, and right well did he do so, never having even so much as moved a hand or made a loud sigh. The tumour weighed a trifle over thirteen and a half pounds, and is now, with my cabinet, in the museum of the

University of Vermont, at Burlington. It was of the true fibrous character, and is probably the largest tumour — so far as I can ascertain — ever removed from that portion of the face and neck. The one nearest to it is that of Liston, which weighed twelve pounds and is undoubtedly the one figured in his Practical Surgery (Philadelphia Edition, page 219). There is another case on record, though the dimensions are not given, by Goodland, communicated to the Medical and Chirurgical Society of London, on the 6th Feb., 1816, and published in the First part of the Seventh volume of the Transactions for that year.

DR. H. NELSON'S CASE OF FIBROUS TUMOUR.

ART.II. — *Case of a Large Fibrous Tumour, successfully removed.* By HORACE NELSON, M.D., late Editor of *Nelson's American Lancet,* and former Professor of Surgery in the University of Vermont,&c.

36

« It would be useless to detail day by day the after-treatment, which, as in all the cases, was directed to meet either the local or general indications as they presented themselves; suffice it to say that a most satisfactory and unexpected cure took place by first intention; on the tenth day the sutures — exception two in the neck — were removed, and no suppuration save a trifling oozing at the bottom of the wound[36]. »

Impromptu Tracheotomy, by Horace Nelson, M.D.: a thumb-lancet, pocket-knife, and clay pipe the instruments. Recovery.

« How many persons have perished, perhaps in an instant, and in the midst of a hearty laugh, the recital of an amusing anecdote, or the utterance of a funny joke, from the interception at the glottis of a piece of meat, a crumb of bread, a morsel of cheese, or a bit of potato, without a suspicion, on the part of those around, of the real nature of the case. » Foreign bodies in the Air-Passages, p. 43.

« In exemplification of the above remarks of Prof. Gross, the recital of the following case may not prove uninteresting to the Readers of the British American Journal, at the same time that it shows what should or could be done in cases of great emergencies. On the 19th January, 1857, while coming from the Post Office, in Plattsburg, I was stopped at the door of a grocery-tavern, and called in to meet Dr. Hall to see a man supposed to be dying. Stepping in, I found an old soldier, of the Peninsular War, named Davis, and for many years an inmate of the County Poor House, evidently expiring — his face was blue, suffused and bedewed with cold sweat; the eyes staring wide, fixed and glassy; the mouth opened, pulse just flickering at the wrist, in one word the cold hand of death was pressing upon him with fearful rapidity and certainty. In a few seconds I ascertained the following particulars: that morning he had deserted — as was his wont frequently to do — from the Poor House, and came to the village for a glass of grog, obtained upon the proceeds of begging from a few who pitied the lone and decrepit soldier; and on this occasion having been more than usually fortunate in his foraging expedition, he resolved to indulge in something of a dinner; after taking a « hasty plate of soup », he went to work in demolishing a piece of shank beef, and with hunger and the loss of his teeth he was disposed to do justice to his coarse food when, after taking the first mouthful — and not a small one at that — he was noticed by the landlady to gasp, turn blue in the face, and drop from the chair upon the floor. Dr. Hall was immediately sent for, when, seeing the danger and urgency of the case, he requested my assistance. Presuming that the suffocation resulted from the impaction of a piece of bread or meat in some portion of the larynx or trachea, I opened the man's mouth as wide as possible, but neither with the eye nor finger could I detect anything; the all certain and prompt death of the poor fellow staring me in the face, left me no time to speculate upon the course of treatment to be adopted, and still less to run to my surgery a few squares off, to procure the necessary instruments; therefore, I at once proposed to the Doctor, in which he readily acquiesced, that desperate as the case was, there remained but one chance and that was to make an opening in the trachea. Seating the man on a chair near the window, the head being thrown back as far as possible, with a thumb-lancet I cut through the integuments, cellular tissue and fascia, from opposite the crico-thyroid space, in the median line, over the cricoid cartilage down to the two upper rings of the trachea; separating, by scratching with the finger nail and handle of the lancet, the sterno-thyroid and hyoid muscles from their congeners, the cricoid cartilage and rings of the trachea were exposed to view, to divide which with my lancet was quite out of the question, they were so old and ossified, that I had to resort to a good sharp penknife; steadying the larynx and trachea with the thumb and first finger of the left hand, I cut, not without much difficulty, through the cartilage and rings, when at once froth and mucus issued from the wound, and the sucking in of air told me that the obstruction, whatever it might be, could not altogether be below the opening. The immediate danger being in some respects now passed, I took time to look around, if not to breathe, for the operation had been performed before I had scarcely any idea that it had been begun; there being nothing in the shape of spoons, except big pewter ones one of which of itself would have completely filled the wound, to keep the lips of the opening apart, I called for a smoking pipe, and breaking the stem three quarters of an inch from the bowl, passed it into the trachea and although the opening was certainly very small, there was still a sufficiency of air introduced to carry on the respiratory process; the suffusion of the face began to decrease, the colour returned to the lips, and the cold and glassy appearance of the eyes gradually and slowly gave way to a more natural and less dreadful expression.

« Looking about me for something to act as a probang to explore the trachea, I seized upon a whale-bone rib of an umbrella and rounding off the end, passed it downwards to the bifurcation of the trachea, when finding everything clear in that direction, I next turned it upwards when its progress was soon stopped by something which, for a moment, effectually prevented the further advance of the whale-bone; but I was determined that an opening should be made there and that something ought to be removed; opening the old man's mouth, and pushing with considerable force from downwards, I fancied that glottis, epiglottis and the components of the regional anatomy of the posterior fauces were being pushed up into the mouth, I now thrust in two fingers, seized hold of some substance, and with a good pull drew away a large piece of beef that had become firmly impacted in the rima glottidis. At once the trouble was at an end, the old fellow looked rather surprised, if not foolish, at the figure he was cutting and staring at the laughing crowd wondered what the trouble was, and why he was not eating his dinner; the edges of the divides integuments were brought together by two sutures carried through a large cambric needle, and a compress and bandage completed the dressing.

« The next morning Davis returned to his quarters, and was quite well in a few days. When my bill was presented to the County Poor Authorities, I was allowed five dollars (because I had not been employed by them) for saving the poor creature's life, with the gentle hint that had I allowed him to die, they might have had no objection in paying the whole amount chargedfifty dollars — as I would have done myself and my « fellow citizens » a service, as tax-payers in ridding the County of a man who had been a burden upon it for over thirty years! The poor old fellow had seen hard service in Spain; was wounded three times at the battle of Albuera, a ball passed through the shoulder producing partial paralysis of the right upper extremity, and during the same action he lost the sight of one eye; a few years after he became deaf, and to finish the chapter of his infirmities, in 1854 I removed one of his testicles for cancerous tubercle, and in 1857 a piece of tough beef came near putting and end to his precarious existence.

« The novelty of the accident, the promptitude of the operation and its unexpected success, together with the well-known name, if not history, of the old « Britisher », invested the case with more than usual interest and the Editors of three Plattsburg papers called upon me for a few notes, which were published under the head of « local items ». A couple of weeks after a copy of the Albany Argus was placed in my hands, with the notice that a gentleman dining at the Stanwix Hall in that city fell back in his chair, to all appearance dead; the medical man of the house was immediately summoned; he came, examined the case, diagnosed that something had lodged in the wind-pipe, and that he should have to go to his surgery for the necessary instruments. This he did, and returned with his armamentarium in about twenty minutes, when he found the man stone dead, and stretched out upon a table in a private room. An examination showing that a piece of beef had become impacted in the glottis, closing it and inducing almost, if not truly, instantaneous death.

« Another case in illustration of the criminality in not being prepared to meet emergencies. Dr. Allen of Rockville, Indiana, was sent for to go a distance of four miles in the country to see a young child, without being apprized of the nature of the ailment; on his arrival he found out that tracheotomy was required, he rode back home for his instruments, and before his return, the child had expired! (Groos, Foreign Bodies, &c., p. 208.)[37]. »

Vesico-urethro-vaginal fistula. « The following case, which came under my care shortly after my return to Montreal, will not, I believe, be found an inappropriate conclusion to this paper. In March, 1859, I was requested to visit Mrs X, a native of Brighton, England, but for four years a resident of this city. I found her to be a woman of a fine physique, aged 46, the mother of several children; her last confinement having taken place ten years before, and although the labour presented nothing unusual, still, for some unexplained reason, it was concluded with the forceps. For some weeks after nothing particular occurred, though she complained of a more or less constant sense of weight and distress in the vagina, accompanied by a very frequent desire to micturate, which desire, however, was only relieved in part, and this not without some pain. Six months after her confinement, she became aware of the presence of a small swelling in the upper wall of the vagina back of the external opening of the meatus urinarius; the swelling gradually increased, till it filled almost completely the vaginal passage, preventing sexual congress, and attended with a throbbing sensation and increased weight and distress. One day coming down a flight of stairs, she made a misstep, and in the effort to recover herself, gave a jump of a couple of steps, falling rather heavily; she immediately felt something give way, and found her person wet; on examination it was discovered that the tumour had been broken, and its contents had flowed upon her person and underclothing — there was nothing unpleasant in the odour of the discharge, save that it poossessed a very strong urinary smell, was of a deep yellow colour, ropy and of some consistence. This little fortuitous accident did not prevent her from attending to her household duties; on the contrary, it had done, what several professional men, who had been consulted, could not do, it proved a certain

Docteur Horace Nelson

temporary relief, and taught her that the same thing could be done,in after years, to secure a few weeks 'or months' respite from her unpleasant ailment. Nothing unusual was observed after this occurrence, only that she now noticed that there was an increased, and rather annoying degree of moisture about the external parts, and occasionally a few yellow spots upon her linen; to this she paid little or no attention, being under the impression that, like many other women, she was labouring under a slight attack of leucorrhoea. However, in the course of three or four months, this trifling discharge gradually decreased, at the same time that the small swelling commenced to show itself in the same situation it had occupied in the first instance; it passed through the same stages, till, having attained nearly the size of an egg, it was spontaneously ruptured, the contents evacuated, and relief followed as at its first appearance. Such was the state of things, and so it continued for ten years, recurring from two to three times a year.

« After her removal to this city, she was successively under the charge of three practitioners who, however, did not appear to benefit her, although they never employed any local means — either by examinations or direct applications — they became satisfied that there was something wrong with the womb, but that time and the final change of life would probably effect the cure. Having heard the same story so often, it did not quiet her mind and she had almost given up in despair, when she was recommended to call on me by an American lady. Having made acquainted with the foregoing particulars, I proposed a vaginal examination, to which at first, she rather objected, inasmuch as this mode of determining the nature of her complaint had never been hinted at by any of her former attendants; however, being a person of good common sense and proper feeling, when made aware of the necessity of this examination, she readily complied with the demand. At this time, a little over two months had elapsed since the emptying of the sac by the customary spontaneous rupture of its membrane, and it had now acquired near two — thirds the size of a hen's egg; it was situated half an inch posteriorly to the meatus urinarius, running backwards along the course of theurethra an extent of near two inches; it was firm and elastic, evidently fluctuating, and insensible unless subjected elastic, evidently fluctuating, and insensible unless subjected to undue pressure. A catheter passed readily into the bladder, and a small quantity of urine discharged. The first step in the treatment was to open the abscess — or sac — and then to endeavour to prevent its return by causing the obliteration of this cavity. With a lancet a small puncture was made in the most depending and anterior portion of the sac, when near two ounces of the same thick, yellow — coloured fluid were evacuated; a probe was now introduced in the opening and the cavity carefully explored in all its directions, when a small passage or sinus — just admitting the probe — was discovered running parallel to the urethral canal, a distance of some two inches; a catheter passed into the bladder and probe both came into contact in the cavity of this organ.

« The indication here was to lay open the track of the sinus, and attempt the radical cure by attacking the small vesical opening. This was done in the following manner: — A grooved probe was introduced the entire length of the fistulous canal, and then a very small straight pointed bistoury was carried along, dividing the sinus and making it one with the vaginal canal. Alter the bleeding — which was somewhat profuse from so slight a division of parts — had been checked, a silver catheter was passed into the urethra, while a large sized fenestered speculum was introduced into the vagina. I now found out the very simple cause of this poor woman's sufferings for ten years, a small hole — for it was nothing more nor less — at the junction of the body with the neck of the bladder; this was freely cauterized with a sharpened stick of nitrate of silver, and on withdrawing the speculum the caustic was slightly applied along the fistulous track to promote the granulating process; a large bougie was introduced into the urethra in place of the ordinary silver catheter, and a piece of compressed sponge, in the vagina, directly under the vesical opening. This completed the first dressing, and I may almost say the only one, as a slight modification of the same process was done through twice only at one week's interval, when the fistulous opening became perfectly closed; and although I have since then repeatedly seen the patient, having been retained as the family physician, she has never, in fourteen months, felt anything like a return of her old complaint. Two months after the last application of the caustic, I made a most careful digital and visual examination, but could detect nothing to warrant me in saying that she was not radically cured[38]. »

LE DOCTEUR JEAN GASPARD BIBAUD

Diplômé de McGill en 1843, le docteur Jean Gaspard Bibaud qui remplaça le docteur Horace Nelson en 1847 comme professeur d'anatomie, était le fils de l'historien loyaliste Michel Bibaud. Il fut anatomiste de carrière comme son prédécesseur. Outre ses cours publics,

Docteur Jean Gaspard Bibaud

il donnait aussi des leçons privées et les élèves ne se présentaient jamais à leur examen final sans s'y être fait préparer par lui. Il mourut à soixante ans, en 1880, d'une hémorragie cérébrale[39].

INCORPORATION
DU COLLÈGE DE MÉDECINE ET DE CHIRURGIE

En 1847, c'est l'incorporation du Collège des médecins et chirurgiens du Bas-Canada, qui n'accordera le droit de pratique qu'aux seuls gradués des universités. Il devenait alors impérieux pour cette école de s'affilier à McGill, et d'augmenter le nombre de ses professeurs canadiens français dans le but d'égaler la section anglaise de la faculté. C'est ainsi que, outre les docteurs Beaubien et Bibaud, les docteurs H. Peltier, L. Boyer et J.E. Coderre devinrent professeurs de l'École. Cette entente ouvrait en même temps les salles de l'Hôpital Général aux étudiants de l'École de médecine et de chirurgie, sur un pied d'égalité avec ceux de McGill, du moins en principe, car il faut bien avouer que dans les faits, ce ne fut (malheureusement) jamais le cas.

L'année 1847 fut aussi le théâtre d'une terrible épidémie de typhus, pire, disent les archives, que celles de 1832 et 1834. Fuyant la famine et la persécution religieuse, les Irlandais, qui portaient les germes de cette infection, gagnaient le Canada par dizaines de milliers, alors qu'on leur interdisait l'entrée aux États-Unis. Durant l'année, 442 bateaux transportant 89 738 immigrés sont inspectés à Grosse-Île en bas de Québec, et les malades gardés en quarantaine. Le rapport officiel veut que 4092 (5923 selon Maude Abbott) d'entre eux soient morts en mer, 1190 dans les bateaux ancrés au large de l'île et 3339 sur l'île dans des baraques improvisées. On croit que l'épidémie qui se propagea à tout le pays fit environ 25 000 victimes[40].

Pour limiter la contagion, les autorités montréalaises défendent aux immigrants l'accès des hôpitaux et construisent seize hangars (ou « sheds », comme on les appelait) à l'ouest de la rue McGill et au sud de la rue Notre-Dame, lieu connu par la suite sous le nom de « Griffintown ». Chaque « shed » contenait environ 150 lits. Les médecins, les religieux et les religieuses appelés à soigner ces pauvres malades furent souvent les victimes de leur dévouement. C'est ainsi que trois religieuses de l'Hôtel-Dieu, autorisées par Mgr Bourget à sortir de leur cloître, y perdirent la vie avec 6000 immigrés et Montréalais, dont le maire John Will.

L'ignorance épidémiologique était si totale à l'époque, que l'on construisit bientôt d'autres « sheds » à un mille en amont de l'aqueduc[41].

Rivalité

L'entente entre les professeurs fut de courte durée. En 1849, les anglophones prirent ombrage d'une tentative infructueuse de l'École de médecine et de chirurgie, de se faire accorder par la législature le droit de conférer le degré de docteur en médecine, et démissionnèrent pour retourner à McGill, qui dès lors, rompit l'accord. La rivalité n'existait pas seulement entre les professeurs des deux écoles, elle n'était en réalité qu'un épiphénomène résultant de la profonde dissension entre les deux races. C'est d'ailleurs au cours de cette même année, que l'on incendia le Parlement et que Montréal cessa d'être la capitale du pays au profit de Toronto. L'École, privée de tout lien universitaire, n'en continua pas moins ses activités, devenant, après le départ des anglo-protestants, exclusivement canadienne-française et catholique.

Voici pour illustrer ces changements, la nouvelle liste des professeurs (presque tous canadiens-français) et l'horaire des cours:

8 à 9 heures: obstétrique, docteur T.-E. d'Odet d'Orsonnens.

9 à 10 heures: médecine légale, docteur L. Boyer.

10 à 11 heures: matières médicales, docteur J.-E. Coderre.

11 à 12 heures: pathologie interne, docteur Pierre Beaubien.

14 à 15 heures: anatomie, docteur J.-G. Bibaud.

15 à 16 heures: chirurgie, docteur Pierre Munro.

16 à 17 heures: physiologie, docteur H. Peltier.

19 à 20 heures: chimie, docteur E.-H. Trudel.

L'horaire était chargé, mais les cours ne duraient que six mois par an, ce qui permettait aux cinquante étudiants de travailler pour gagner leurs études[42].

Les professeurs ne manquaient pas de qualifications. Nous avons déjà parlé des docteurs Pierre Beaubien, Pierre Munro, Horace Nelson et L.G. Bibaud. Disons maintenant quelques mots des nouveaux professeurs, les docteurs H. Peltier, J.-E. Coderre, T.-E. d'Odet d'Orsonnens, E.-H. Trudel et L. Boyer.

LE DOCTEUR HECTOR PELTIER

Hector Peltier est venu au monde à Montréal, le 16 septembre 1822. À l'automne de 1838, à peine âgé de 16 ans, il traverse l'océan en compagnie de monsieur Hector Bossange, pour aller étudier la philosophie à Paris. Il compléta deux années d'études philosophiques au collège Henri IV, où il eut pour condisciples le prince de Joinville, le duc d'Aumale, et plusieurs fils des plus grandes familles de France.

Il s'y fit remarquer par ses talents et reçut l'estime de chacun grâce à son amabilité et à l'originalité de son esprit. Son cours classique

Docteur Hector Peltier

terminé, il se tourna vers la médecine et prolongea en conséquence son séjour à Paris de quelques années, suivant avec empressement les cours de la Faculté de médecine de Paris, visitant les différents hôpitaux, prenant partout des notes. Enfin il passa en Écosse, et après deux ans d'un travail assidu à l'Université d'Édimbourg, il reçut les honneurs universitaires et revint au pays, pour y prendre sa licence le 21 février 1846 et s'établir à Montréal. En 1847, il fut nommé professeur de physiologie à l'École de médecine et de chirurgie de Montréal, charge qu'il assuma avec honneur jusqu'à sa mort en 1878. Il fut aussi gouverneur du Collège des médecins et chirurgiens du Bas-Canada. Très estimé de ses confrères, autant anglophones que francophones, on mentionne qu'il formait le trait d'union entre les deux clans[43].

LE DOCTEUR J.E. CODERRE

Le docteur J.Émery Coderre était peut-être le plus pittoresque des médecins. Né à Saint-Denis-sur-Richelieu en 1813, il avait du sang de patriotes dans les veines. En effet, pour ceux qui s'intéressent à l'histoire du Canada et plus particulièrement à la rébellion de 1837, notons qu'il fit partie de l'Association des fils de la liberté et qu'il fut emprisonné pour la cause. Il avait plus de trente ans lorsqu'il entreprit d'étudier la médecine à l'École de médecine et de chirurgie de Montréal, où il assuma très tôt le poste de professeur en matières médicales.

Il passa à l'histoire non seulement comme patriote, mais comme adversaire acharné de la vaccination. Il disait: « tant mieux pour ceux qui ont le temps d'essayer de nouveaux remèdes. Ma carrière ne m'a pas encore suffi à apprendre ce que valent les anciens[44]. »

LE DOCTEUR T.E. D'ODET D'ORSONNENS

Le docteur Thos. E. d'Odet d'Orsonnens était issu d'une famille noble du canton de Fribourg, en Suisse. Son père avait émigré au Canada vers 1812 dans le régiment des Meurons où il occupait le grade de capitaine.

Les Fribourgeois restèrent catholiques au milieu des cantons voisins qui embrassèrent le calvinisme, et dans sa jeunesse, le docteur d'Orsonnens avait songé à se faire prêtre. Il porta d'ailleurs quelque temps la soutane. Plus tard, devenu médecin, il eut une grande clientèle, dont une large proportion de pauvres. Il excellait surtout comme accoucheur.

Le docteur d'Orsonnens enseigna aussi la chimie, mais, nous dit L.D. Mignault, ses connaissances théoriques n'étaient pas toujours édifiantes lorsque mises en pratique. Aussi, ses élèves eurent-ils sou-

Docteur Jos Émery Coderre

vent l'occasion de l'entendre s'exclamer: « Mais, pourtant, cela ne devait pas arriver! » La chimie organique était alors à ses débuts et Hermann Von Fehling venait à peine de mettre au point le dosage quantitatif du sucre dans l'urine[45].

Docteur T.E.
d'Odet d'Orsonnens

LE DOCTEUR EUGÈNE-HERCULE TRUDEL

Le docteur Eugène-Hercule Trudel fut nommé chirurgien de l'Hôtel-Dieu en 1849, à titre d'assistant du docteur Munro. Nous verrons plus loin qu'il sera président de l'École de médecine et de chirurgie à une période critique. La démission des professeurs de langue anglaise laissait l'École sans hôpital. On se tourna naturellement vers l'Hôtel-Dieu, qui était encore rue Saint-Paul, et qui ouvrit ses portes

Docteur E.H. Trudel

aux étudiants en 1850. Les Soeurs Grises permirent aussi l'accès à leur dispensaire de la Providence aux élèves de l'École. L'Hôtel-Dieu qui n'avait que les docteurs Munro et Beaubien pour prodiguer aux étudiants l'enseignement requis, procéda à la nomination des autres professeurs de l'École comme médecins de l'hôpital, soit les docteurs J.-E. Coderre, E.-H. Trudel, Thos.-E. d'Odet d'Orsonnens et L. Boyer. Ce dernier fut professeur de médecine légale.

51

Cependant, même affiliée à l'Hôtel-Dieu, l'École de médecine et de chirurgie souffrait toujours du manque d'un statut universitaire.

En effet, l'absence d'affiliation universitaire demeurait désavantageuse pour les étudiants qui devaient se présenter devant des examinateurs pour obtenir leur droit de pratique, alors que ceux de McGill n'avaient qu'à présenter leur diplôme pour obtenir leur licence. En conséquence, l'École de médecine et de chirurgie présenta à deux reprises des pétitions à la législature pour obtenir le pouvoir de conférer un droit de pratique, mais sans succès, car la députation de Montréal, qui siégeait alors à Toronto, la capitale, était entièrement anglophone.

Espoir de devenir Faculté et déception de l'École

En 1852, le projet de créer une Faculté de médecine à l'Université Laval fit naître chez les professeurs de l'École de médecine et de chirurgie de Montréal l'espoir que leur école deviendrait cette faculté. Malheureusement, ils durent essuyer une grande déception. Laval refusa et décida de créer sa propre faculté de médecine, comptant y attirer les étudiants en médecine de Montréal. En 1854, ce projet était déjà fait accompli. Québec ne manquait pas de compétences médicales. Le docteur Jean-Baptiste Blanchet, nommé doyen, avait étudié en France et en Angleterre et détenait un Fellowship du Collège royal des chirurgiens.

Cette même année, l'École de médecine et de chirurgie de Montréal fait paraître l'annonce suivante dans le « Montreal Monthly Record of Medicine and Surgery:

> « Cette École offre à l'étudiant des avantages égaux à ceux des institutions du même genre au pays. Ce sont, premièrement, l'Hôtel-Dieu, où le service chirurgical est très riche en cas de toute nature, et les étudiants ont l'occasion d'y voir des opérations faites avec toute l'habileté désirable. Tous les médecins de l'école y font du service pendant trois mois à tour de rôle. Deuxièmement, l'hospice Sainte-Pélagie où les étudiants apprennent l'art des accouchements. Troisièmement, la prison de Montréal où, grâce à notre dévoué président, le docteur Beaubien, les élèves reçoivent des instructions nombreuses et savantes en médecine légale. Cette école possède en outre un musée contenant un grand nombre de pièces pathologiques et de préparation anatomiques. La bibliothèque contient quelques ouvrages de grand prix. »

Chapitre 4

L'HÔPITAL SAINT-PATRICK
en 1852

Une annexe à l'Hôtel-Dieu: l'hôpital Saint-Patrick

En 1852, sous l'instigation de Mgr Bourget, les religieuses hospitalières de Saint-Joseph rénovèrent un vieux collège protestant désaffecté, dans le quartier Saint-Antoine, pour y loger les malades irlandais que l'Hôtel-Dieu pouvait difficilement accueillir[46]. C'était, selon Corinn Kerr, un bâtiment de quatre étages en pierres grises de 120 pieds par 57 pieds. Cette annexe de l'Hôtel-Dieu porta le nom de « Saint Patrick's Hospital ». Les rénovations étaient à peine terminées qu'un incendie gigantesque détruisit 2000 maisons dans la ville qui ne comptait que 57 715 habitants[47]. L'Hôtel-Dieu et Saint-Patrick furent débordés de grands brûlés. C'était presque comparable, toutes proportions gardées, au grand incendie de Londres qui en 1666, détruisit 13 200 maisons et 89 églises.

L'arrivée du jeune docteur Hingston

Les religieuses hospitalières de Saint-Joseph nommèrent un jeune chirurgien à l'hôpital Saint-Patrick — qui avait très vite pris de l'expansion, car du mois d'août 1852 à décembre 1853, on y enregistra 930 admissions —, c'était le docteur William Hale Hingston, âgé de 25 ans, diplômé de McGill et Fellow du Collège Royal d'Édimbourg où il avait été l'adjoint personnel du plus célèbre chirurgien de l'époque, sir James Y. Simpson. Il avait de plus séjourné dans les autres grands centres médicaux de Londres, Paris, Berlin et Vienne.

Désireux de communiquer l'expérience qu'il avait acquise dans ces grands centres médicaux d'Europe, le docteur Hingston écrivit à son retour des articles dans le « Medical Chronicle or Montreal Monthly Record of Medicine and Surgery », qui parut de 1853 à 1859. Voici quelques exemples de ses opinions sur la pratique de la chirurgie et sur les expériences de certains de ses confrères.

Dans un premier article, il contredit le professeur De Lamballe de l'Hôtel-Dieu de Paris qui prétend que des chocs électriques peuvent être un antidote à un surdosage de chloroforme:

> « I saw in the polyclinic of Berlin, a case in which much valuable time was lost in an attempt to restore animation by electrical shocks. The patient, a stout, healthy man, was put under the influence of chloroform in order to relay a muscle of the hand. All at once, he ceased to breathe. A large electrical apparatus was brought and a powerful current transmitted to him with no effect. Artificial respiration was then resorted to, and in less than four minutes the patient recovered. There can be no doubt that death would have taken place had the electricity been continued and artificial respiration neglected[48]. »

Dans un deuxième article, il rapporte un traitement nouveau, effectif et plus humain de l'ankylose:

> « During my residence in Berlin of nearly five months, I had the opportunity of witnessing the Langenbeck's method of treating ankylosis repeatedly, and the result was invariably favorable. That practice is unknown in Britain and in this continent.

> « A method practiced by older surgeons was a diabolical torture. An apparatus was invented by M. Louvrier, called « Machine infernale », in which the limb was fastened, and by a sudden turn of a winch the limb was straightened. A few escaped with little improve-

ment; in others, laceration, suppuration, gangrene, delirium and death were the results. Louvrier's method is now never employed.

« The practice so successful under Langenbeck consists of breaking up the callus in a manner very different from Louvrier. The patient should be placed in a recumbent posture and chloroform administered until complete anaesthesia is induced and the muscles cease to offer any resistance. The most favorable joint is the knee. An assistant fixes the pelvis and the surgeon commences gradual flexion or extension if it is fleed. In long-standing cases, the force required is considerable. When the limb yields to external force, the amount of flexion is preserved until the next trial. A great degree of flexion is not desired at once. The more patiently the limb is managed, the less in the danger of reaction and greater is the probability of success. A couple of months is necessary to restore the integrity of the joint. It is absolutely requisite that there should be no trace of scrofula before interfering with a joint[49]. »

Dans un autre article, le docteur W.H. Hingston décrit les activités dans les différents hôpitaux de Paris. On y apprend, entre autres détails, que l'Hôtel-Dieu de Paris comptait à l'époque 1290 lits et que le taux de mortalité en médecine y est de 1/7,39 patients, et de 1/22,50 patients en chirurgie. Ces chiffres devaient inclure les cas de chirurgie mineure...[50]

Ces reportages scientifiques font bientôt place à des observations personnelles dont voici quelques exemples:

« W.S., at twenty, placed himself under my care in December 1853. In the region corresponding to the posterior angle of the submaxillary triangle of the neck, a tumor is visible and painful on pressure. Its upper border is covered by the body of the lower jaw. I proposed its removal. I commenced the operation by carrying an incision of 1¾ inch in length along the base of the left side of the lower jaw. The tumor was exposed. It was found to be bound down on all sides by arcolar tissue which yielded only to the edge of the knife. This made the dissection more hasardous. The facial artery was tied and cut; the facial vein was also divided. By firm traction downward and forward, the tumor was isolated by knife from its deep attachment. The edges of the wound were then brought together. The tumor, which was about the size of a walnut was of whitish colour, very hard, creaking under the knife like a cartilage. A section of it showed it to be made up of concentric layers having in their centre a nucleus of pus. After eighteen months, the patient is very well. »

Et voici un autre cas, cliniquement digne d'intérêt :

« Mr. S., a gentleman well-known and engaged in important public trust in this city, consulted me in July 1854 for stricture of the urethra for more than seventeen years with many severe attacks of retention of urine and that each attack had increased in severity. On examination with a catheter, a long hard and unyielding stricture was detected in the membranous portion of the urethra. I proposed to him dilatation by bougies and, failing this a division of the urethra as recommended and which I had frequently seen sucessfully practiced in Edimburg by Mr. Syme. He was averse to the use of the bougies.

« Such was the condition of things when I was summoned to see Mr. S. nine months later Monday 28, March last. I found him suffering from retention. A number five silver catheter was introduced without much difficulty. Two days after the evacuation of the urine, severe pain was felt in the left leg, which became discoloured and swoelen, looking like a phlegmasia dolens. Simultaneously, the skin became bathed with perspiration of strongly urinous smell and taste; respiration became labored: the face assumed a deep yellow cadaverous appearence and the day following numerous small white specks appeared on the face, the neck, the hands. On Saturday, the skin upon the forehead and face was rough to the feel as sandpaper. On Monday large cuboid crystals were thickly chestered on the exposed parts. Eighteen of the larger crystals were scraped for examination. So soon as the existence of urine in the circulation became evident, diaphoretics were prescribed. A week later, Monday nine a.m., the patient felt better and was reading the morning papers. Suddenly, breathing became very labored; heart acted feebly; coldness of the extremities; perspiration profuse; intellect however quite clear. At two p.m. a short compulsive twitch closed the scene.

« The symptoms of uremic poisoning occuring long after the difficulty with the urethra had passed away presented certain anomalie. The most remarkable feature in the case was the presence of a vast number of crystals upon the skin. These, upon examination, were found to be crystals of oxalate of lime. On the microscope, they presented the appearance which Hassal delineates in the Lancet of April and May 1858, being generally of an octohedral form. They appeared with the first copious perspiration, increased in number and size as time wore on. The records of medicine, so far as within my limited reach do not furnish a parallel example[51]. »

Le microscope était alors un instrument de recherche tout à fait nouveau, éveillant la curiosité des scientifiques. Cela se passait avant les célèbres travaux de Pasteur, de Virchow et d'Osler. Le moins que nous puissions dire, c'est que le docteur Hingston était avant-gardiste.

Le « Montreal Monthly Record of Medicine and Surgery » publiait occasionnellement des articles écrits en français, comme cette communication du docteur L. Boyer, professeur de médecine légale à l'École de médecine et de chirurgie, et médecin de l'Hôtel-Dieu, portant sur le traitement d'un patient hospitalisé à l'Hôtel-Dieu pour empoisonnement par du poison à rats. On note aussi un article du docteur Hector Peltier, dont on connaît déjà le « curriculum vitae », sur le pronostic du choléra lorsqu'il y a des vomissements[52]. Ce journal reproduisait aussi des articles des revues étrangères témoignant des progrès de la chirurgie à travers le monde.

En effet, la littérature médicale relatait chaque jour des exploits chirurgicaux, comme ceux du docteur Walter Burnham qui en 1853, à Lowell, Massachusetts, pratiqua la première hystérectomie non fatale, et ceux du docteur Sims, qui guérissait les fistules vesico-vaginales secondaires aux accouchements dystociques, alors si fréquentes.

Jeune médecin de l'Alabama, le docteur Sims pratiqua des expériences chirurgicales sur trois esclaves noires, Anarcha, Betsy et Lucy[53]. Après une quarantaine d'échecs consécutifs, il réussit (en 1852) à mettre au point une technique assurant la guérison de ces fistules vésico-vaginales. Il opérait la patiente en position génu-pectorale et utilisait des fils d'argent. Il devint très célèbre et fut appelé plusieurs fois en Europe pour fermer des fistules vésico-vaginales chez des duchesses, des princesses et des reines.

Le docteur Hingston ne tarda pas à recevoir des honneurs. On lit dans le même « Montreal Monthly Record of Medecine and Surgery » de 1859 la note suivante: « We are much gratified to learn that Doctor W.-H. Hingston of this city has been elected a member of the Imperial Leopold Academy of Germany, one of the most distinguished of Foreign Societies. It is presided by the celebrated Nees Von Esenbeck. We sincerely congratulate our esteemed collaborator upon having attained so high an honor. »

Il était appelé à devenir l'un des plus éminents chirurgiens de son époque et un homme politique remarqué, comme nous le verrons plus loin.

Chapitre 5

RECONSTRUCTION DE L'HÔTEL-DIEU AVENUE DES PINS en 1860

NOUVEL AGRANDISSEMENT DE L'HÔPITAL

En 1860, les religieuses hospitalières de Saint-Joseph pressées par Mgr Bourget d'agrandir leur hôpital rue Saint-Paul, décidèrent de construire un hôpital neuf, assez grand pour y recevoir leurs propres malades et ceux de l'hôpital Saint-Patrick. Elles choisirent un endroit éloigné de la ville, soit un terrain qui leur appartenait au mont Sainte-Famille, le site actuel de l'Hôtel-Dieu[54].

On avait accès à l'Hôtel-Dieu par la rue Saint-Laurent à la hauteur du poste de péage[55]. Le nouvel hôpital ouvrit ses portes en 1861. Il ne comprenait que les pavillons actuels, Marie-Morin et Vimont. Le cloître et la chapelle complétaient l'ensemble des édifices.

Au premier étage, face à l'entrée, se trouvaient la pharmacie, les archives et quelques pièces servant aux médecins, à la réception des malades, et la salle Saint-Joseph; au rez-de-chaussée la cuisine, la buanderie et la réserve des médicaments; au deuxième étage la salle Saint-Théodore, réservée aux contagieux, la salle Sainte-Brigitte et la salle d'opération; aux étages supérieurs, les salles Saint-Jean-de-Dieu, Saint-Christophe et Saint-Roch.

D'une capacité de 150 lits[56], l'Hôtel-Dieu est alors « le plus beau, le plus vaste et le plus riche des hôpitaux dans les possessions britanniques de l'Amérique du Nord[57]. Chose regrettable cependant, c'est de voir, sur le plan des architectes V. Bourgeau et J.J. Markin, la salle d'opération située en face de la salle des pestiférés! Triste preuve que cette époque ignorait encore les bactéries et l'asepsie.

Toutefois, sous bien d'autres aspects, on peut noter une très grande amélioration des conditions de séjour à l'hôpital, et ce, tant pour les patients que pour le personnel de l'institution. Les murs et les planchers avaient été isolés; des cheminées, aux extrémités de chaque salle, assuraient un plus grand bien-être aux malades, outre la chaleur prodiguée par un chauffage central au bois et à la vapeur, système tout à fait nouveau à l'époque. Plus tard, en 1877, le bois sera remplacé par le charbon et la vapeur par l'eau chaude.

Pour ce qui est des déplacements des malades et des commodités, un grand ascenseur actionné à la main (cabestan) et entouré d'une cage grillagée les facilitait considérablement, d'un étage à l'autre. Cet ascenseur disparaîtra avec l'avènement de l'électricité, mais la cage grillagée et les escaliers y attenant étaient encore là il y a quelques années. De plus, deux petits ascenseurs manuels servaient au transport des médicaments et de la nourriture[58]. L'établissement était aussi l'un des rares en ville à bénéficier de l'éclairage au gaz[59], et d'un aqueduc à pression qui venait de remplacer les porteurs d'eau[60].

Le chauffage central, l'éclairage au gaz et l'eau courante étaient alors considérés comme des pas de géant dans la voie de la modernisation.

La présence, sous un même toit, des canadiens français et des Irlandais posait un problème médical. Les médecins irlandais de l'hôpital Saint-Patrick voulurent être admis à l'Hôtel-Dieu, alors que, par contrat, les professeurs de l'École avaient seuls le droit d'y soigner les malades. On finit par s'entendre et, à la suggestion du docteur Beaubien, le docteur Hingston fut accepté comme assistant du docteur Munro en chirurgie[61].

Hôtel-Dieu de Montréal, 1860. Vue de la façade.

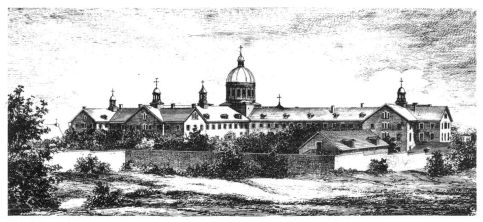

Hôtel-Dieu de Montréal, 1860. Vue latérale, à partir de la montagne.

Le personnel de l'Hôtel-Dieu ne tenait pas encore de registres opératoires, mais voici deux rapports trimestriels des opérations pratiquées à l'Hôpital Général de Montréal en 1858 et 1859, susceptibles de donner une excellente idée du genre et du nombre de pathologies traitées par les médecins d'alors.

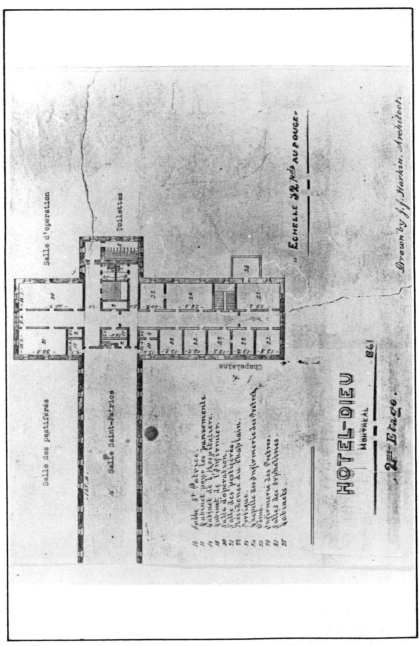

Hôtel-Dieu de Montréal, plan du 2ᵉ étage, dessiné par J.J. Harkin, architecte.

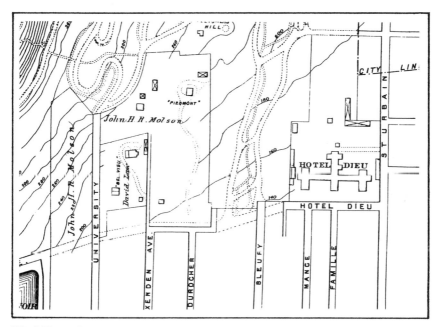

Hôtel-Dieu, 1861.

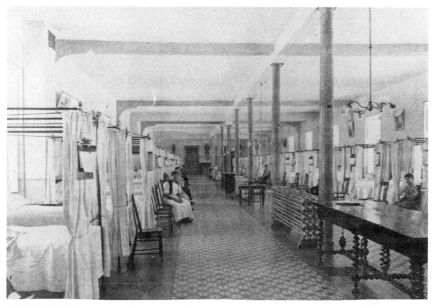

Salle Sainte-Vierge.

Quaterly report of the Montreal General Hospital
ending 27th January 1859

Major operations:

Amputation of leg	1
Amputation of foot	1
Excision of fibro-nucleated tumour	1
Excision of staphyloma	1
Hydroceles tapped	4
Hydroceles tapped and injected	1
Synovial bursal tapped and injected	2
Tumorectomy	1
Sequestrum removed from tibia	1
total	13
Fractures treated	9

Quaterly report of the Montreal General Hospital
22 April 1859

Major operations:

Amputation of hand	2
Amputation of toe	2
Amputation of thumb	1
Removal of epithelial cancer	1
Removal of encysted tumour	1
Removal of fibroms tumour	1
Removal sequestra tumour	2
Removal of nasal polypes	1
total	11

Ligature of famoral artery by doctor McGallum.

Removal of loose cartilage from the knee joint by doctor Wayland Campbell.

Malgré l'absence de dossiers médicaux, certaines statistiques du temps révèlent un total de 48 039 admissions en un demi siècle, se répartissant ainsi: 22 644 femmes et 25 395 hommes, pour une moyenne de 80 admissions par mois[62], au moment où l'hôpital ne comptait encore que 100 lits depuis 1842.

Les journaux médicaux d'expression anglaise nous aident aussi à comprendre ce qui se passait à l'Hôtel-Dieu au milieu du XIXe siècle. Voici par exemple trois articles parus dans le « British American Journal of Medicine and Physical Sciences », et décrivant les pratiques du docteur W.H. Hingston.

1. Cet article, réalisé par Kenneth Reid, raconte dans le détail l'excision de l'articulation du coude, telle que réussie par Hingston:

« Catherine Lynch, a strong, healthy-looking girl, aged 23, suffering from extensive caries of the right elbow, was admitted into the Hôtel-Dieu Hospital, on the 14th November, 1860, and in the following March on its removal to the new building at Mont St. Famille, she was admitted into St. Bridget's Ward, under the care of Dr. Hingston. On her admission the joint was very much enlarged and painful; the skin red and shining; and two sinuses communicated with the interior of the joint. Through these a probe could be passed with ease. The limb was anchylosed in a straight position.

« On the 23rd April, resection was performed in the following manner: An H-shaped incision 5 inches in length was made along the back of the joint, the flaps were dissected, the olecranon process, having been freed with the knife, was removed. The joint was then opened — the radius removed down to the tubercle for the attachment of the biceps, together with the condyles, and all the shaft of the humerus below the condyloid ridges. The haemorrhage was inconsiderable. Union took place by the first intention, except at the sites of former fistulous openings; through these a moderate discharge was kept up for four weeks. There was no pain or febrile disturbance. The arm was placed in a straight position, and in this way remained for ten days. Passive flexion was then begun; an inch a day till a right angle was reached; again gradually returned to a straight position, and as gradually flexed until the hand was made to rest against the cheek. Two months after the operation, active motion was partially restored.

« 15th January, 1862. Patient was discharged today fit for service. All the usual motions of flexion, extension, supination, and pronation are entirely restored; the patient can knit, scub, sew and do all sorts of house-work.

« Ist May. Patient called to say that she experiences no inconvenience whatever in using her arm, and is earning her living at a sewing machine[63]. »

2. Le deuxième article de K. Reid relate l'excision d'une partie de l'os maxillaire inférieur:

« Patrick Carey, a robust, healthy-looking man, 60 years of age, was admitted for epithelial cancer of the lower jaw, into the St. Patrick's Ward of the Hôtel-Dieu Hospital, on the 17th of January, 1862.

« The patient, about 18 months before entering the Hospital, had submitted to an operation for the removal of the diseased part from the lower lip. The disease was then confined to the soft parts, but since its return had involved the bone, and was about the size of a full-blown rose. The patient up to this time had held a good situation on the Grand Trunk Railway, but owing to the spread of the disease, and the pain and fetor accompanying it, was obliged to leave off work. On this account he was urgent for its removal, although only promises temporary relief.

« Accordingly on the 23rd the operation was performed by Dr. Hingston in the following manner. The patient being under the influence of chloroform, a thick ligature was passed through the tongue, to prevent it from falling back upon division of the sub-lingual muscles, and entrusted to an assistant; the left bicuspid and right first molar were then extracted, and the soft parts divided by two incisions forming an isosceles triangle. The bone on either side was afterwards sawn through by means of the chain and Hey's saw; then by dividing the attachments of the genio-glossi, and genio-hyoglossi, the whole was removed. The two sides of the maxilla were then brought within half an inch of each other, and the edges of the incisions were drawn together, and united by means of three twisted sutures supported by plaster.

« The patient made a very rapid recovery, union taking place almost entirely by the first intention. He was at first forbidden to speak, and his diet confined to soups. On the 3rd of March he was discharged from the Hospital, and resumed his situation.

« 1st May. The deformity scarcely perceptible; speech not affected, and the slight retraction of the chin is concealed by a large « imperial »[64]. »

Il est intéressant de noter que le doctuer Hingston avait eu comme professeur le célèbre James Syme d'Édimbourg, auteur du volume

Excision of diseased joints[76], et que cette opération de la mâchoire avait été pratiquée antérieurement à Berlin par le docteur Karl Ferdinand von Graefe. Inutile d'ajouter que le docteur Hingston avait une réelle admiration pour l'école allemande, dont il appliquait les techniques avec succès.

3. Cette troisième intervention chirurgicale du docteur Hingston nous est rapportée par E.C. Walsh. Il s'agit d'un anévrisme traumatique de l'artère fémorale.

« R.F., aged 26, a native of Canada, and of temperate habits, while passing along one of our streets on the 21st of April, having in his hand a file, the blunt end came in contact with a box, which was lying on the sidewalk. The force was considerable, and the sharp end of the instrument entered the outer side of the thigh, about three inches and a half below Poupart's ligament, its direction being oblique, and beneath the sartorius muscle. It was immediately removed by himself, and the amount of hemorrhage which ensued was considerable. He applied his handkerchief tightly above the wound, and thus controlled the bleeding. Dr. Rottot soon after was in attendance and dressed the wound. Dr. Hingston was subsequently called in, but did not remove the dressing. The patient suffered a good deal of pain during the night, but was tolerably free from it in the morning. He continued easier until the 25th, when, on examination, Dr. Hingston discovered a small pulsating tumor, not withstanding which it continued gradually to enlarge. On the 29th April a consultation was held, when it was decided to try digital compression. This was kept up for fifty-four hours, the patient being watched by several students belonging to McGill University, and the Montreal School of Medecine, at the end of which time, there being no perceptible diminution in the size of the aneurism, its walls being very thin and it being easily emptied of its contents, it was determined to ligature the injured vessel where it had been wounded. On the 3rd of May, twelve days after the accident, the operation was performed by Dr. Hingston, assisted by Drs. Campbell, Howard, and Fenwich (the students who assisted at the compression being also present). The external illiac artery was controlled by means of one of Carte's large compressors. Pressure by means of the hand was made upon the common femoral high up, and the same means to prevent hemorrhage was adopted upon the distal side of the artery. An incision was then made through the skin and fascia, on a line with the artery, and about four inches to the inner side of the original wound, of sufficient size to allow te introduction of the index finger. Through this opening the artery was searched for; and though the amount of bleeding was insignificant, the wound in the artery could not be discovered. The aneurismal tumor had pushed the sartorius muscle inwards, and it was therefore of no use as a guide in subsequent operations. Having thus failed, a somewhat lengthened incision was made, cutting into the sac, and the vessel sought for, but the semi-organised condition of some portions of the sac and the altered state of the surrounding parts from extravasated blood, made the discovery somewhat difficult. It was soon found, however, and the wound ascertained to be upon its posterior aspect. Ligatures were passed around the artery, both above and below the seat of injury, and firmly tied. Very little blood was lost during the operation. The wound was brought together by means of several interrupted sutures, and adhesive plaster — the limb placed in a slightly elevated position, and lightly covered. The patient bore the operation well. About twenty minutes after his removal to bed, he became suddenly weak. Mr. Walsh was in attendance at the time, and administered wine, at short intervals, till he had taken about half a pint, when he rallied. The temperature of the injured limb remained as high as that of the sound one. This was doubtless owing in a measure to the more perfectly established collateral circulation caused by the attempts at cure, which had been made by compression.

« May 4th. Feels better. Wound looks healthy. Temperature of limb unaffected. Has taken some beef-tea. To have half a drachm of chlorodyne, every four hour, during the night, if restless.

« May 5th. He was feverish during the night, and did not sleep. Was very thirsty. His stomach would not retain the chlorodyne. Feels better this morning, and continued so during the day. R Pulv. Dovery gr. x. H.S.

« May 6th. Not so feverish. Appetite good, and the various secretions normal. He took, during today, some broiled chicken, and a little broth at intervals.

« May 8th. Had a distinct rigor this morning, which lasted half an hour, and was followed by profuse perspiration. A dry cough annoys him a good deal, especially towards night. To have the following: R Quinine Disulph. 3 ss. Acid Sulph. Arom. m.xx. Syr. Auranti 3 j. Aquae ad. 3 viii. A tablespoonful to be given every four hours.

« May 9th. Cough worse. Has had two more rigors, one of which was about two hours in duration, and was very severe. Towards evening, during a fit of coughing, hemorrhage from the wound to

Docteur Willian Hale Hingston

the extent of about six ounces occurred, but was controlled by moderate pressure. A solution of alum was ordered to be applied.

« May 10th. Some slight hemorrhage today, which seems to be of a venous character. Pulse 110. Tongue coated white. Countenance pale and anxious.

« May 11th. Very weak, dull and incoherent. There is some delirium, and no desire whatever for food. Wound full of unhealthy pus, and signs of gangrene are visible.

« May 12th. Still weaker — pulse towards evening 160. Coagula in wound exceedingly offensive. Complains of a good deal of constriction about the chest.

« May 13th. Has been in a stupor most of the night. Is a little brighter this forenoon, but very weak. Pulse 175 — small and wiry. Cough and dyspnoea very troublesome. Expectorated a quantity of sanious pus. Complains of pain in the hypogastric region. A catheter was introduced, and a quantity of healthy-looking urine drawn off. Towards the afternoon, he gradually got weaker, and his breathing became exceedingly difficult. About half past three he died.

« No post mortem examination was allowed, as the body was at once removed to Western Canada for interment. There can be no doubt, however, that death resulted from pyaemia[65]. »

Évidemment, en l'absence d'asepsie et d'antisepsie, la septicémie terminale n'a rien d'étonnant.

Les docteurs Wayland Campbell et Henry Howard de McGill sont donc venus assister Hingston dans ce cas particulier, ce qui nous permet de déduire que la collaboration entre différentes écoles n'était pas impossible.

Le 29 juin 1864, trois ans après son ouverture, le nouvel Hôtel-Dieu de l'avenue des Pins dut recevoir un grand nombre de blessés à la suite d'une tragédie ferroviaire survenue à Belœil, où un train chargé d'immigrants plongea dans la rivière Richelieu. Il y eut cent morts et plus de deux cents blessés que les docteurs Pierre Beaubien et Roddick, appelés sur les lieux, firent transporter les uns à l'Hôtel-Dieu, les autres à l'Hôpital Général. Imaginez l'émoi que dut causer à l'hôpital l'admission de ces grands traumatisés, alors qu'il n'y avait ni clinique d'urgence, ni soins intensifs. Le dévouement du docteur Hingston fut tel qu'on lui offrit le poste de médecin au chemin de fer Grand Trunk, mais il déclina cette offre.

Dans les annales des religieuses hospitalières de Saint-Joseph, Sœur Paquette, raconte: « Les sœurs reçurent les blessés avec une diligence et une charité particulières. Comme le plus grand nombre ne parlaient que l'allemand, nous eûmes recours au Rév. M. Santenne, alors aumônier de notre hôpital. Il put les assister en cette langue et nous interpréter au besoin. Un médecin, après avoir visité tous ces malades, leur fit administrer les remèdes dont chacun d'eux pouvait avoir besoin. En quelques heures, tous furent confortablement assistés, pansés, couchés et soulagés. »

Le 30 juin, les autorités civiles décident de réunir les familles dispersées, les unes à l'Hôpital Général, les autres à l'Hôtel-Dieu. La rédactrice des annales ajoute: « Deux de ces pauvres blessés eurent la consolation de retrouver leurs épouses. Tous les témoins en demeurèrent attendris. »

L'Hôtel-Dieu accueillit au total cent neuf blessés, dont une femme enceinte qui accoucha les jours suivants et une vingtaine d'enfants. Quelques jours plus tard, les autorités du Grand Trunk adressaient à la supérieure de l'Hôtel-Dieu, Mère Mance, un chèque pour services rendus, et une lettre de remerciement à laquelle elle répond en ces termes: « J'ai l'honneur, au nom de ma communauté, d'accuser réception de votre gracieuse lettre du 19 courant renfermant un billet de change sur la Banque du Canada de la valeur de mille piastres. C'est avec une vive gratitude que je reçois cette généreuse offrande. Je ne suis nullement étonnée de la générosité de l'honorable compagnie à l'égard de notre maison, après avoir été témoin de sa noble conduite envers les infortunées victimes de l'accident du 29 juin dernier[66]. »

Première reconnaissance universitaire

Rebutée à deux reprises par l'université Laval et désespérant d'obtenir une reconnaissance universitaire, l'École de médecine et de chirurgie de Montréal s'adressa, en 1864, à l'université Victoria, à Cobourg près de Toronto, et les docteurs Beaubien et Peltier furent délégués pour parapher une entente qui était avantageuse pour les deux parties: l'université Victoria obtenait une faculté de médecine qu'elle n'avait pas, et l'École de médecine et de chirurgie de Montréal une reconnaissance universitaire.

« Pendant les premières années, les gradués se rendaient à Toronto, où le Sénat universitaire avait ses réunions, pour recevoir leurs diplômes, et deux professeurs de l'École, revêtus de toges, ou de « robes » selon l'expression du procès-verbal, assistaient à la cérémonie. »

« Plus tard, d'après une entente avec Victoria, un ou deux délégués de l'École recevaient les dégrés,* au nom des gradués, leur évitant ainsi un voyage assez dispendieux[67]. »

* les diplômes.

Chapitre 6

DÉBUT DES PROTOCOLES
1867

Pour tous les Canadiens, 1867 représente l'entrée du pays dans la Confédération, mais pour l'Hôtel-Dieu de Montréal, cette date revêt une importance toute particulière, car elle marque les débuts de l'enregistrement des protocoles opératoires.

L'année suivante, le docteur Hingston y pratique une néphrectomie, délicate intervention chirurgicale qui consiste en l'ablation d'un rein. C'est une première mondiale. Le docteur Potevin, dans la Gazette médicale de Montréal, commente l'événement en ces termes : « Mon savant et distingué collègue a été, en 1868, le premier chirurgien du monde à pratiquer une néphrectomie[68]. » Malheureusement, la patiente, une certaine dame Moreau, devait s'éteindre sur la table d'opération. Quelques mois après cette première expérience d'ablation d'un rein, la même opération pratiquée par le docteur Hingston s'avéra un succès sur toute la ligne et lui assura la notoriété tant méritée.

Hingston semble ne pas avoir publié ce haut fait chirurgical car Garrison, dans son histoire très documentée de la médecine, attribue la première néphrectomie à Gustav Simon, qui la pratiqua en 1869 à Heidelberg. L'humilité des uns fait la gloire des autres...

Les techniques et les succès opératoires passionnent les médecins, comme en témoignent, dans les registres de l'Hôtel-Dieu, les premiers protocoles opératoires. Ils sont rédigés et écrits par une religieuse qui s'y applique au point qu'ils sont des modèles de calligraphie. Ces protocoles ne semblent pas avoir été rédigés séance tenante car ils mentionnent l'évolution post-opératoire et quelquefois le post-mortem.

Le privilège que nous avons de lire les protocoles opératoires de cette époque est exceptionnel, car Maude Abbott déplore l'absence de dossiers à l'Hôpital Général avant 1882. L'hôpital Victoria n'existant pas encore, l'Hôpital Général et l'Hôtel-Dieu étaient les deux seuls hôpitaux de Montréal.

Il n'y avait pas alors de frontière définie entre la chirurgie et la médecine. Avec une bonne connaissance de l'anatomie — que tous possédaient, car c'était la principale matière enseignée —, et quelques notions d'hémostase, n'importe qui pouvait opérer. Pas besoin de posséder un certificat de spécialiste ni même d'appliquer les règles rigoureuses de l'asepsie, encore inconnue. C'est ainsi que nous voyons, les premières années, les docteurs Beaubien, Rottot et Grenier pratiquer la chirurgie. Ils ne tardèrent pas toutefois, à céder la place aux Munro, Hingston et Brosseau, véritables chirurgiens.

Les pages qui suivent reproduisent quelques protocoles opératoires de la seconde moitié du xixe siècle à l'Hôtel-Dieu de Montréal.

Date: *21 mars 1867* Cas: *tumeur ovarienne* Praticien: *docteur J.R. Rottot*

« L'opération d'une tumeur ovarienne fut faite le 21 mars, comme offrant à la malade la seule et dernière chance de lui sauver la vie. La ponction avait été faite deux fois, et la tumeur s'était remplie avec rapidité, surtout après la dernière. La santé de la malade déclinait; son pouls était à 100. Après une consultation des médecins de l'hôpital, le docteur Rottot mit la patiente sous l'influence du chloroforme, et enleva avec assez de facilité une tumeur énorme qui remplissait les deux tiers de la cavité abdominale. La base de la tumeur était dure et en partie remplie d'un liquide noirâtre, épais et très tenace; le reste était plein d'un liquide blanchâtre et gluant. Il y avait un kyste à l'ovaire gauche qui fut aussi enlevé. Après l'opération, le pouls de la

OPERATIONS CHIRURGICALES
1867

malade était à 120. Elle fut mise sous l'influence de la morphine, on lui fit prendre des stimulants; elle passa ainsi une assez bonne nuit. Le lendemain matin, elle était plus faible; son pouls plus vite: elle continua à faiblir jusqu'à six heures du soir, heure à laquelle elle mourut. Cette femme était âgée de trente-deux ans. Elle conserva sa connaissance jusqu'à son dernier moment.

« À l'autopsie, les organes furent trouvés en parfait état, à l'exception du péritoine qui était très enflammé, et les intestins réunis, adhérant ensemble par les replis de l'omentum qui était aussi enflammé dans toute son étendue. Cet état avait été causé, dit-on, par la tumeur qui, depuis dix mois surtout, faisait beaucoup souffrir la malade. »

L'ovariectomie, à cette époque pré-antiseptique et pré-aseptique, était une entreprise des plus audacieuses mais qu'on commençait à regarder avec faveur. Voici ce qu'écrira à ce sujet le docteur Hingston, cinq ans plus tard: « Le blâme que s'attirait, il y a quelques années, le chirurgien qui avait la hardiesse de tenter l'ablation d'une tumeur des ovaires, serait encouru maintenant avec plus de raison par celui qui n'aurait pas le courage de l'entreprendre. Dans la Grande-Bretagne, la proportion des succès s'est accru de jour en jour jusqu'au temps présent où quatre opérations sur cinq, dans des cas bien choisis, se terminent d'une manière favorable. Sur le continent de l'Europe, le peu de succès avec lequel pendant longtemps l'ovariotomie a été pratiquée s'est maintenant beaucoup modifié. Étant de passage à Vienne en 1867, j'assistais à la huitième opération du genre faite au Krakenhaus, lesquelles opérations s'étaient toutes terminées fatalement. Mais le succès de Kaeberle à Strasbourg égale presque celui de Keith et de Wells, et comme celui de ces messieurs, augmente rapidement. En 1871, Kaeberle eut 16 guérisons sur 22, en 1872, 17 sur 22; le nombre des échecs diminuant d'un quart à un cinquième[69]. »

En l'absence de transfusions et de solutés intraveineux, la mortalité était plus souvent due au choc opératoire qu'à la péritonite, comme cela semble avoir été le cas de la patiente citée plus haut qui mourut le lendemain.

Date: *18 avril 1868*   Cas: *hernie*   Praticien: *docteur J.R. Rottot*

« La patiente, âgée de cinquante-huit ans, souffrant d'une hernie ombilicale depuis vingt ans, vint à l'hôpital le 18 avril 1868, avec les symptômes d'une hernie étranglée, depuis environ trente-six heures. La malade était alors très faible et vomissait souvent. La hernie était très volumineuse, dure, bosselée, et la peau noirâtre. Une ponction avait été faite, mais sans résultat. Le même jour vers trois heures, le docteur Rottot ayant mis la patiente sous l'influence du chloroforme, fit une incision d'environ quatre pouces à la partie supérieure de la tumeur, et coupa l'anneau qui était dur et tendu à trois endroits différents. Il parvint avec assez de difficulté à faire rentrer la plus grande partie des intestins, lesquels étaient en partie noirs et gangrenés.

« La patiente continua à vomir après l'opération une substance noirâtre de très mauvaise odeur jusqu'à cinq heures du matin où elle mourut.

« À l'autopsie, les petits intestins furent trouvés libres dans tout leur parcours et sans adhérence; la portion qui occupait la hernie était ramollie, et dans l'intérieur il y avait un liquide noirâtre.

« Le péritoine était hypertrophié et formait un corps dur, épais, situé au-dessous du côlon transverse. Quatre pouces de ce même côlon étaient fortement comprimés entre deux bandelettes du péritoine. Cette compression avait eu lieu lorsque l'omentum avait franchi l'anneau ombilical. Cette portion du côlon était tachetée de gris sur sa surface, son état de décomposition était plus avancé que celui des

OPERATIONS CHIRURGICALES
1867

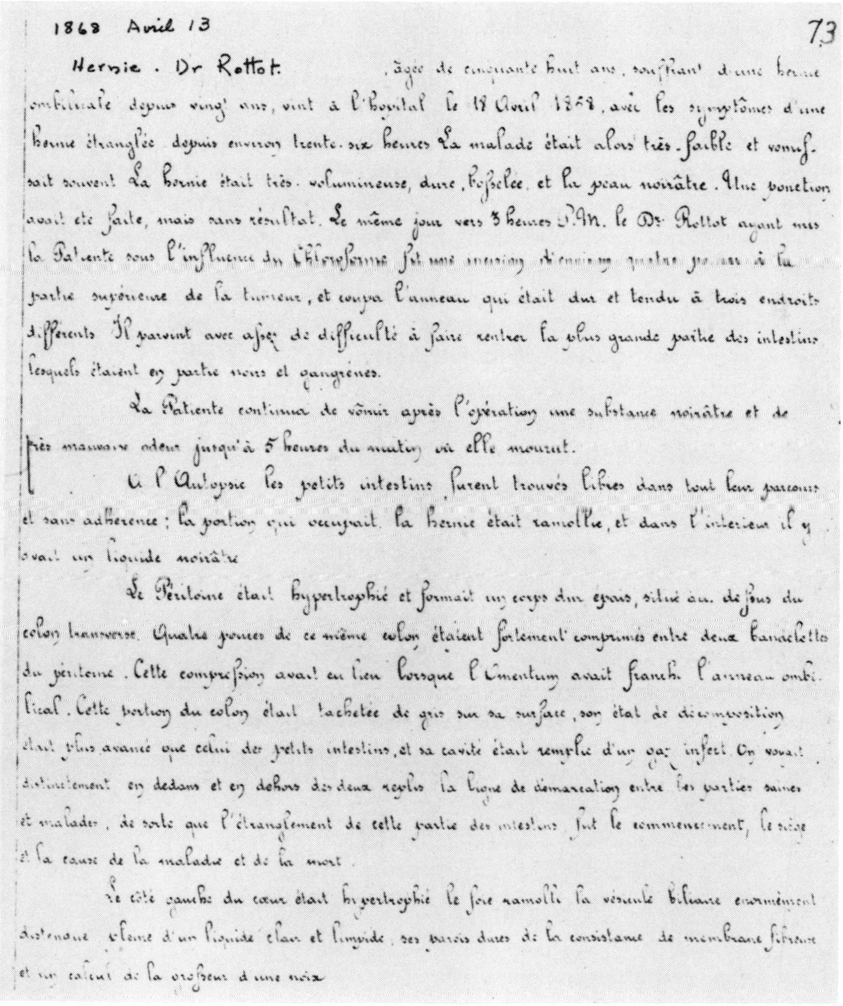

1868 Avril 13 73

Hernie. Dr Rottot. âgée de cinquante huit ans, souffrant d'une hernie ombilicale depuis vingt ans, vint à l'hopital le 18 Avril 1868, avec les symptômes d'une hernie étranglée depuis environ trente-six heures La malade était alors très-faible et vomissait souvent. La hernie était très-volumineuse, dure, bosselée, et la peau noirâtre. Une ponction avait été faite, mais sans résultat. Le même jour vers 3 heures P.M. le Dr Rottot ayant mis la Patiente sous l'influence du Chloroforme fit une incision d'environ quatre pouces à la partie supérieure de la tumeur, et coupa l'anneau qui était dur et tendu à trois endroits différents. Il parvint avec assez de difficulté à faire rentrer la plus grande partie des intestins lesquels étaient en partie noirs et gangrénés.

La Patiente continua de vomir après l'opération une substance noirâtre et de très mauvaise odeur jusqu'à 5 heures du matin où elle mourut.

A l'Autopsie les petits intestins furent trouvés libres dans tout leur parcours et sans adhérence; la portion qui occupait la hernie était ramollie, et dans l'intérieur il y avait un liquide noirâtre

Le Péritoine était hypertrophié et formait un corps dur épais, situé au-dessus du colon transverse. Quatre pouces de ce même colon étaient fortement comprimés entre deux bandelettes du péritoine. Cette compression avait eu lieu lorsque l'Omentum avait franchi l'anneau ombilical. Cette portion du colon était tachetée de gris sur sa surface, son état de décomposition était plus avancé que celui des petits intestins, et sa cavité était remplie d'un gaz infect. On voyait distinctement en dedans et en dehors des deux replis la ligne de démarcation entre les parties saines et malades, de sorte que l'étranglement de cette partie des intestins fut le commencement, le siège et la cause de la maladie et de la mort.

Le côté gauche du cœur était hypertrophié le foie ramolli la vésicule biliaire énormément distendue pleine d'un liquide clair et limpide, ses parois dures de la consistance de membrane fibreuse et un calcul de la grosseur d'une noix

petits intestins, et sa cavité était remplie d'un gaz infect. On voyait distinctement en dedans et en dehors des deux replis la ligne de démarcation entre les parties saines et malades; de sorte que l'étranglement de cette partie des intestins fut le commencement, le siège et la cause de la maladie et de la mort.

« Le côté gauche du cœur était hypertrophié, le foie ramolli, la vésicule biliaire énormément distendue, pleine d'un liquide clair et limpide; ses parois dures de la consistance de membrane fibreuse et un calcul de la grosseur d'une noix. »

Croyait-on une résection intestinale impossible?

Il y eut des tentatives de résection réussies. C'est ainsi qu'en 1880, le docteur Pierre Munro rapporte le cas d'une résection qu'il aurait tentée plusieurs années auparavant: « J'ai eu moi-même à l'Hôtel-Dieu un cas où six pouces d'intestin gangrené furent enlevés en présence des docteurs Coderre, Hingston et autres. Un anus artificiel se forma graduellement; mais la malade ayant un jour quitté le lit pour aller fermer la fenêtre, prit du froid et succomba à une pneumonie cinq semaines plus tard[70]. »

On croyait alors que les sutures intestinales ne pouvaient réussir et on attirait, selon la méthode de Peyronie décrite au siècle précédent, les deux bouts de l'intestin dans la plaie à laquelle on les suturait pour créer une fistule.

Dans le cas cité plus haut, on ne tenta ni laparotomie, ni résection.

OPÉRATIONS CHIRURGICALES
1868

78

OPÉRATIONS CHIRURGICALES
1869

Quelques mois seulement après les publications de Reverdin sur les greffes cutanées, le docteur Hingston, toujours à l'avant-garde scientifique, pratique avec succès deux greffes semblables qu'il nous présente comme suit:

« A few months ago, the British Medical Journal chronicled the importation from France, and the introduction into Great Britain, of a new method of treating intractable ulcers, by grafting upon, or imbedding in the sluggish granulations, small pieces of healthy skin taken from some other part of the body. The account was at first seen with suspicion, for so much had been written on the treatment of ulcers that it seemed unlikely a new method of treatment, differing from every one which preceded it, should this suddenly be ushered into existence without any of that premonition usually observed in other discoveries.

« Some months ago I had an opportunity afforded me of testing M. Reverdin's statement, for it is to him that is due the merit. Two old inveterate ulcers, such as are met with in every hospital, were then under my care. On both I performed skin-grafting, and the following is the history, as furnished by one of my students, Mr. Ward:

CASE I

« G.H., a pale, and ex-sanguine old man, at 72, was admitted into StPatrick's ward of the Hôtel-Dieu, on 7th February, 1871, for an ulcer on the leg which, he said, had troubled him more or less for the past twenty-three years. The ulcer, at the time of admission, was deep and spoon-shaped, on inside of tibia, four inches in greatest length and 3¼ inches in greatest width, and was covered with an offensive, unhealthy-looking, greenish fluid; the granulations were few and pale, and the edges of the ulcer were thick and hard. Rest in the recumbent posture, tonics, and good food were ordered, and the local application of one part carbolic acid to forty of water. In a couple of days the ulcer was clean.

« 9th March — granulations were more healthy-looking, and the edges were no longer thick-ribbed and indurated: the area of the ulcer had diminished, so that it now measured 3½ by 3 inches.

« On the 11th, Dr Hingston made two parallel incisions into healthy skin, midway between the ulcer and the knee, joined there by incisions at each end; three small pieces, about the size of a grain of wheat each, were imbedded in the granulating surface — slight incisions having been made to receive them — equidistant from the edges and from each other, and were held « in situ » by narrow strips of adhesive plaster and a bandage.

« 17th — Specks much increased in size; surrounding edge of cicatrix seems to manifest disposition to close in.

« 20th — Ulcer closing rapidly from sides, and the upper graft has reached the advancing cicatrix and has formed an isthmus with it.

« 28th — The three islands have reached the advancing circumference.

« 30th — Ulcer entirely healed — except a space about the size of a pea, midway between the three grafts — twenty days after insertion of the grafts.

« During the whole period the leg was kept elevated, and the patient was not allowed to leave his bed for a moment. »

CASE II

« J.F., aged 59, was admitted 30th January, 1871, to same ward, at the Hôtel-Dieu, for an eczematous ulcer over right tibia, which had troubled him for upwards of six years, a considerable portion of which he had spent at intervals in the Montreal General and St. Patrick's

Hospitals. The ulcer was treated in the same manner as the preceding, with some amelioration.

« 10th of March. — The ulcer is now 2 inches in length by 2½ in width. Three small pieces of skin, about the size of a grain of rice, were taken from the neighbourhood of the ulcer and inserted, as in the preceding case, and in the same manner, into the granulating surface; small strips of adhesive plaster retained them « in situ ».

« On the 30th, the ulcer was completely healed, leaving no lacuna as in the former.

« In both these cases it was most interesting to see the small, shining islands of skin increase day by day, stretching out towards each other and towards the circumference, the latter now advancing to meet them, till islands became an isthmus in the one case, or joined the mainland and became a promontory in both.

« The rapidity of cure was marvellous. I have never seen anything in surgery which interested me more. The ulcers, in both cases, were healed almost as soon as the incisions in their neighbourhood from which the grafts had been taken. No sooner had the grafted centres commenced to grow that the ulcer was observed to heal very appreciably from the circumference extending vigorously towards the central islands; and this, although the patients continued otherwise under precisely the same hygienic conditions.

« That the cure is a permanent one, and not liable to those accidents which attend granulating surfaces, may be inferred from the circumstance that a month has now elapsed since the healing process has been completed.

« The size of the graft is of no importance. The skin alone, and no adherent fat, should be engrafted. The method more recently introduced by Mr. Fiddes, of Aberdeen, would seem to simplify this process of grafting. Mr. Fiddes says: « It is quite unnecessary to put the patient to the pain of cutting a piece of healthy skin from the body, for the purpose of transplanting it on the sore; all that is necessary to be done is to take a long bistoury or razor and shave or scrape off the epidermic scales from the convex parts of the extremities, such as on the outer and convex aspects of the forearms and thighs, and place them on the healthy granulations[71]. »

Il est captivant d'assister à la naissance de cette technique encore en usage aujourd'hui, où le dermatome, dans nos mains moins habiles, a tout simplement remplacé le rasoir.

Le cas qui suit saura aussi intéresser les plasticiens d'aujourd'hui que l'agilité du docteur Hingston étonnera peut-être, eu égard aux moyens de l'époque.

Date: *30 mai 1868*   Cas: *rhinoplastie*   Chirurgien: *docteur Hingston*

« T.B., patiente âgée de vingt-deux ans, née au Canada et résidant à Middleboro (Massachusetts), fut opérée le 30 mai par le docteur Hingston, qui fit la rhinoplastie. L'aile gauche du nez avait une échancrure triangulaire d'environ quatre lignes sur deux et demie. Le chirurgien aurait désiré prendre sur la main le lambeau à transplanter, mais la malade, à cause de sa faiblesse, soumise d'avance à l'épreuve, ne put soutenir cinq minutes sa main élevée. Au lieu de cette opération, il se décida alors à prendre le lambeau sur la partie de la joue la plus voisine du nez, de manière à laisser un pédicule supérieur pouvant servir de charnière et de placenta, pour quelque temps, à la partie transportée. En effet, après avoir préparé le lieu de réception et excisé le lambeau en lui donnant la forme convenable, il le glissa verticalement et en haut, posa des sutures, et termina l'opération en rapprochant les lèvres de la plaie qu'avait laissée la partie transportée. Le tout fut en partie couvert de bandelettes de diachylon. Au bout de quelques semaines, une guérison complète donnait à l'opération un des plus beaux succès possible, complétait d'une manière étonnante la légère cicatrice de la joue, et ne changeait en rien l'expression de la figure. »

Nouveaux locaux pour l'École

En janvier 1869, l'École déménage dans un nouveau local, rue Craig. Les salles sont plus hautes, mieux éclairées que dans l'immeuble qu'elle vient de quitter, rue Lagauchetière[72]. Le loyer est de 50$ par mois.

On aurait cru qu'une fois l'affiliation obtenue avec Victoria, les membres du Conseil se seraient contentés du bien acquis, mais ils étaient apparemment toujours hantés par le désir de pouvoir eux-mêmes conférer des grades universitaires. Les docteur Peltier et Beaubien sont alors priés par le Conseil et par Mgr Bourget — toujours désireux de voir une université catholique dans les limites de son diocèse — , de s'enquérir auprès des membres de la législature de la possibilité pour l'École de devenir une université. Le projet échoua, comme en 1856, à cause, toujours, de l'opposition de l'université Laval.

Hingston doit choisir

L'année suivante, un groupe de médecins anglophones fondent une troisième école de médecine, affiliée au Collège Bishop de Lennoxville, et nomment le docteur W.H. Hingston professeur de chirurgie et doyen de la Faculté de médecine. C'est le comble de la frustration pour les professeurs de l'École de médecine et de chirurgie de Montréal qui mettent le docteur Hingston en demeure de choisir entre sa position à l'Hôtel-Dieu et celle de doyen d'une autre Faculté de médecine (Bishop College Medical School). Comme sa clientèle était plutôt catholique, il opta pour l'Hôtel-Dieu et devint professeur de chirurgie à l'École[73].

En 1871, les religieuses de l'Hôtel-Dieu offrent à leurs malades deux chambres privées à 1$ par jour chacune[74]. À la même époque, l'Hôtel-Dieu procède à la nomination de deux nouveaux médecins: le docteur A.T. Brosseau comme assistant des docteurs Pierre Munro et W.H. Hingston en chirurgie, et le docteur Édouard Desjardins en ophtalmologie.

Le docteur A.T. Brosseau

Le docteur A.T. Brosseau, né à Laprairie en 1839, fut un chirurgien d'une rare habileté et un excellent professeur. Le docteur Eugène Saint-Jacques, évoquant plus tard son souvenir, disait de lui: « Brusque était Brosseau, rude parfois, mais comme il se donnait du mal pour faire comprendre aux néophytes! Il était clair dans ses explications et pratique à la fois. Comme opérateur, reconnaissons que ses moyens d'action n'étaient pas ceux dont nous disposons aujourd'hui. Plus tard, en fréquentant la clinique du professeur Tillaux, à Paris, je retrouvai beaucoup de la manière et des méthodes de Brosseau et j'en appréciai mieux la valeur[75]. »

Selon le docteur Frank, le docteur Brosseau eut de grands succès dans l'opération de la « taille » pour les calculs vésicaux, et il avait, dans le tiroir de son bureau, une collection variée de pierres extraites par lui et qu'il était fier de montrer à se collègues élèves. Il fut l'ennemi juré des charlatans[76].

Le docteur Édouard Desjardins

« Le docteur Édouard Desjardins est né à Terrebonne en 1837, et fit ses études au collège Masson à Terrebonne et au séminaire de Nicolet. Il fut d'abord généraliste et médecin de Mgr Bourget, ce qui expliquera, plus tard, l'attachement de ce dernier à l'École et à l'Hôtel-Dieu. Au début des années 1870, il se rendit à Paris et se spécialisa en ophtalmologie. De retour à Montréal en 1873, il fonda l'Institut d'ophtalmologie Nazareth, fut admis comme professeur d'ophtalmologie à l'École de médecine et de chirurgie, et chargé des maladies des yeux à l'Hôtel-Dieu.

« De taille moyenne, replet, les traits réguliers, la barbe courte, des yeux gris au regard rieur et fin, des lèvres où le sourire semblait avoir élu domicile. Irréprochable dans sa tenue, distingué dans ses manières comme dans ses paroles, passant le plus aisément du monde du sérieux à l'humour, se faisant tout à tous, et cela si vivement à la fois et si naturellement, que chacun, jeune ou vieux, riche ou pauvre, pouvait se croire le privilégié de ce cœur opulent. Son tempérament sanguin était de sa nature très vif, mais il avait su le mettre sous le joug de sa volonté, qu'éclairait un jugement très droit. Cette mesure accompagnait l'exquise sensibilité dont son âme était douée. En résumé, il était bien, ce qu'on se plaisait à redire, le type achevé du gentilhomme canadien-français. »

« Pour se délasser de ces divers travaux, il retournait à sa chère musique. Il l'aimait jusqu'à la passion. Un de ses familiers se demandait si la musique n'avait point chez lui le pas sur la médecine. Il avait poussé très loin ses études d'harmonie et de contrepoint. On voyait toujours sur son bureau du papier de musique. Entre deux consultations, il prenait sa plume et jetait sur les portées quelques phrases musicales détachées qui surgissaient spontanément dans son

Docteur A.-T. Brosseau

Docteur Édouard Desjardins

âme d'artiste; d'autres fois c'étaient les notes fuyantes d'une mélodie ou celles plus compliquées d'une symphonie[77]. »

Ses grandes qualités de cœur et d'esprit et ses manières aristocratiques feront de lui un diplomate achevé lorsque la querelle universitaire atteindra son point culminant en 1883. Délégué à Rome par l'École de médecine et de chirurgie menacée dans son existence, il séduira les cardinaux et renversera la situation.

Le docteur Desjardins fut un des fondateurs de la « Société médicale de Montréal » et de « l'Union médicale du Canada ». En 1887, de concert avec l'honorable docteur Paquet, le docteur W.H. Hingston et le docteur Beausoleil, il fonda *la Gazette médicale de Montréal.*

Chapitre 7

L'ANTISEPSIE

La seconde moitié du XIXᵉ siècle, en pleine effervescence scientifique, voit poindre une ère chirurgicale nouvelle, celle de l'antisepsie. C'est le baron Joseph Lister, chirurgien britannique, qui, au courant des travaux de Louis Pasteur, propose l'antisepsie en 1867.

Voici un article extrait de *l'Union médicale* de 1876: « La méthode de pansement de M. Lister repose sur la théorie des germes atmosphériques de M. Pasteur, qui veut que la fermentation et la putréfaction soient causées uniquement par la présence de ces germes. La cause du mal étant ainsi connue, il ne restait plus qu'à la faire disparaître, et voici comment l'auteur expose la pratique du pansement adopté par M. Lister pour obtenir ce résultat:

« La destruction des germes est le but principal à poursuivre.

« Parmi les antiseptiques que l'on peut mettre en œuvre, aucun ne remplace encore bien l'acide phénique, et pour tous les usages, il faut savoir l'utiliser et le manier avec sécurité.

« Parmi les inconvénients de cette substance, il en est un à connaître: à moins d'une pureté extrême et très rare, elle n'est pas directement soluble dans l'eau, à haute dose, et on a conseillé de la dissoudre dans une petite quantité d'alcool avant de l'ajouter à l'eau.

« L'emploi de la glycérine permet aussi une dissolution plus parfaite de l'acide phénique dans l'eau; elle rend la solution beaucoup moins irritante pour les mains du chirurgien et, d'une manière générale, pour la peau avec laquelle on la met en contact.

« On mélange la solution obtenue à un ou deux litres d'eau, suivant qu'on veut avoir une solution forte ou faible, à un sur vingt ou un sur quarante. Avec ces deux solutions, forte et faible, on peut faire toute la chirurgie antiseptiquement. La solution forte sert pour les instruments, les éponges, la peau du patient et le lavage terminal des plaies. On emploie la solution faible pour se laver les mains, pour faire d'abondants lavages et des vaporisations au cours d'une opération, et surtout pour imbiber les linges restés en contact avec les plaies.

« Quelquefois l'acide phénique cause une irritation. Il détermine aussi occasionnellement des intoxications qui se traduisent par des malaises, de l'embarras gastrique et surtout par la coloration noire des urines. Dans l'immense majorité des cas, cela tient à ce qu'on laisse séjourner du liquide injecté dans des clapiers. Beaucoup plus rarement, il s'agit d'une susceptibilité individuelle à l'acide phénique; il faut s'en défier pour les individus en état de marasme. »

Selon le professeur Czerny d'Heidelberg: « La quantité d'acide carbolique introduite dans l'organisme même du chirurgien pendant une seule opération peut être très considérable. » Falkson dit que pendant les vingt-quatre heures qui suivirent une opération de deux heures et demie de durée, pendant laquelle on fit usage d'une solution carbolique au cinquantième, il excréta par ses urines 2,0655 grammes d'acide carbolique.

Le professeur Czerny dit que l'histoire des souffrances du chirurgien par l'empoisonnement chronique par l'acide carbolique est encore à écrire[78].

Pour illustrer l'adoption au Canada de la technique antiseptique proposée par Lister, citons cet article de George W. Nelson, interne du professeur Thomas Roddick à l'Hôpital Général, paru dans le « Canada Medical Record ».

« This system of Professor Lister is coming more and more into use in North America. In this city we are indebted to Dr Roddick for its permanent introduction, he being an enthusiastic supporter of Antiseptic Surgery. I have, during a summer's dressing in his wards at the Montreal General Hospital, had the pleasure of seeing his extraordinary success, all with the happiest results. Let us hope that the time is not distant when all the Hospitals in Canada will follow in the footsteps of that noble institution, the Montreal General Hospital, and adopt the antiseptic treatment. I will now describe to you the things that are used in the antiseptic treatment of wounds, and show their application. I require first a spray producer, which, as you see, consists of a small boiler, heated by a spirit-lamp. The boiler is partly filled with pure water; the tube leading from the boiler meets with the nozzle of the tube leading from the bottle attached to the side of the boiler. The bottle contains a solution of carbolic acid (pure) 1 to 20 of water; the escaping steam from the boiler rushes over the orifice of the tube coming from the bottle, and draws up an equal part of the 1 to 20 solution, so that a fine cloud of carbolic spray is got of 1 to 40. This plays freely over the wound or surface being dressed. The assistant who has charge of the spray should follow every movement of the operator, and not allow the wound to be exposed to the air for a second. All the blood vessels are ligated with carbolized catgut. They are prepared in a mixture of alive oil and carbolic acid. The ligatures are cut off short, and left in the wound. The sutures used are of the same material. Catgut has the advantage of being absorbed after the wound is closed. In operations of sufficient magnitude two drainage tubes are introduced and hang from the angles of the wound, to allow of free drainage. You next use the gauze, antiseptic gauze.

« The following solutions are used: —

I.   Carbolic acid lotion, 1 to 20, used to cleanse the parts around the seat of the wound, so that no bacterie will remain near it.

II.   To soak the instruments to be used during the operation.

III.   To cleanse all sponges before the operation.

IV.   To soak the drainage tube in.

Carbolic acid lotion, 1 to 40, is used:

I.   To wash the surgeon's hands, as well as those of assistants.

II.   To soak the deep dressings in.

III.   To wash the sponges in during the operation.

IV.   To inject wounds with.

« Next chloride of zinc lotions, grains ten to one ounce of water and grains forty to one ounce of water, used for washing out cavities when they have become septic. These solutions destroy the putrefactive elements.

« The salicylic cream is used to put on the protective when the wound is irritated by the carbolic acid.

« Boracic lint is prepared by soaking common lint in a boiling solution of boracic acid. It is used on the wound when the dressings have been removed for good. Professor Lister's experience leads him to believe that if, when the dressings are removed, a single drop of serum were to be pressed out by the mouvements of a limb, say after operation, and then regurgitate into the interior, after being exposed even for a second, to the influence of septic air, putrefaction would be pretty certain to occur[79]. »

À l'Hôtel-Dieu en 1879, le docteur Brosseau utilise la méthode antiseptique. En voici quelques exemples:

« E.R., âgé de 42 ans, demeurant à Acton, entra à l'Hôtel-Dieu de Montréal le 12 octobre, à 9 heures du matin. Le patient, homme d'une assez bonne constitution, souffrait depuis quinze ans d'une hernie scrotale réductible. Pendant cet espace de temps, il n'avait porté aucun bandage herniaire, excepté depuis le mois de mars dernier.

« Le 6 octobre, le bandage s'étant brisé, il n'en fit aucun cas et continua à vaquer à ses occupations comme d'habitude.

« Le 10 du même mois, dans l'avant-midi, il s'aperçut que sa hernie était plus grosse que d'ordinaire, et que de plus, elle était devenue douloureuse: il essaya de la faire entrer mais inutilement.

« Alors il se rendit chez son médecin, qui pratiqua le taxis, en s'aidant de différents moyens, entre autres la suspension du malade par les pieds. Toutes les manœuvres n'ayant eu aucun résultat favorable, et le médecin n'osant entreprendre l'opération lui-même, le patient fut envoyé, le 12 au matin, à l'Hôtel-Dieu, avec une lettre de recommandation au docteur Brosseau.

« Depuis le milieu de la nuit, le patient vomissait des matières verdâtres, bilieuses. L'étranglement existait depuis 50 heures.

« Après consultation avec M. le docteur Munro, il fut décidé d'essayer de nouveau le taxis, avec le chloroforme, qui n'avait pas été donné dans les tentatives précédentes de réduction, et dans le cas d'insuccès, de procéder immédiatement au débridement.

« Le taxis fait durant une dizaine de minutes avec chloroforme, élévation des extrémités inférieures et flexion du tronc en avant, n'amena aucun résultat.

« Pendant que le malade était encore anesthésié, le docteur Brosseau procéda à l'opération.

« Après avoir divisé la peau et les couches sous-jacentes jusqu'au sac, il fit le débridement de l'anneau abdominal externe qui semblait être le seul agent constricteur, et cela dans le but de réduire sans division du péritoine, qui ajoute tant à la gravité de l'opération. Mais la réduction de l'intestin fut encore impossible, car le collet du sac constituait un autre agent constricteur. Le sac fut alors ouvert. L'anse intestinale ne présentait qu'une légère coloration rouge, et la portion d'épiploon qui l'accompagnait était seulement congestionnée, de sorte que sa réduction put être faite sans crainte d'accidents ultérieurs.

« Les bords de la plaie furent ensuite réunis au moyen de sutures et de compresses imbibées d'acide phénique appliquées et maintenues serrées avec un spica de laine.

« L'opération fut pratiquée sous le jet continu d'une pulvérisation d'acide phénique.

« Jusqu'au soir l'opéré n'eut que de faibles douleurs dans le bas ventre, et des nausées, contre lesquelles une mixture d'ammoniaque aromatique, d'éther et de teinture d'opium fut administrée. Une vessie remplie de glace pilée fut appliquée en permanence sur les compresses et le spica de laine.

« Le malade passa une bonne nuit, n'ayant que quelques douleurs fugaces.

« 13 octobre, 7 heures a.m. — Le patient se trouve assez bien, pouls 82, température 37,5 centigrade.

« À 11h. p.m., pouls 88, température 37,5.

« Le malade observe une diète très sévère.

« 14 octobre, 7h. a.m., pouls 84, température 37.

« À 9H. P.M., POULS 96, dur et petit, température 39,5. La peau est chaude et sèche, le patient ressent un malaise général.

« Craignant une péritonite commençante, le calomel et l'épicac sont prescrits et la glace maintenue en application. Le pansement est renouvelé, et la plaie ne présente aucune mauvaise apparence.

« Depuis le lendemain de l'opération, le malade passe souvent des gaz par l'anus.

« Le 15 octobre, 7h. a.m., pouls 102 dur et petit, température 39. Le soir, même pouls, même température, diète sévère.

« 16 octobre. — Le malade a passé une bonne nuit. Le matin, pouls 98, température 38. 9h. p.m., pouls 100, temp. 38,5. Pansement à l'huile phénique au dixième, application de glace discontinuée, les points de suture enlevés. La plaie presque complètement unie par première intention, laisse voir deux petites ouvertures par lesquelles sort un pus louable.

« 17 octobre, 7h. a.m. — Le patient ne souffre pas. Temp. 38, pouls 86, diète modérée. À 9h. p.m., pouls à 102 et intermittent, temp. 39.

« Il a été impossible d'assigner une cause à cette intermittence qui a duré deux jours.

« 18 octobre, 7h. a.m. — Patient assez bien, ressent des coliques et l'envie d'aller à la garde-robe, une faible dose de magnésie est administrée, qui détermine plusieurs selles; afin de les arrêter, on prescrit un grain d'opium toutes les deux heures.

« 19 et 20 octobre. — Le patient ne ressent aucune douleur, la peau est humide. Pouls à 78 plein et régulier, temp. à 37,5. L'opium est continué à intervalles, diète généreuse.

« 21, 22, 23 24 octobre. — L'état du patient continue à s'améliorer. Pouls et température comme en santé.

« 26 octobre. — Le malade est déclaré hors de tout danger.

« Il est à remarquer que durant les quatre premiers jours, de faibles doses d'opium ont été administrées dans le but d'empêcher l'action péristaltique des intestins et de les maintenir en repos. L'absence de vomissements, des douleurs et le passage fréquent des gaz prouvaient suffisamment qu'il n'existait plus aucun étranglement[80]. »

Le 19 avril 1879, résection du fémur par le docteur Brosseau.

« X, âgé de 21 ans, né à Lacadie et résidant à Saint-Jean, Québec, est entré à l'Hôtel-Dieu pour fracture du fémur de la jambe droite. Dix mois s'étaient écoulés depuis le jour de l'accident, et le patient ne pouvait marcher sur sa jambe qui, lors de l'accident, avait été remise par un médecin. C'était vers la fin des quarante jours depuis la première visite chez son médecin que le malade, ayant fait un mouvement forcé, brisa la consolidation déjà assez avancée. Il entendit un craquement accompagné d'une violente douleur et les fragments osseux demeurèrent séparés. Le 19 avril 1879, le docteur Brosseau, assisté des docteurs Craig, Coderre, Hingston, Beaudry, Lamarche, Provost, Duquette et d'un grand nombre d'étudiants, fit la résection des fragments du fémur et les mit en juxtaposition. Il se servit d'un cordonnet de soie pour retenir ensemble les deux extrémités. L'incision musculaire était longue d'environ six pouces et cependant on ne put que difficilement tirer en dehors les extrémités des fragments, afin de les sectionner. Ce ne fut qu'après ces fortes tractions qu'on y réussit, et l'opération dura trois heures, pendant lesquelles le patient fut continuellement sous l'influence du chloroforme.

« Le chirurgien termina l'opération au milieu des applaudissements de l'assistance. Il avait laissé, dans la plaie, un tube de drainage pour faciliter l'écoulement du pus.

« Le malade fut immobilisé dans un appareil de fil de fer où il resta jusqu'au commencement de juillet. Aujourd'hui, quoiqu'il y ait encore un peu de suppuration, la consolidation paraît bonne. Le malade se meut et laisse espérer les plus beaux succès. »

Heureux temps où les chirurgiens étaient applaudis...

À plus d'un siècle de distance, on s'étonne que deux grands maîtres de la chirurgie comme le docteur Hingston et le docteur Munro aient offert une certaine résistance aux découvertes de Pasteur et aux directives de Lister. Il faut croire que la conversion du docteur Brosseau à l'antisepsie ne les avait pas impressionnés et que les patients, opérés selon cette nouvelle technique, présentaient également des infections post-opératoires. Le docteur Hingston prétendait qu'il suffisait de se laver les mains minitieusement, de très bien nettoyer la peau avoisinant l'incision opératoire et d'utiliser des instruments ultra-propres. La veille de l'opération, il faisait ouvrir les fenêtres, laver le plancher et les murs de la salle. Nous verrons plus loin ce qu'il exigeait de ses assistants.

Sœur Hébert raconte que les opérations majeures étaient des événements rares, à la suite desquels on offrait un banquet en l'honneur des médecins[81]!

Le désaccord au sujet de l'antisepsie ne fut pas, comme on pourrait le croire, local et exceptionnel. Lister lui-même eut de la difficulté à faire triompher ses idées qu'on acceptait à l'étranger et qu'on rejetait en Angleterre. Au XIXe siècle comme aujourd'hui, nul n'est jamais prophète en son pays. Citons à ce sujet un passage de l'*Histoire de la médecine* du docteur Eugène Saint-Jacques:

« En 1877, l'année de l'arrivée de Lister à Londres — à ce Londres qui refusait de le reconnaître, mais qu'il venait convertir —, tout le monde médical étranger allait l'acclamer à Amsterdam au Congrès international de médecine. Et quatre ans plus tard, en 1881, c'est à Londres, à Londres hésitant encore, qu'il triomphait, lorsque les chirurgiens du monde venaient lui faire ovation, pendant qu'il se trouvait encore de ses propres compatriotes pour se refuser à la lumière. Qui ne sait que l'on est rarement prophète en son pays.

Las de tant d'opposition chez lui, il trahit un jour son âme à l'un de ses assistants en lui disant: « Si la profession s'attarde à ne pas reconnaître ces principes, le public l'apprendra, et alors la Loi interviendra pour imposer la Vérité. » Et il ajoutait: « Mais je ne verrai

Pasteur honoré par Lister à Paris.

pas ce grand jour. » Une providence bienveillante veillait sur le grand apôtre, et avant que la limite d'âge vint le forcer à déposer la serpe de la moisson glorieuse et quitter sa clinique, la lumière enfin faisait tomber les dernières écailles des yeux de tous et l'*antisepsie* triomphait[82]! »

Un autre article, paru dans « l'Union médicale » en 1880, en dit également long sur la controverse engendrée par le listérisme parmi les gens de la profession:

« La question du listérisme nous offre, en ce moment, des péripéties et des changements à vue des plus surprenants. Tandis que d'un côté le professeur Nussbaum voudrait rendre la méthode de Lister compulsoire en Allemagne sous peine de *malpractice*, de l'autre les délibérations du Congrès médical international de Londres (du 6 août dernier) tendraient à la faire rejeter de la chirurgie intra-péritonéale. Keith jusqu'alors listérien s'en déclare l'ennemi acharné, tandis que Spencer Wells reste tellement convaincu de l'efficacité du listérisme qu'il dit que le drainage est devenu inutile et ne l'a pas employé depuis trois ans; Marion Sims n'est pas aussi affirmatif mais reste listérien; Volkmann et Kuget enfin considèrent la chirurgie intra-péritonéale comme la pierre de touche du listérisme. Voilà où en est la question et nous n'avons pas assurément la prétention de la trancher,

Joseph Lister (1827-1912)

mais si d'un côté les prétentions de Nussbaum, Volkmann et Kuget sont exagérées, de l'autre les faits que Keith apporte à l'appui de sa thèse sont loin de paraître assez concluants pour exclure le listérisme de la chirurgie intra-péritonéale. Voici ces statistiques telles que nous les transmet un correspondant du « Boston Medical and Surgical Reporter »: Il est vrai, dit Keith, que j'ai eu avec la méthode de Lister 80 succès consécutifs d'ovariotomie, mais dans les 25 cas suivants, j'ai perdu sept malades dont une de septicémie aiguë, trois par empoisonnement évident par l'acide carbolique et une d'hémorragie rénale. Et il ajoute que depuis quatre mois, il a abandonné le listérisme et que ses cas lui donnent beaucoup moins de trouble et des résultats plus satisfaisants, sans autre agent que la propreté la plus scrupuleuse. »

La nouveauté, surtout dans le domaine scientifique, ne fait jamais l'unanimité, ce qui explique qu'une vérité évidente aujourd'hui ne l'était pas à cette époque, même pour les plus grands esprits. Aussi n'est-ce qu'en 1876 que l'antisepsie fut introduite en France, par un élève de Lister, le docteur Just Lucas-Championnière, qui publia un *Manuel de chirurgie pratique.*

Chapitre 8

« L'UNION MÉDICALE DU CANADA » 1872

En 1872 paraît le premier numéro de « l'Union médicale du Canada, » première revue d'expression française durable ayant pour objet la pratique de la médecine d'ici. Ses collaborateurs sont les professeurs de l'École de médecine et de chirurgie de Montréal, dont P. Beaubien, E.-H. Trudel, J.-G. Bibaud, P. Munro, J. Emery Coderre, T.E. d' O. d'Orsonnens, H. Peltier, J.-R Rottot, A.T. Brosseau et G. Grenier.

Non seulement ces professeurs enseignent et fondent l'Union médicale, mais ils offrent aux étudiants un traité de médecine de plus de mille pages dont voici un aperçu:

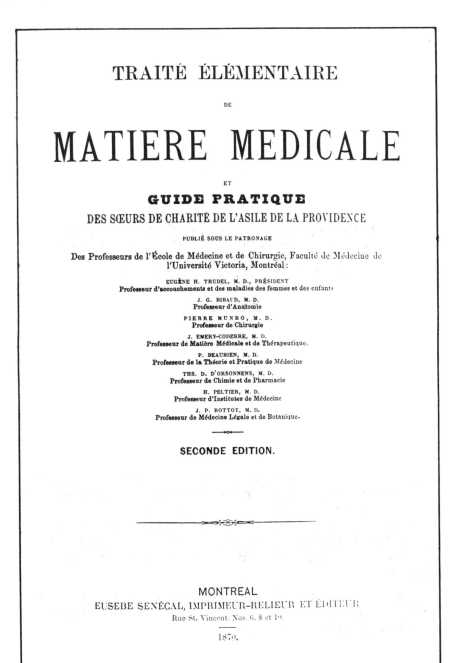

TRAITÉ ÉLÉMENTAIRE

DE

MATIERE MEDICALE

ET

GUIDE PRATIQUE

DES SŒURS DE CHARITÉ DE L'ASILE DE LA PROVIDENCE

PUBLIÉ SOUS LE PATRONAGE

Des Professeurs de l'École de Médecine et de Chirurgie, Faculté de Médecine de l'Université Victoria, Montréal :

EUGÈNE H. TRUDEL, M. D., PRÉSIDENT
Professeur d'accouchements et des maladies des femmes et des enfants

J. G. BIBAUD, M. D.
Professeur d'Anatomie

PIERRE MUNRO, M. D.
Professeur de Chirurgie

J. EMERY-CODERRE, M. D.
Professeur de Matière Médicale et de Thérapeutique.

P. BEAUBIEN, M. D.
Professeur de la Théorie et Pratique de Médecine

THS. D. D'ORSONNENS, M. D.
Professeur de Chimie et de Pharmacie

H. PELTIER, M. D.
Professeur d'Institutes de Médecine

J. P. ROTTOT, M. D.
Professeur de Médecine Légale et de Botanique.

SECONDE EDITION.

MONTREAL

EUSEBE SENÉCAL, IMPRIMEUR-RELIEUR ET ÉDITEUR

Rue St. Vincent, Nos. 6, 8 et 10.

1870.

INTRODUCTION.

——◦◦◦◦◦——

Ce que nous nous proposons par la publication de ce livre, c'est de mettre la Sœur de Charité en état de remplir, d'une manière plus parfaite, le but qu'elle s'est proposé en se consacrant à Dieu.

Spécialement occupée du service des pauvres, appelée tous les jours à donner ses soins aux malades, à remplir les prescriptions des médecins, il est absolument nécessaire qu'elle possède une connaissance suffisante des remèdes, de leurs différents noms, de leur action et de leur dose ; il faut qu'elle connaisse les caractères principaux qui appartiennent aux diverses maladies inflammatoires, nerveuses, etc., ainsi que les soins généraux qui conviennent à ces différents cas. Comme il est impossible qu'elle puisse parcourir les nombreux ouvrages qui traitent sur tous ces sujets, nous avons cru devoir faire un résumé de ce qu'il y a de plus important, de plus pratique, et le réunir dans un seul volume, afin de lui donner la plus grande facilité de se mettre au fait de ce qui lui est nécessaire de savoir, pour seconder avec intelligence les efforts des médecins, ou en leur absence donner elle-même, dans les cas urgents, les premiers soins aux malades. Voilà notre but : mais nous serions doublement heureuses, si cet ouvrage avait assez de mérite pour faire sentir son influence dans un cercle plus étendu.

Les sacrifices et les fatigues que ce travail nous a coûtés seront bien récompensés s'il peut contribuer au soulagement des malades.

Nous manquerions grandement à la justice, si nous n'offrions pas en ce moment nos plus sincères remercîments aux médecins qui ont bien voulu nous aider, et dont les conseils nous étaient si nécessaires pour mener notre œuvre à terme et spécialement aux savants membres de la Profession, dont les noms suivent :

EUGÈNE H. TRUDEL, M. D., président et professeur d'Accouchements et des maladies des femmes et des enfants à l'Ecole de Médecine et de Chirurgie de Montréal.

J. EMERY-CODERRE, M. D., professeur de Matière Médicale et de Thérapeutique, etc., etc.

J. P. ROTTOT, M. D., Prof. de Médecine Légale et de Botanique, etc.

L. A. E. DESJARDINS, Médecin du Dispensaire de l'Hôpital-Général de Montréal

A. MEUNIER, Médecin du Dispensaire de l'Asile de la Providence de Montréal.

G. GRENIER, Médecin du Dispensaire de l'Asile de la Providence de Montréal.

Docteur Georges Grenier

De tous les collaborateurs à ce *Traité de matière médicale*, le docteur G. Grenier semble le plus dévoué, car il a rédigé toute la partie « pathologie interne » en plus des indications thérapeutiques. Le grand nombre de médicaments proposés pour chaque maladie témoigne de leur non-spécificité et de leur probable inefficacité. Grenier rédigea aussi un chapitre sur les maladies chirurgicales: abcès chauds et froids, phlegmons, panaris, furoncles, anthrax, plaies contuses et ouvertes, brûlures, ulcères, gangrène, etc. La grande variété de pansements recommandés pour telle ou telle affection, fait que nous faisons aujourd'hui piètre figure en cette matière comparativement à l'époque.

Le docteur Georges Grenier sera aussi le dévoué secrétaire de la Société médicale de Montréal, avant que la mort ne l'emporte prématurément.

Variété de pansements:

Ces dévoués professeurs, comme on le voit, prenaient très au sérieux leur devoir d'enseignant. Inutile de dire que leur rémunération était dérisoire et ne laissait nullement présager les conditions actuelles. Animés du feu sacré, ils multipliaient les heures de cours, remplissaient les pages de *l'Union médicale du Canada* et plus tard, celles de la « Gazette médicale de Montréal ».

PANSEMENTS ASTRINGENTS
Onguent Calaminaire
  "   d'Oxyde de Zinc.
  "   de Tannin.
  "   de Galle.
  "   de Calomel.
  "   de Sulfate Zinc.
Cérat de Goulard.
  " de Plomb.
Emplâtre de Keer.

Liniment de chaux.
Glycéré de Tannin.
Eau de Goudron.
  " de Goulard.
  " de Roses.
  " Noir.
1 Green Wash.
Alum en Lotion.
Ratanhia.
1 Lotions de Tan.

PANSEMENTS ADOUCISSANTS

1 Onguent Simple.
1   "   de Sureau blanc.
1 Cérat Simple.
1   " Cosmétique.
1   " de Galien.
1   " Amygdalin.
1   " Camphré.
1 Baume de Genièvre.
1   "   de Chiron.
     "   de Lucatel.
Liniment Simple.
1 Glycérine.
Glycéré d'Amidon.
1 Crème douce.
Beurre frais lavé.
1 Onguent de Glycérine.
1 Huile d'Amandes.
1   " d'Olive.
Huile de Pied de boeuf.
     " de Pavots.
     " de Sésame.
     " de Foie de Morue.

1 Onguent de Carotte ou de Navet (sur les plaies enflammées, on le fait par le mélange de ces substances rapées avec de la graisse).
Emplâtre de cire.
  Lotions de graine de Lin.
     "   de Tanaisie.
     "   de Guimauve.
     "   d'Orme rouge.
1   "   d'Épinette rouge.
1   "   de Houblon.
1   "   de Camomille.
1   "   de Sureau blanc.
     "   de Son.
     "   de Charbon bénit.
1 Cataplasmes de carottes.
1   "   de Navets.
1 Cataplasme d'Herbe St Jean.
1   "   d'Écorce d'Épinette.
1   "   de Plantain.
1   "   de Feuilles de bois blanc.
1   "   de Camomille.

PANSEMENTS CALMANTS

1 Glycérine Laudanisée.
1 Onguent simple Laudanisé.
1   "   de Sureau blanc Laudanisé.
1   "   de Belladone.
1   "   d'Aconit.
1   "   de Jusquiame.
1 Cérat Camphré et Laudanisé.
1 Huile de Jusquiame.
1 Baume Tranquille.

1 Cérat Camphré.
1 Baume Nervin.
1 Extrait de Balladone.
1 Cataplasmes de Ciguë.
1   "   de Belladone.
1   "   de Graine le Lin
         (opiacés.)
1   "   d'Aconit.
1   "   de Têtes de Pavots.

PANSEMENTS DÉSINFECTANTS

1 Cataplasme Antiseptique.
1   "   de charbon.
1   "   de Levain.
1   "   de Levûvre.
     "   de Chlorure de Soude.
1 Poudre Phéniquée.
Carbonate de Potasse.
1 Acide Carbolique
Permanganate de Potasse.
1 Cataplasme de Carottes.

Chlorure de Chaux.
     "   "   'Liqueur.
Chlorure de Soude.
     "   "   'Liqueur.
1 Quinquina (en poudre et en lotion).
Lotion Créasotée.
1 Sulphocarbonate de zinc.
1 Camphre.
1 Arnica.
Suie

106

PANSEMENTS EXCITANTS

Mixture de Glycérine.
Onguent de Citrin faible.
    "   d'Oxyde Rouge de Mercure.
    "   de Cèdre Rouge.
Lotion de Créosote.
Acide Carbolique.
Huile de Foie de Morue.
Arnica.
1 Eau Noire.
1 Green Wash.

PANSEMENTS SUPPURATIFS

1 Onguent Suppuratif.
1   "   Populeum.
1   "   Résineux.
1   "   de Cèdre Rouge.
1 Cérat Résineux Composé.
1 Onguent de la Mère.

L'anatomie, nous l'avons déjà mentionné, était enseignée à partir de cadavres souvent dérobés dans le cimetière; la médecine interne, d'après la séméiologie et l'examen clinique, sans le secours des laboratoires et de la radiologie; la thérapeutique, dont les multiples agents étaient d'origine végétale, était enseignée avec la botanique; l'obstétrique était apprise dans les traités de Mauriceau et Beaudelocque; la chirurgie se limitait à l'immobilisation des fractures, à la fermeture des plaies, à l'ouverture des abcès et aux multiples pansements énumérés antérieurement. Les étudiants pouvaient assister, à l'Hôtel-Dieu, à quelques cas de chirurgie majeure, c'est-à-dire des amputations et des rares laparotomies pour kystes ovariens.

Les laboratoires étaient des plus rudimentaires. Nous avons vu que Herman von Fehling venait à peine de mettre au point le dosage quantitatif du sucre dans l'urine. La numération globulaire ne sera mise au point qu'en 1875 par Malassez et Hayem et la phagocytose par Metchnikoff en 1878[83]. Il faudra attendre les années 1880 pour découvrir les bactéries en cause dans la typhoïde, la tuberculose, la pneumonie, le tétanos, et la diphtérie. L'anatomie pathologique microscopique a déjà fait ses premiers pas avec Osler, qui en 1872, expose à McGill trente-trois coupes qu'il a préparées[84].

L'Union médicale reproduisait parfois des articles amusants parus dans les journaux étrangers. En voici un des plus cocasse qui contribua sans doute à égayer le contenu forcément sérieux d'une revue à orientation médicale.

« FÉCONDITÉ. — Le *Cincinnati Lancet* annonce qu'au mois d'août dernier, Madame Timothy Bradlee, du comté de Turnbull, Ohio, a donné le jour à huit enfants, trois garçons et cinq filles. Ils vivent tous et sont bien portants quoique microscopiques. Madame Bradlee s'est mariée il y a six ans environ, avec un M. Ennisr Mowery, qui pesait le jour de son mariage, le joli poids de deux cent soixante et treize livres. Depuis son mariage, en deux occasions différentes, Madame Bradlee a donné le jour à quatre jumeaux, et la dernière fois à huit enfants, formant le total de douze bébés en six ans. Chose aussi étonnante, Madame Bradlee est née en compagnie de deux autres jumeaux, son père et sa mère sont également nés enfants jumeaux et l'histoire rapporte que sa grand-mère avait eu cinq enfants d'un seul coup. »

La revue alla même jusqu'à publier une liste des tarifs suggérés parmi lesquels l'ovariotomie était une primeur à 500$[85]. »

Tarif Médical

Tel que proposé et adopté unanimement par les Gouverneurs du Collège des médecins et chirurgiens de la province de Québec, représentant la profession médicale, et actuellement respectueusement soumis pour l'approbation de sanction de Son Honneur le Lieutenant-Gouverneur du Conseil.

Visite de jour, de 8 A.M. à 9 P.M., n'excédant pas
un demi mille .... $ 2 00
Visite la nuit, de 9 P.M. à 8 A.M., n'excédant pas
un demi mille, n'excédant pas 4 00
Visite chaque mille additionnel, le jour 0 50

Visite chaque mille additionnel, la nuit	1 00
Détention pendant une journée	20 00
Détention pendant une nuit	25 00
Consultation au bureau avec prescription, le jour	2 00
Consultation au bureau avec prescription, la nuit	3 00
Consultation au bureau avec examen spécial	5 00
Consultation au bureau avec confrère	5 00
Consultation au bureau entre médecins	10 00
Certificat de santé ordinaire	5 00
Certificat de santé avec rapport attesté	8 00
Certificat avec rapport sur la maladie et la mort	5 00
Examen post-mortem (externe)	5 00
Examen post-mortem avec autopsie	10 00
Accouchement ordinaire, soins subséquents extra	15 00
Version, application des forceps, extraction du placenta, soins subséquents extra	30 00
Avortement, accouchement prématuré, soins subséquents extra	15 00
Dans le cas d'accouchement avec une sage-femme, le prix sera comme pour l'accouchement.	
Cathétérisme, cas ordinaire	3 00
Chaque application subséquente	1 00
Vaccination, vénésiction, extraction de dents, injection hypodermique, etc	1 00
Introduction de la pompe à estomac	5 00
Application des ventouses, sangsues, sétons, mona, tampons	5 00
Cloroformisation ou antres anesthétiques	5 00
Réduction de fracture de la cuisse	25 00
Réduction de fracture de la jambe ou du bras	20 00
Réduction de dislocation de la cuisse	50 00
Réduction de dislocation de la jambe ou du bras	25 00
Amputation de la cuisse	100 00
Amputation de la jambe ou du bras	50 00
Hernie étranglée, opération	100 00
Hernie, réduction par le taxis	25 00
Lithotomie, lithotritie	200 00
Ovariotomie	500 00
Trachéotomie	50 00
Cataracte	100 00
Ablation du sein	50 00
Amygdalotomie	10 00
Amputation des doigts ou des orteils	10 00

Autres opérations majeures non désignées 100 00
Autres opérations mineures non désignées 25 00

    Les frais ci-dessus sont pour l'opération seulement, les services subséquents seront extra.

Chapitre 9

CHIRURGIE UROLOGIQUE

Les calculs vésicaux étaient chose courante au xixe siècle en ce qui concerne la région de Montréal et ses environs. On s'étonne d'ailleurs de la fréquence de cette affection chez les enfants admis à l'Hôtel-Dieu, bien que la plupart des cas devaient être dirigés vers le seul hôpital canadien-français de la ville.

Certains historiens croient que nos ancêtres devaient puiser leur eau potable à des puits fortement minéralisés. Mais pour le docteur Hingston, témoin des plus crédibles de cette époque, l'étiologie paraît plus complexe, car ses années de pratique lui permettent d'observer trois fois plus de cas de calculs vésicaux chez les patients canadiens français que chez les anglais.

Pour soulager les personnes souffrant de calculs vésicaux, on pratiquait soit des lithotrities, soit l'opération de « la taille », qui pouvait être pré-rectale ou latérale. Voici quelques protocoles opératoires de 1872 décrivant ce genre d'intervention:

Date: *4 septembre 1872*   Cas: *extraction*   Chirurgien: *Docteur*
d'un calcul pesant   *Pierre Munro*
17½ onces

« C.B., cultivateur, âgé de cinquante-quatre ans, résidant à Saint-Vincent-de-Paul, entré à l'hôpital le 17 août 1872, placé au lit numéro 42, salle Saint-George, souffrait depuis au moins quarante ans d'une pierre dans la vessie. L'opération de la taille périnéale latérale a été faite par le docteur Munro. Le poids de la pierre était de dix-sept onces et demie. Sa dureté était telle qu'il aurait été inutile de pratiquer la lithotritie; elle n'a pu être brisée qu'avec des forceps à dents très forts. (Ténète) — Décès du patient quelques jours plus tard. »

« Examen de la vessie *post-mortem*. La membrane muqueuse de la vessie était fortement congestionnée, et la vessie fortement contractée et hypertrophiée. »

« La membrane muqueuse qui tapissait la paroi antérieure de la vessie avait disparu. N.B. Le docteur Munro est d'opinion que, si un cas semblable se présentait, l'opération devrait se faire au-dessus du pubis. »

Cette opération est oubliée aujourd'hui, mais la voici encore une fois racontée par un étudiant en médecine qui assista, un an plus tard, à une autre opération de la taille par le docteur Munro:

« Mardi le 10 septembre, nous avons assisté à une de ces opérations comme sait si bien les pratiquer notre professeur de chirurgie, le docteur Munro. Le sujet opéré était un enfant de cinq ans: après avoir mis le petit sous l'influence du chloroforme, administré par le docteur Coderre, les médecins présents procédèrent à l'examen et diagnostiquèrent le calcul de la vessie, après quoi le chirurgien commença l'opération ayant pour but de débarrasser la vessie du corps étranger qui jetait un trouble si cruel dans l'économie de l'enfant. Le chirurgien introduit l'index de la main gauche dans le rectum, où il est maintenu tout le temps de l'opération, fait une incision sur la ligne médiane, divise les tissus jusqu'à la prostate qu'il dilate graduellement avec l'index de la main droite, fait pénétrer celui-ci dans la vessie, d'où il le retire avec un calcul de la grosseur d'une noix de galle. L'opération pratiquée en cette circonstance est l'opération d'Alarton, ou opération de Marianus modifiée. C'est l'opération médiane moderne, elle a quelque ressemblance avec l'opération bi-latérale de Dupuytren; c'est une opération par dilatation, elle a cet avantage qu'elle peut être pratiquée sans hémorragie, le chirurgien n'a aucune suture à faire[86]. »

Remarquez qu'il s'agissait d'un enfant de cinq ans et que les registres opératoires mentionnent plusieurs autres jeunes patients atteints de lithiase urinaire, pathologie difficile à expliquer.

Le cas qui suit, traité par le docteur Hingston en 1873, a été publié dans l'Union médicale du Canada :

« A. Daragh, de Syracuse, État de N.Y., vint me consulter le 12 de juillet dernier et me donna à peu près l'historique suivant de sa maladie. Il est âgé de 23 ans et a souffert depuis sa première enfance. Dès l'âge de 15 jours, il éprouva de la difficulté à uriner, au point que le médecin fut appelé; depuis lors, il eut bien souvent recours à différents docteurs, lesquels, généralement, lui prescrivaient des calmants.

« Il endurait parfois des douleurs intolérables, à d'autres époques il était comparativement bien. Certaines conditions de l'atmosphère, de même que certaines saisons, paraissaient modifier et influencer ses souffrances, mais il ne pouvait, à aucun temps du jour ou de la nuit, se dire parfaitement exempt de douleur.

« Les accès étaient quelquefois si violents qu'il était obligé de rester couché tout le temps sur le côté droit, et que ses cris de souffrance troublaient le sommeil de ses camarades. Cet état de chose se prolongea pendant 23 ans avec plus ou moins d'intensité.

« Pendant une crise violente qu'il éprouva à Syracuse, un médecin fut appelé qui soupçonna l'existence d'un calcul, et qui, après un examen minutieux, confirma son diagnostic. C'est alors que le malade vint à Montréal pour se mettre sous mes soins.

« Un examen que je fis me démontra la présence de la pierre, mais, en la percutant, elle ne me parut pas rendre le son qui caractérise plus ou moins sa nature et sa consistance.

« En la frappant d'un côté, elle me donna un bruit obscur, pendant que, frappée du côté opposé, le son paraissait plus aigu et plus métallique. Je cherchai à la mesurer avec le lithoclaste, mais sans pouvoir y parvenir et je suis maintenant porté à croire que, pendant que je réussissais à mesurer deux des moindres diamètres, il était impossible de mesurer le plus grand. Le lithoclaste n'était pas susceptible d'une dilatation suffisante pour la saisir. Le son étouffé rendu par la pierre lorsqu'elle était percutée, aussi bien que les grandes dimensions de celle-ci, m'ont porté à croire que j'avais affaire à un phosphate et de plus l'état alcalin de l'urine semblait confirmer cette opinion.

« Au premier examen, je réussis à saisir la pierre et à détacher une assez grande quantité de sa partie externe. L'urine fut chargée, pendant plusieurs jours, de matières alcalines et de phosphates, et des morceaux gros comme la moitié d'un pois et même d'un volume plus considérable, s'échappaient pendant l'acte de la micturition.

« Quatre jours après, pendant un autre examen, je tâchai, de nouveau, d'arracher la croûte externe, mais le lithoclaste se ferma sur un corps aussi dur que l'acier, montrant d'une manière bien évidente que le phosphate ne formait que la croûte de la pierre, et que l'oxalate de chaux en formait le noyau. De suite, je mis de côté ce dernier instrument et je procédai à pratiquer la taille, cette ancienne et excellente méthode. Après avoir atteint la vessie sans la moindre difficulté, je saisis la pierre, et, en me servant de mon index gauche, comme guide, je réussis à l'extraire au moyen d'une légère traction.

« Elle est maintenant devant vous, Messieurs, et je n'hésite pas à déclarer, après tous les renseignements que j'ai pu obtenir, que c'est, sans contredit, la plus grosse pierre de ce genre qui ait été extraite de la vessie en Canada. Comme vous voyez, elle mesure, dans sa plus grande circonférence, neuf pouces et demi et elle pèse cinq onces et cinq drachmes. Le noyau de la pierre est formé d'oxalate de chaux, dur comme l'airain et sur lequel aucun lithoclaste ne pouvait faire d'impression. Même à présent, en dehors de la vessie, je doute fort que le meilleur instrument inventé puisse broyer ce calcul de manière à lui permettre de passer par les voies naturelles.

« Le malade fut bientôt rétabli, et l'urine ne s'échappa de l'incision que pendant les deux premières semaines; peu à peu tout écoulement cessa et, au 21 août, trente-trois jours après l'opération, le malade quitta l'hôpital en parfaite santé pour se rendre à Syracuse.

« Le diagnostic est parfois difficile à établir, mais quand une fois l'existence du calcul est constatée, une autre difficulté se présente, celle du choix du mode opératoire le plus convenable par rapport au volume et à la dureté de la pierre.

« Autrefois le diagnostic n'était pas d'une grande importance, car l'instrument tranchant faisait également l'ouverture pour tout calcul, gros ou petit, dur ou mou; mais pour ceux qui ne sont pas attachés, soit à l'une ou à l'autre méthode d'opération, il importe de choisir la plus convenable selon les cas, car autrement les chances de mortalité seraient plus considérables que si l'une d'elles était constamment choisie.

« Il n'y a que deux moyens pour se débarrasser de la pierre. Les partisans du bistouri prétendent que la lithotritie sera bientôt abandonnée et entièrement mise de côté, tandis que ceux qui sont en faveur du broiement espèrent que des instruments assez perfectionnés seront fabriqués pour permettre de saisir la pierre, quelle que soit sa grosseur, et de la broyer, quelle que soit sa dureté.

« Je diffère complètement d'opinion des deux partis, et je crois que la lithotomie maintiendra toujours sa position comme étant une opération préférable chez les enfants, et d'une absolue nécessité dans quelques cas exceptionnels comme celui que je viens de rapporter et auquel cette opération convenait[87]. »

Cette opération de la « taille » tendait à remplacer la « lithotritie », c'est-à-dire le broyage des pierres par voie naturelle, préconisé par Civiale au siècle précédent et dont la technique était la suivante:

« Une fois la vessie remplie, on introduit le lithotriteur, dont on aura choisi les dimensions en rapport avec le volume et la dureté probable de la pierre. Les gros instruments sont d'un emploi exceptionnel, les manœuvres sont difficiles, les prises moins fréquentes et, somme toute, on fait plus de besogne avec un lithotriteur moyen qui donne moins de débris à chaque prise, mais qui permet de saisir les fragments avec plus de facilité. L'introduction se fait suivant les règles du cathétérisme avec les sondes à petite courbure que je ne puis rappeler ici; les divers temps s'exécuteront lentement, avec une douceur d'autant plus grande qu'un lithotriteur est un instrument puissant et offensif pour l'urètre; c'est surtout au passage du cul-de-sac du bulbe qu'il faut redoubler d'attention et ne commencer le mouvement d'abaissement que lorsque le bec se sera engagé dans la partie membraneuse. Il en sera de même dans la prostate; lorsque cette glande est développée, et irrégulière, on se guidera utilement par le toucher rectal.

« Dès que les mors sont dans la vessie, il faut se rendre compte rapidement de sa topographie, de ses saillies et de l'espace dans lequel on se meut facilement; puis on recherche la pierre avec le lithotriteur fermé; cet instrument constitue un assez mauvais explorateur, et souvent le contact de la pierre n'est pas facilement entendu ou même senti. Sans perdre de temps à ces recherches, on exécutera tout de suite les manœuvres de préparation. Le lithotriteur est maintenu sur la ligne médiane, les mors en haut; ceux-ci sont écartés et un mouvement de rotation sur l'axe les amène dans une position qui dépasse un peu la ligne horizontale, de telle sorte qu'ils soient un peu inclinés en bas. Très doucement, très lentement, ils sont alors rapprochés l'un de l'autre; s'ils peuvent être ramenés au contact, c'est que le calcul n'était pas compris dans leur écartement; on recommence alors la même manœuvre sur un autre point et il arrive qu'on éprouve une résistance qui empêche la fermeture complète. Cet obstacle peut être constitué soit par un calcul, soit par un pli de la vessie; il est facile de se rendre compte de la nature de la prise. D'abord le contact d'un calcul donne une sensation nette, particulière et caractéristique, très différente de la mollesse, de la dépressibilité dont on a conscience quand on a pris une portion de la vessie. Mais c'est là une certitude qu'on n'acquiert que par l'habitude. Lorsqu'une saisie est faite, il faut se contenter tout d'abord de maintenir les mors en contact avec le corps étranger en n'exerçant qu'une pression des plus faibles, puis de faire tourner l'instrument sur lui-même afin d'éloigner les mors du point où la saisie a été faite: les mouvements sont-ils libres? le corps enserré est mobile: c'est le calcul. Si, au contraire, on sent une résistance, on éloigne les mors l'un de l'autre, car c'est la muqueuse qui se trouve entre les mors.

« Lorsqu'on est certain d'avoir le calcul et rien que lui, on abaisse le levier qui actionne l'écrou brisé et qui permet de faire agir la branche mâle au moyen de la vis sans fin avec une puissance considérable. On fait tourner le volant en déployant une force progressivement croissante, jusqu'à ce qu'on sente et qu'on entende produire un craquement caractéristique: le calcul a éclaté. Quelquefois il résiste à la pression du volant; on relève alors la bascule pour désengrener la vis sans fin et on se met en demeure de démolir le calcul par percussion. De la main gauche le lithotriteur est saisi, et le mors maintenu dans une position immuable, calé pour ainsi dire par l'avant-bras du chirurgien qui s'appuie sur la crête iliaque de façon à ce que les mors et le calcul soient et restent bien au centre de la vessie; de la main droite on percute au moyen d'un marteau métallique à petits coups, sans trop de violence ou de brusquerie, dans la crainte de briser l'instrument. Si le calcul résiste encore, on essaie les mêmes manœuvres avec un lithotriteur plus puissant; en cas de nouvel échec, il faut renoncer à la lithotritie.

« Dans la grande majorité des cas, le calcul éclate sous l'action de la vis de pression; on va à la recherche des fragments en répétant la même manœuvre toujours aussi prudente, et surtout en s'assurant après chaque prise que l'instrument est parfaitement libre: les fragments doivent être pris et repris un très grand nombre de fois, réduits en poussière. »

À la lumière de ces protocoles, on comprend que le plus grand dilemme auquel devaient faire face les chirurgiens de l'époque consistait dans le choix du procédé opératoire: une erreur de diagnostic pouvait être fatale, certains cas supportant mieux le couteau que le brise-pierre, et vice-versa.

Voici une leçon du docteur A.T. Brosseau, reproduite dans l'Abeille médicale en 1979 et reflétant de façon très nette l'importance d'un diagnostic éclairé et précis:

Du choix de l'opération dans les différents cas de calculs vésicaux.

LEÇON CLINIQUE DONNÉE À L'HÔTEL-DIEU
par
M. LE Dr A.T. BROSSEAU
Professeur de clinique chirurgicale à l'École de médecine
et de chirurgie de Montréal, Université Victoria

« Messieurs, il y a cinquante ans on ne connaissait qu'un seul traitement de la pierre, c'était l'opération de la taille pour tout calcul, petit ou gros, mou ou dur.

« Mais à partir du jour où il fut reconnu et démontré qu'on pouvait broyer les calculs, on comprit de suite la nécessité de faire un diagnostic précis du volume et de la composition de la pierre.

« En 1822, Civiale, le premier, débarrassait deux malades de la pierre, au moyen d'instruments conduits dans la vessie à travers l'urètre.

« Depuis cette époque, cette méthode a subi de nombreuses modifications pour en arriver à la perfection relative avec laquelle vous nous la voyez pratiquer aujourd'hui.

« Cette nouvelle méthode était appelée à donner de bons résultats, à condition d'être appliquée en temps opportun et d'une façon convenable.

« Durant les premières années, la lithotritie a donné un chiffre de mortalité relativement considérable; mais l'expérimentation eut bientôt perfectionné et les instruments et les procédés, et on vit le chiffre des succès s'élever en proportion.

« Encore de nos jours, une application fausse et intempestive de la lithotritie n'est pas rare, de sorte qu'une partie seulement des avantages que doit nous fournir la nouvelle méthode est acquise à la science.

« Notre devoir est donc d'étudier sérieusement cette question du diagnostic de la nature et du volume du corps à extraire, ainsi que les conditions de susceptibilité vésicale devant faire opter le chirurgien pour tel ou tel procédé opératoire.

« Au point de vue du choix de l'opération, il faut distinguer nettement les cas de pierre survenant avant la puberté de ceux qui se montrent plus tard.

« Il est bien prouvé qu'avant la puberté, la taille est une opération presque sans danger, rarement suivie de mort. Car les organes sexuels sont encore rudimentaires et on n'y rencontre pas ces sympathies étroites de tout l'organisme avec le système génito-urinaire.

« Le but que l'on se propose d'atteindre dans la lithotritie, c'est de réduire la pierre en débris assez fins pour qu'ils puissent traverser le canal de l'urètre sans le léser. « Il existe fatalement un certain nombre de cas où le choix de l'opération n'est dicté et inspiré que par les circonstances les plus légères.

« Ils sont très nombreux les malades chez lesquels il est impossible de prévoir ce qui réussira le mieux, du couteau ou du brise-pierre. Cependant, avant de songer à opérer, il faut avoir des notions précises sur le volume et la nature du calcul, et il est encore plus important d'être renseigné sur la susceptibilité ou la tolérance du sujet au contact des instruments.

« Au point de vue de l'intérêt des patients et de l'avenir de la lithotritie, les praticiens habiles et rompus au diagnostic rendent de plus grands services à leurs malades que d'adroits opérateurs; découvrir une pierre quand elle est encore petite, c'est assurer son broiement facile et sans danger.

« Avant l'admirable découverte de Civiale, alors qu'il n'existait qu'un seul mode de traitement de la pierre, celui de traverser le périnée avec l'instrument tranchant, il était fort inutile de préciser ses dimensions et de la découvrir dès sa formation, car l'opérateur n'avait pas à choisir, comme aujourd'hui, le mode opératoire le plus convenable suivant la fragilité du calcul et la susceptibilité vésicale.

« Lorsqu'étant à Londres, il y a six ans, j'eus occasion, en suivant les cliniques de Sir Henry Thompson, d'entendre ce célèbre chirurgien faire des compliments bien mérités à un de ses assistants qui avait trouvé un calcul très petit dans la vessie d'un patient. S'adressant au malade il lui dit: « Vous devez la vie à ce jeune chirurgien qui a si habilement exploré votre vessie et trouvé votre calcul, il me sera plus facile à moi de broyer ce calcul qu'il ne l'était de le découvrir ».

« Il est bien admis aujourd'hui que l'opération de la taille ne doit plus être pratiquée pour les petits calculs, chez les adultes. Car les statistiques démontrent qu'elle n'est jamais aussi inoffensive que la lithotritie, dans ces cas du moins.

« Puisqu'il est si important de bien connaître le volume et la nature du calcul, afin d'adopter le procédé opératoire au cas échéant, laissez-moi vous indiquer les moyens de faire une exploration complète de la vessie.

« D'abord il est nécessaire de se servir d'une sonde exploratrice, mince, légère et à bec court afin quelle ne soit pas serrée par l'urètre, et qu'elle soit facilement manoeuvrée. Certains opérateurs veulent que la vessie soit vide, d'autres veulent qu'il y ait du liquide, soit de l'urine, soit quelques onces d'eau préalablement injectée.

« M. Thompson prend la vessie telle qu'il la trouve, vide ou remplie, mais il la préfère vide. M. Félix Guyon fait presque toujours une injection d'eau tiède avant son examen.

« Je crois que dans les cas où le calcul est difficile à découvrir il est plus satisfaisant d'essayer les deux manières, cependant j'ai toujours trouvé qu'il était plus facile d'atteindre le calcul dans une vessie modérément remplie. L'exploration doit être faite méthodiquement dans les parties inférieure, supérieure et latérale du réservoir urinaire; il ne faut pas oublier de tourner en bas le bec de la sonde, en arrière de la prostate, c'est là que l'on trouve le calcul quand il est petit; il doit en être ainsi pour le dernier fragment dans la lithotritie. Le patient peut rester debout, mais le décubitus dorsal est préférable, le bassin étant légèrement élevé. Avec les cathéters à grande courbure et à long bec on ne peut faire cette exploration rétro-prostatique. Afin de vous faire mieux comprendre cette leçon clinique, permettez-moi de vous rapporter deux observations prises par M. Gaudet, interne à l'Hôtel-Dieu.

1re OBSERVATION — « L.D., jeune homme de 17 ans, souffre depuis son enfance de douleurs du côté des organes génito-urinaires.

« Il fut examiné en janvier dernier par le Dr Lecavalier de St-Laurent qui découvrit une pierre dans sa vessie et vint avec lui à l'Hôtel-Dieu pour lui faire subir une opération.

« Le calcul mesuré par le Dr Brosseau donnait près de deux pouces dans son grand diamètre et un pouce et demi dans le diamètre de son épaisseur, il rendait un son net, clair, sec: l'urine indiquait un urate, ces deux conditions réunies donnèrent un peu d'inquiétude à l'opérateur quant au choix de l'opération, c'est pourquoi une consultation entre les médecins de l'hôpital fut arrêtée pour le 27 janvier: à ce jour, après un examen minutieux, la lithotritie fut adoptée et pratiquée de suite; cette première séance fut suivie d'une fièvre urétrale assez marquée.

« Le malade subit une deuxième séance le cinq février, une troisième le 12, une quatrième le 21 sans aucun symptôme inflammatoire.

« Mais après la cinquième séance qui eut lieu le deux mars, une inflammation violente se déclara dans la vessie et le rein gauche; cette complication disparut en quelques jours sous l'effet d'un traitement approprié.

« Le malade ennuyé d'un aussi long séjour à l'hôpital demande avec insistance la permission de retourner chez lui et promet de revenir après quelques jours; pendant son séjour dans sa famille, le patient passe des morceaux de calcul, très gros et en grand nombre.

« Douze jours après, il revient à l'hôpital se disant bien. La vessie est explorée plusieurs fois très minutieusement et on la trouve entièrement débarrassée de tout fragment.

« Le malade retourne chez lui parfaitement guéri. »

2e OBSERVATION — « L.D., âgé de 45 ans, résidant à Bedford dans l'État du Maine, É.U., arrive à l'Hôtel-Dieu le 26 février, souffrant depuis une dizaine d'années des douleurs atroces du côté de la vessie.

« Dès l'introduction de la sonde, le Dr Brosseau constate la présence d'un calcul énorme fortement pressé sur le col par les contractions de la vessie.

« La mensuration avec le lithotriteur donne 3 pouces dans un diamètre et 2 dans un autre. La percussion rend un son clair, net, cassant.

« Sa vessie est très malade, le patient urine à toute minute.

« Ces signes étant donnés, le chirurgien se prononce de suite en faveur de la taille.

« L'opération fixée au 1er mars a lieu en présence de plusieurs confrères.

« MM. les étudiants de l'École saluent l'entrée du doyen des chirurgiens de l'hôpital, le Dr P. Munro, par une vive salve d'applaudissements.

« L'opération prerectale, dite de Nélaton, a été choisie de préférence à la latérale, parce qu'elle donne un espace plus considérable par l'incision des deux côtés de la prostate et facilite par conséquent l'extraction des gros calculs.

« Malgré cette large incision, l'extraction de la pierre a été très difficile, il a fallu exercer des tractions très énergiques durant plusieurs minutes pour réussir à l'extraire: une certaine hémorragie a nécessité, par prudence, l'introduction de la canule à chemise de Dupuytren.

« Durant les quinze jours qui suivirent l'opération, la température n'a pas dépassé 39½, le pouls a atteint 104.

« La plaie a présenté durant longtemps une apparence diphtéritique, puis elle est devenue vermeille; cependant la cicatrisation a été très lente, ce qui n'est pas surprenant vu la constitution délabrée du patient.

« Le calcul pèse 3iii et 3ii et mesure 8 pouces dans sa plus grande circonférence.

« L'urine n'a commencé à passer par les voies naturelles que le 25ième jour après l'opération.

« Le malade a pris des forces, toutes les fonctions se font bien, et la guérison est assurée. Le malade ne cesse de témoigner sa reconnaissance et d'exprimer le bien-être qu'il éprouve depuis l'opération[88]. »

Chapitre 10

CHIRURGIE MAXILLO-FACIALE

Quand on sait le peu de moyens dont disposaient les chirurgiens du XIXe siècle, on ne peut que s'étonner de la détermination et de l'audace dont certains d'entre eux ont su faire preuve. À ce chapitre, les médecins de l'Hôtel-Dieu de Montréal n'étaient jamais en reste. Un regard sur les délicates interventions chirurgicales maxillo-faciales qu'ils tentèrent sur des lésions parfois cancéreuses et souvent volumineuses ne peut que susciter notre admiration pour ces pionniers de la médecine, car leur réussite tenait parfois à un fil.

Voici donc quelques cas de chirurgie maxillo-faciale traités par l'éminent docteur Hingston.

Date: *26 septembre 1873*   Cas: *ablation de la langue et du maxillaire inférieur*   Chirurgien: *docteur Hingston*

« W.M., journalier, veuf, âgé de soixante-dix ans, né en Irlande et résidant à Saint-Bernard de Lacolle, est entré à l'Hôtel-Dieu le 23 septembre, au numéro 55 de la salle Saint-Patrice. Il était atteint d'un cancer qui comprenait toute la région sous-linguale, en s'étendant le long du bord inférieur de la mâchoire. Le 26 septembre, il subit l'ablation de la langue et d'une grande partie de la mâchoire inférieure par le docteur Hingston. Après avoir séparé les joues du maxillaire inférieur des deux côtés, et avoir détaché les muscles sus-hyoïdiens de leurs insertions, le chirurgien scia la mâchoire à gauche près du rameau, et à droite près du trou mentonnier; il enleva ensuite la langue au moyen de l'écraseur de Chassagnac. Les parties molles furent alors remises en place, et le malade fut mis au lit. La nourriture lui fut donnée au moyen de la pompe à estomac jusqu'à son départ de l'Hôtel-Dieu quelque temps après, alors qu'il était en pleine voie de guérison. »

Ici, l'expression « pompe à estomac » désigne le tube gastrique servant à nourrir le convalescent, et il semble bien que cette technique alimentaire soit une nouveauté dans les années 1870. On se demande d'ailleurs pourquoi on n'a pas encore pensé à utiliser le même tube, dans le sens inverse, pour les dilatations stomacales et les péritonites alors si fréquentes, en l'absence d'asepsie.

Le milieu médical devra attendre encore près d'un demi-siècle (1930), l'adoption de l'usage systématique des tubes de Levine et de Cantor.

Ce retard n'est pas sans rappeler Pasteur lui-même, déplorant la contamination de ses cultures par des moisissures dont Alexandre Fleming 50 ans plus tard, tirera la pénicilline.

« Quelques mois plus tard, le docteur Hingston publie, dans l'Union médicale du Canada, un compte rendu détaillé de la technique chirurgicale appliquée dans le cas précédent.

« Un vieillard, du nom de W.M., âgé de 71 ans, vint à l'hôpital, l'automne dernier. Il semblait en bonne santé, son teint était coloré, son œil clair, la peau molle et rosée et au premier coup d'œil il paraissait jouir d'une fraîche vieillesse. Cependant, en examinant de plus près, on voyait une masse cancéreuse, d'apparence maligne, par l'entrebaillement continuel de sa bouche. La masse cancéreuse comprenait toute la région sous-linguale, en s'étendant le long du bord inférieur de la mâchoire, à partir d'un peu plus haut que la ligne médiane du côté droit jusqu'à la seconde dent molaire du côté gauche, et détruisant dans sa marche la glande sous-linguale, le froenum et une portion considérable de la surface inférieure de la langue. De cette large surface cancéreuse s'exhalait une odeur des plus désagréables. Les mouvements de la langue étaient devenus bien difficiles et les mots articulés étaient très indistincts. La déglutition était douloureuse et difficile, et provoquait une douleur lancinante qui tourmentait ce pauvre homme non seulement le jour, mais aussi pendant ses nuits d'insomnie. Il m'avoua avoir remarqué, pendant le mois de juin dernier, un petit bouton sous sa langue qu'il avait fait soigner par le médecin de l'endroit.

« Un autre médecin reconnaissant la nature de la maladie, lui suggéra d'aller à New-York ou à Montréal pour se faire opérer. Ce fut quelque temps après qu'il se décida à venir pour se mettre sous mes soins. Après un examen minutieux de l'étendue des tissus compromis, je l'avertis que la maladie avait fait de tels progrès, qu'elle nécessitait l'extirpation de la plus grande partie de la mâchoire inférieure et de la langue en entier. Il consentit de suite à l'ablation de la première, mais il lui répugnait de perdre la langue et me pressa de lui enlever la mâchoire tout en préservant la langue autant que possible. Mais, étant convaincu comme je le suis, de l'inutilité de l'ablation partielle de la langue dans les cas de tumeurs malignes, je me suis trouvé forcé de rejeter cette proposition.

« Le patient quitta l'hôpital, sans que, je l'avoue, je ressentis beaucoup de chagrin. Trois jours après, il revint et me pressa de faire l'opération comme je l'avais proposé. Alors, ayant fait comprendre à mon malade la nature et la portée de l'opération, son risque immédiat, ses dangers subséquents, le soulagement peut-être que temporaire qu'elle amènerait, le désagrément qu'il éprouverait d'être ainsi mutilé, la perte de la parole et de la faculté de la mastication, il me fit la même réponse. « If I live I shall be better without this thing, and if I die on the table, thank God I am prepared for that too ».

« Je n'ai jamais vu dans ma pratique un malade se soumettre plus courageusement à une opération dont il ignorait aussi bien que moi le résultat. Effectivement, si parmi les conditions favorables à une opération on peut placer, en première ligne, l'esprit calme et confiant du malade, cet homme pouvait supporter, j'en étais certain, une mutilation qui aurait été fatale à toute autre personne de son âge. Le voyant dans ces bonnes dispositions, je l'encourageai par des paroles bienveillantes. Mon propre courage était augmenté par celui de mes confrères qui n'étaient pas opposés à l'opération, et qui pendant cette dernière me furent d'un grand secours. J'eus aussi l'avantage d'avoir eu l'estimable opinion du Dr Gascoyne, de l'hôpital Ste. Marie à Londres, et celle du Dr Fenwick, lesquels tous deux visitèrent l'hôpital à cette époque, et ils conclurent avec moi, que c'était un cas où l'opération était justifiable.

« Ce fut le 27 septembre que je fis l'opération de la manière suivante. Le patient étant sous l'influence du chloroforme administré par le D^r. Rottot, le col soulevé et la tête rejetée en arrière, je fis une incision verticale sur la ligne médiane à travers la lèvre inférieure et le menton jusqu'à l'os hyoïde, une autre à angle droit avec la première en suivant le bord inférieur du maxillaire jusqu'au rameau et une troisième parallèle, mais d'une étendue moindre du côté droit. Les joues furent séparées de la mâchoire sur toute l'étendue de deux côtés, et avec elles le levator menti, le depressor labii inferioris, depressor angulioris et platysme myoides, aussi loin que la marge antérieure du muscle masseter du côté gauche, et le foramen mental du côté droit. Le bistouri fut alors introduit en dedans de la mâchoire en enlevant à leur origine les genio-glossi et hyoidei, genio-hyo-glossi, mylohyoidei et digastrici, après avoir préalablement passé une ficelle à travers la langue qui était confiée aux soins d'un assistant. L'os fut maintenant scié de travers en travers du côté gauche près du rameau et du côté droit près du foramen mental. J'en étais ainsi arrivé à la langue. Cette dernière étant bien tirée en avant, au moyen du lien, je fis une incision à travers sa substance près de l'os hyoïde et comprenant la membrane muqueuse et à sa base je passai la chaîne de l'écraseur par cette ouverture et je coupai l'hyo-glossus et le genio-hyo-glossus du côté gauche. Nonobstant l'emploi de l'écraseur, il y eut un jet un peu alarmant de sang donné par la surface coupée, mais il fut facilement contrôlé par une ligature*. Le même procédé fut répété du côté droit. L'avantage de ne diviser qu'un côté à la fois était évident. Le sang jaillit des deux artères linguales comme si elles avaient été coupées avec un couteau, mais l'hémorrhagie put être arrêtée dans l'une, avant que l'autre n'eut été attaquée. Les stylo-Glossi avec les débris de la membrane muqueuse, furent enlevés avec le scalpel et la langue retirée de sa cavité. Il y eut alors très peu d'hémorrhagie et peu de suintement. Les parties molles furent juxtaposées au moyen du sutures très rapprochées les unes des autres, et une quantité suffisante de charpie fut introduite dans la bouche pour empêcher la lèvre inférieure, le menton et les joues de tomber dans l'arrière-bouche (gorge).

---

* Ce n'est que la troisième ou quatrième fois que je me suis servi de la ligature depuis six ans, l'*Acupressure* ayant toujours suffi.

« Le patient fut ensuite placé au lit dans une position horizontale, et quelques heures après, je me mis en devoir de lui faire prendre un peu de nourriture. En lui faisant ouvrir la bouche et regardant par-dessus la masse de charpie, toute l'épiglotte, à partir de sa large et ronde extrémité supérieure, jusqu'à sa petite insertion hyoidienne pouvait être facilement vue. Là, elle était presque verticale, une sentinelle vigilante, s'abaissant légèrement comme d'habitude pendant la respiration, sur l'ouverture qu'elle a pour but de garder et de protéger. Le tube nourricier en coautchouc attaché à la pompe à estomac, appliqué sur l'épiglotte ne produisit ni spasme ni trouble, pas même de toux, en un mot aucun sentiment de malaise, et je pus la manier comme si l'épiglotte avait perdu toute sensibilité. Le malade fut nourri presque exclusivement au lait, et sa convalescence fut rapide et surprenante. L'union entre les parties sur toutes les incisions horizontales et même la verticale, à l'exception de sa partie la plus déclive se fit par première intention. Les ligatures furent enlevées le neuvième jour, et le jour suivant il quitta l'hôpital, heureux et joyeux, pour rejoindre sa famille aux environs de Rouse's Point.

« Plus de quatre mois se sont passés et, jusqu'à présent, aucune apparence de rechute semble menacer ce patient qui, pour se soustraire à une maladie terrible, s'était soumis au scalpel et à la scie.

« La semaine dernière il est venu à Montréal, à ma demande.

« Il semble en parfaite santé, avale sans difficulté et selon toute apparence avec profit, comme son état satisfaisant l'atteste. Il était hier devant plusieurs d'entre vous à l'hôpital, et vous avez pu juger par vous-même, du peu de difformité que l'opération a laissé, et vous convaincre jusqu'à quel point la faculté de la parole est revenue malgré l'ablation complète de la langue. »

Presque 20 ans plus tard, devant les membres du Congrès de la British Medical Association, le docteur Hingston parlera de cette double ablation comme d'une première mondiale. Malheureusement, aucun historien ne mentionne ce haut fait du chirurgien montréalais, pas plus F.-H. Garrison que Maurice Bariety ou Charles Coury.

En décembre 1873, le docteur Hingston procéda à la résection partielle du maxillaire supérieur, sur un homme de 39 ans souffrant d'une tumeur occupant toute la surface de la mâchoire.

Il incisa d'abord la lèvre supérieure à la racine du nez et pratiqua une seconde incision, de l'angle de la bouche à l'oreille. Après avoir

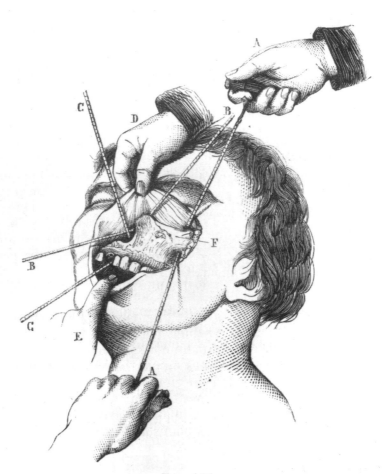

FIG. 131.

A, A. Mains du chirurgien sciant le maxillaire supérieur à son union avec
l'os malaire.

BB. Scie à chaîne passée à travers l'os
unguis et la narine, pour scier
l'apophyse montante.

CC. Scie à chaîne coupant la portion pa-
latine du maxillaire.

D et E. Aides éloignant les lambeaux.

Chirurgie opératoire par Alphonse Guérin, chirurgien de l'Hôpital Saint-Louis.
EO. F Chamacot et Lawerexss, Paris 1869.

soulevé la peau, Hingston put en extraire une tumeur qui laissa à découvert le plancher de l'orbite et la cloison du nez, et qui apparemment, s'étendait en arrière jusqu'au pharynx.

Le protocle rapporte encore que la cavité fut remplie de charpie et la peau remise en place. À peine neuf jours après la chirurgie, le patient quitta l'hôpital satisfait des résultats de la terrible opération qu'il venait de subir pour la quatrième fois.

L'adresse du docteur Hingston est incontestable, et les deux cas cités plus haut ne sont qu'une preuve de plus de son professionnalisme de chaque instant.

Si Hingston est reconnu comme l'un des meilleurs chirurgiens de l'époque, d'autres de ses collègues pratiquent avec succès des interventions tout aussi impressionnantes. Voici, à titre d'exemple, le protocole opératoire d'un bec-de-lièvre traité par le docteur Grenier.

Date: *21 septembre 1872*   Cas: *bec de lièvre*   Chirurgien: *docteur Grenier*

« __X,__ patiente âgée de 13 ans, résidant à Saint-Georges, Henry-ville, entrée à l'hôpital le 17 septembre, présente un bec-de-lièvre congénital. La division est simple et existe sur le côté gauche. Ce bec de lièvre est compliqué d'une fissure complète du palais dur existant de même sur le côté gauche et de la saillie de l'os maxillaire supérieur et des dents entre les divisions de la lèvre. Les bords dont l'un est attaché au septum nasal et l'autre à l'aile du nez ne se réunissent par aucun point, laissant un écartement considérable entre eux, qui permet de voir la cavité nasale et buccale. L'écartement étant trop considérable pour tenter l'opération sur le palais dur, le docteur Grenier enlève une dent et une partie du maxillaire supérieur, rapproche les bords de la division et les unit au moyen de deux points de suture entortillés et d'un point de suture interrompu. Des bandelettes agglutinatives taillées en forme de $\triangle$, appliquées sur chaque joue et réunies au devant de la lèvre par un fil, servent à réunir les parties enlevées molles en avant et concourent à empêcher la déchirure des bords de la plaie. Les aiguilles furent enlevées au bout de 5 jours. Les deux bords sont bien réunis. On continue quelques jours encore les bandelettes agglutinatives. L'apparence de cette jeune fille est très améliorée. On lui conseille de faire poser un obturateur, ce qui contribuera à rendre la prononciation et la déglutition plus faciles.

OPÉRATIONS CHIRURGICALES
1873

Opérations.	Hommes	Femmes	Total	Résultats.
Amputation du pouce et de l'index	1		1	Parti avant guérison
Ablation d'un Exostose		1	1	Bien
" des Amygdales		1	1	Bien 1er cas
" de Condylômes		1	1	Bien
" d'une tumeur à la langue		1	1	Guérie practacul
" " " graisseuse	1		1	"
" " " au maxillaire sup.	1		1	Amelioré practocul
Cancer au sein		1	1	Bien
Fracture de l'humérus consolidée		1	1	Bien
Fracture de la Clavicule consolidée	1		1	Bien.
" de la Rotule				
Onyxis malin		1	1	Bien.
Réduction de luxation.		1	1	Partie avant guérison.

Au cours de l'année 1874, cinquante-huit cas de chirurgie en ophtalmologie et oto-rhino-laryngologie furent enregistrés dans les livres de l'Hôtel-Dieu, comparativement à une douzaine seulement l'année précédente. Parmi ces interventions, on peut dénombrer quarante-sept cas d'ophtalmologie — presque autant qu'en chirurgie générale. Cette remarquable augmentation des interventions en ophtalmologie coïncide avec l'arrivée à l'hôpital du docteur Édouard Desjardins.

OPÉRATIONS CHIRURGICALES
1874

527   *Opérations chirurgicales.*

1874.

Opérations.	Hommes	Femmes	Total	Résultat.
Amputation de la jambe	1		1	1 non guéri
" de la cuisse	1		1	Mort
" d'un doigt	6	1	7	Guéri
Ablation de lipome	1		1	Guéri
" de polype	1	1	2	1 guéri, 1 non guéri
" d'un os du pied	1		1	mort non guéri
Bec de lièvre	1		1	1 bien guéri
Cancer du sein		4	4	1 guéri, 3 non guéris
" de la bouche	2		2	1 bien, 1 non guéri
Cautérisation	1		1	1 guéri
Fente des orbites				
Extraction de corps				
" d'aiguille		1	1	Guéri
Épithélioma	1	3	4	3 guéris, 1 non guéri
Fistule	7	1	8	1 mort, 6 guéris, 1 en voie de guérison
Hydrocèle des grandes lèvres		1	1	Guéri
Hémorroïdes		1	1	Guéri
Lithotomie	1		1	Guéri
Ponction du genou	4		4	
" abdominale	1		1	
" d'hydrocèle	1		1	
Résection du calcaneum	1		1	Mort
Réduction de luxation	1		1	
Staphylorraphie	1		1	Mort après l'opération
Tumeur au genou	1		1	Guéri
"		1	1	Mort
Tumeur enkystée		1	1	Guéri
" Chancrelle	1		1	Bien
Trachéotomie	1	1	2	1 Bien
Uréthrotomie	1		1	1 Perte après l'opération
Total.	**41**	**17**	**58**	

Maladies des yeux.

	Hommes	Femmes	Total	Résultat.
Cataracte	11	6	17	Dix sont guéris
Énucléation	1	2	3	Guéri
Entropion		4	4	3 guéris, 1 perte après l'opération
Fistule lacrymale		1	1	Guéri
Iridectomie		3	3	2 guéris, 1 perte après l'opération
Iridectomie	8	5	13	2 non guéri, 11 guéris
Tatouage de la cornée	3	3	6	4 guéris, 2 pertes après l'opération
Total.	**23**	**24**	**47**	

Chapitre 11

CHIRURGIE GYNÉCOLOGIQUE

La gynécologie fut bien longtemps médicale avant d'être chirurgicale. Les imflammations pelviennes étaient traitées par des irrigations vaginales et l'application de sangsues sur le col utérin[89]. Pour soulager la dysménorrhée, on pratiquait des dilatations du col par des tiges laminaires faites de bois spongieux qui doublait ou triplait de volume par absorption des humeurs. Ces tiges laminaires n'étaient pas stériles et les salpingites secondaires s'avéraient très fréquentes. Les patientes présentant des prolapsus utérins devaient porter des pessaires aux volumes et aux formes variés. Plus malheureuses encore étaient celles qui avaient eu un accouchement dystocique, sans l'assistance d'un médecin ou assistées inadéquatement, et qui étaient restées avec des fistules vésico-vaginales ou des déchirures complètes du périnée. Il semble que depuis 1852, le docteur Sims était le seul à réussir la fermeture des fistules vésico-vaginales. La plupart des médecins n'osaient pas toucher à ces patientes qui souffraient d'incontinence le reste de leur vie.

On éprouvait une crainte excessive de la chirurgie intra-abdominale, trop souvent suivie d'hémorragies internes, dues aux ligatures imparfaites, et de péritonites.

L'hémostase représentait un très sérieux problème auquel les médecins étaient sans cesse confrontés. On se servait de fils de chanvre, de soie ou de lin, cirés. Malheureusement, en l'absence d'asepsie et d'antisepsie, ces fils se transformaient, par leur porosité, en véritales nids à microbes, et la suppuration était inévitable. La soie, tressée et trempée longtemps dans des solutions d'acide phénique ou carbolique, provoquait moins d'écoulement de pus lorsqu'elle était très fine, mais il était souvent nécessaire d'en augmenter le calibre pour le traitement des gros vaisseaux et des ligatures en masse, et la suppuration était fréquente.

Aussi, l'usage du catgut fut-il salué avec beaucoup d'enthousiasme, lorsque Henri O. Mercy, en mai 1871, publia un article dans le *Boston Medical and Surgical Journal*, dans lequel il rapportait deux cas de cure radicale de hernie, où les sutures avaient été réalisées avec le catgut, fil obtenu à partir de la couche sous-muqueuse de l'intestin grêle d'animaux, qui avait la qualité de se résorber.

L'un de ces patients aurait-il été un « violoneux » assez imaginatif pour suggérer à son médecin d'utiliser les cordes de son instrument?

Quoi qu'il en soit, les chirurgiens durent chercher, avant l'ère de l'asepsie, d'autres moyens que la ligature, pour réussir l'hémostase. En voici quelques-uns:

– LE REFOULEMENT: cette technique consistait à saisir l'artère avec une pince et, sous l'action d'une autre pince en amont, à briser la tunique interne du vaisseau, en espérant que l'endartère, réduite en bouillie, formerait un bouchon suffisant pour assurer l'hémostase.

– LA TORSION: c'est la même technique, à laquelle on ajoute la torsion à plusieurs reprises.

– L'ACUPRESSURE: mise au point par Simpson Edimbourg, cette technique consistait à transpercer l'artère avec une aiguille, à laquelle on faisait faire une ou plusieurs rotations, suffisant à oblitérer le vaisseau. Quelques jours plus tard, on retirait l'aiguille, reliée à l'extérieur par un fil.

l'acupressure

– LA CAUTÉRISATION: un fer chauffé à blanc devait provoquer l'hémostase, ce qui n'était pas applicable aux vaisseaux de gros calibre[90].

En 1809, la gynécologie chirurgicale majeure remportait un premier succès, lorsqu'une certaine Jane Crawford, porteuse d'une tumeur ovarienne, vint consulter le docteur Ephraïm McDowell, qui procéda à une laparotomie pour lui enlever le kyste volumineux qui la faisait souffrir.

L'expérience de McDowell eut le mérite de démontrer que l'ovariectomie n'était pas forcément suivie d'une péritonite et qu'elle n'était pas toujours mortelle.

Lors des premières ovariectomies, par crainte des ligatures perdues, on attirait le pédicule ovarien en dehors de la paroi abdominale, pour l'écraser à l'aide d'une grosse pince. Cette pince était laissée en place après la résection du kyste et enlevée au bout de quelques jours.

Avec le temps, on abandonna cette technique — compliquée si le pédicule était court — , en faveur des ligatures à la soie et au catgut.

extériorisation du pédicule ovarien

Voici quelques protocoles de chirurgie gyncologique.

Date: *25 septembre 1880*   Cas: *ovariotomie*   Chirurgien: *docteur Hingston*

« R.-C., patiente âgée de trente-neuf ans, résidant à Cascapédia, Baie des Chaleurs, entra à l'Hôtel-Dieu le 5 septembre, et fut opérée le 25 du même mois pour kystes des deux ovaires. Le kyste de l'ovaire droit était partout adhérent au péritoine et le gauche était libre. Vu la grosseur du kyste droit, qui était presque tout solide, il fallut faire l'ouverture depuis l'appendice xiphoïde jusqu'au pubis. L'opération dura trois heures et demie. La tumeur pesait, liquide et solide, quarante livres. Le docteur Hingston était assisté par les docteurs Brunelle et Piché et tous les professeurs de l'École de médecine, ainsi que plusieurs autres médecins étrangers et beaucoup d'étudiants étaient présents. Elle sortit guérie. »

Date: *21 octobre 1880*   Cas: *ovariotomie*   Chirurgien: *docteur Hingston*

« J.L., patiente âgée de trente-deux ans, demeurant à Saint-Rémi, opérée le 22 octobre à l'Hôtel-Dieu pour kyste de l'ovaire droit qui avait commencé à se développer depuis trois ans. Avant l'opération, le corps de la patiente mesurait quarante-quatre pouces de circonférence vis-à-vis de l'ombilic. L'ovariotomie fut faite par le docteur Hingston assisté des docteurs Brunelle et Beaudry. L'incision pratiquée à travers les parois abdominales mesurait quatre pouces de longueur. Tous les professeurs de l'École de médecine et plusieurs médecins étrangers assistaient à cette séance chirurgicale qui eut pour résultat d'enlever un kyste plein de liquide, pesant cinquante livres. »

Le protocole ne mentionne pas si la patiente a survécu ou non.

Date: *17 novembre 1880*   Cas: *polype utérin*   Chirurgien: *docteur
Hingston*

« R.S., patiente âgée de cinquante et un ans, séjournant aux Trois-Rivières, entra à l'Hôtel-Dieu le 13 novembre, et fut opérée le 17 pour polype fibreux (fibrome) adhérant au fond de l'utérus. Le col fut dilaté au moyen de laminaire, ensuite le docteur saisit la tumeur avec la céphalotribe et, tout en faisant de fortes tractions, la dégagea des parois de l'utérus avec ses propres doigts. Les tractions furent si fortes qu'il y eut même chute de l'utérus, mais il fut réduit aussitôt. La malade partit guérie. »

Il s'agissait probablement d'un fibrome sous-muqueux, et l'on craignait toujours l'hystérectomie abdominale.

On note aussi un cas d'épithélioma traité par le docteur Hingston en novembre 1880, chez une femme de soixante ans. La tumeur avait envahi la partie interne de la grande lèvre gauche, après avoir rongé une partie de la petite lèvre. Hingston en fit l'ablation avec succès. Ce devait être la première vulvectomie non radicale et probablement non curative pratiquée à l'Hôtel-Dieu de Montréal.

Date: *11 décembre 1880*   Cas: *ovariotomie*   Chirurgien: *docteur
Hingston*

« D.J., patiente âgée de cinquante-six ans, demeurant à Montréal, entrée le 10 décembre à l'Hôtel-Dieu, fut opérée le 11 pour kyste de l'ovaire droit. La malade, qui était d'une grande faiblesse, avait de l'oedème aux jambes et même sur le bas de l'abdomen, et ses

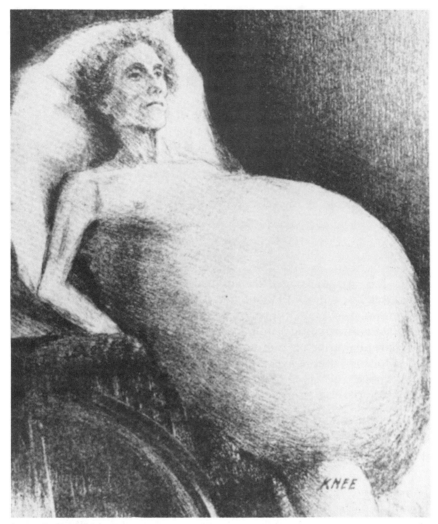

kyste de l'ovaire

urines contenaient de l'albumine en assez grande quantité. Cependant, avec un traitement médical, l'albumine et l'oedème disparurent, et la malade reprit un peu de force. Pendant tout ce temps, elle ne cessait de demander à être opérée « coûte que coûte » et ses parents le désiraient aussi. Ce n'est que le 11 décembre que le docteur Hingston consentit à l'opérer pour condescendre à ses désirs. En conséquence, l'habile docteur, assisté des docteurs Piché et Brunelle, fit à la malade une incision s'étendant depuis le pubis jusqu'à deux pouces au-dessus de l'ombilic. La tumeur était partout adhérente, mais sur-

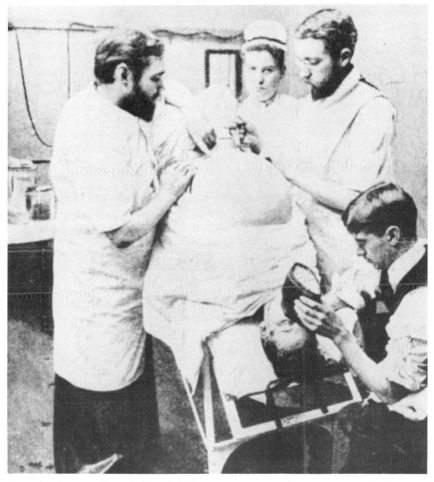

laparotomie en position de Trendelenburg

tout à la partie antérieure, où plusieurs ponctions avaient été faites depuis un an; une anse du côlon ascendant était prise entre deux lobes qui s'étaient réunis et changés en cartilage. La tumeur était semi-cartilagineuse et contenait très peu de liquide, sa pesanteur était de quinze livres. L'opération dura deux heures, et la malade, condamnée d'avance, succomba trois heures après l'opération. »

Aussi invraisemblable que cela puisse paraître aujourd'hui, certains médecins prenaient l'initiative — et le risque — de pratiquer des laparotomies à domicile, même jusqu'au début du xxᵉ siècle. Le Docteur P.-E. Senécal de l'Hôtel-Dieu racontait avoir pratiqué des appendicectomies d'urgence, dans des maisons privées jusqu'au dans les années 1920. Évidemment, la plupart de ces interventions hasardeuses avaient lieu dans des paroisses éloignées des grands centres.

Voici un cas intéressant d'ovariectomie pratiquée sur une quelconque table de cuisine par le docteur D. Marcil de Saint-Eustache et rapporté dans *l'Union médicale* en 1881.

« *Opération*. Comme ce n'est pas une clinique que j'ai la prétention de vous donner sur cette importante question chirurgicale, mais d'en faire un rapport que j'ai préparé à la demande de quelques membres de la Société Médicale, je m'abstiendrai de décrire minutieusement le mode opératoire que j'ai suivi; je ne vous en décrirai que les particularités importantes. Cette opération a été trop bien décrite dans les ouvrages didactiques par Koeberlé, Spencer, Wells, Pean, Bilroth et d'autres grands maîtres qu'il serait fastidieux d'en entreprendre une nouvelle description devant une société de médecins dont j'ai appris à respecter depuis longtemps la science et les talents.

« Et d'abord, inutile de dire que la malade fut profondément anesthésiée. En ouvrant l'abdomen, au lieu d'élection, entre l'ombilic et le pubis sur la ligne blanche, j'incisai juste sur une adhérence très résistante qui réunissait intimement un énorme kyste au péritoine. La paroi abdominale était légèrement infiltrée. J'essayai de vaincre cette adhérence, mais l'obstacle était tel que je craignis de faire fausse route entre le facias transversal et le péritoine et je me souvins que Hutchinson appelle l'attention sur la *difficulté spéciale* que présentent les adhérences antérieures: « on peut, dit-il, avoir beaucoup de peine à reconnaître les limites du kyste. L'opérateur peut prendre l'espace celluleux qui se trouve entre le *fascia transversalis* et le péritoine pariétal pour celui qui existe entre le péritoine et le kyste. Cette erreur, si elle n'est pas reconnue promptement, peut causer des dangers. En cherchant à éviter cet écueil, le chirurgien peut tomber dans un autre, et peut retrancher le péritoine viscéral du kyste; dans un grand nombre de cas, l'extérieur du kyste, séparé du péritoine, est poli, blanc et brillant, les adhérences sont celluleuses et faciles à déchirer, de sorte que rien n'indique au chirurgien son erreur. Un moyen, ajoute-t-il, d'écarter le risque de ces deux erreurs, c'est d'agrandir la plaie en haut jusqu'à ce qu'on arrive à un point où il n'existe plus d'adhérences. Quand le doigt de l'opérateur a touché l'intestin, il sait où il est, et peut rompre les adhérences sans crainte de se tromper ».

« Le moyen d'écarter la difficulté, recommandé par Hutchinson, était inapplicable ici, puisque la tumeur remontait jusqu'à l'appendice xiphoïde et adhérait au foie, aux ligaments ronds et larges, à l'estomac, au côlon transverse, à toute l'étendue du grand épiploon et à toute la paroi abdominale jusque près de la région pubienne. J'aurais cherché vainement la cavité péritonéale et l'intestin en haut. Aussi je ne songeai pas à attaquer mon ennemi par cet endroit. Je prolongeai mon incision jusqu'à quelques centimètres du pubis, ne m'inquiétant pas de la vessie que je savais vide. En atteignant cette région, j'eus le bonheur de tomber sur la cavité péritonéale. Le grand kyste, qui se trouvait en vue, fut perforé avec le trocart de Spencer Welles et donna vingt-sept livres de liquide trouble. Six autres kystes, à base charnue, fibreuse, les uns du volume du poing, les autres de la grosseur d'une tête de foetus à terme, qui avaient proliféré vers le centre du grand kyste, contenaient des liquides et des substances divers.

« Je ne rencontrai point de difficultés bien grandes à défaire les adhérences. Je fus cependant obligé de recourir au scalpel et au ciseau pour diviser quelques bandes fibreuses trop résistantes pour céder au travail purement manuel. Aucune de ces bandes fibreuses ne renfermait de vaisseaux sanguins importants.

« Comme je l'ai dit, l'épiploon était adhérent dans toute son étendue avec la face postérieure de la tumeur. Je l'en séparai avec beaucoup de précaution. La moitié inférieure de cette membrane était tellement altérée et ramollie que la moindre traction la déchirait. Enfin j'arrivais sans accident au terme de l'opération qui a duré une heure et demie. La tumeur sortie du ventre, je procédai à la ligature du pédicule. Ce pédicule ne mesurait qu'environ deux pouces de longueur par un pouce de diamètre. Trop court pour être saisi et maintenu au dehors par le clam sans être fortement tiraillé, et trop gros pour être ligaturé en masse, j'en fis la ligature perdue et partielle. Je le transfixai vers son milieu avec l'aiguille de Savigny chargée d'une ficelle de fouet, en évitant soigneusement de perforer ses vaisseaux, et je liai fermenent ses deux moitiés; puis j'enlevai la tumeur par un dernier coup de scalpel appliqué à environ trois quarts de pouce au-dessus de la ligature.

« L'épiploon, comme je viens de vous le dire, était tellement altéré et ramolli qu'il eut été plus qu'imprudent de le laisser intégralement dans l'abdomen. Je le sortis du ventre et l'étalai sur une serviette bien blanche préalablement étendue sur la région épigastrique. Je ligaturai, avec de la soie bien fine, tous les vaisseaux de quelque dimension appréciable vers la partie moyenne et transversale de cette membrane et j'en enlevai la moitié inférieure.

« Après m'être attentivement assuré que cette moitié restante était relativement saine et qu'il ne s'en écoulait pas une seule goutte de sang, je l'étendis sur les intestins et je continuai la toilette de l'abdomen.

« Cette toilette est d'une importance majeure: une condition *sine qua non* de succès dans cette grande et périlleuse opération. Tout l'intérieur de l'abdomen doit attirer l'attention sérieuse de l'opérateur; le moindre suintement de sang doit être contrôlé. La toilette du cul-de-sac de Douglass doit être particulièrement *soignée*. La moindre négligence dans ce pansement de l'intérieur du ventre peut avoir des conséquences fatales. Il est donc du devoir du chirurgien d'être très particulier dans ces détails délicats de l'opération.

« Certains spécialistes attachent de l'importance à la cautérisation, par le fer rouge, de l'extrémité du pédicule à ligature perdue ou à sa dessication par le perchlorure de fer en poudre. Ce moyen me répugne, je ne l'aime pas.

« Notre thermo-cautère était prêt et je ne voulus cependant pas m'en servir parce que je ne crois pas aux avantages des escharres dans le ventre. Ces cautérisations peuvent devenir des centres d'inflammation, de gangrène et de suppuration, et avoir des conséquences désastreuses. Ce moyen, il est vrai, a souvent été mis en application, et les opérées n'en sont pas moins arrivées à la guérison; celles qui n'ont pas été cautérisées ont guéri également. Laissez-moi vous dire franchement que, pour moi, c'est un *post hoc* qui ne m'inspire pas une confiance solide dans le *proter hoc*.

« Je soulevai ensuite l'utérus à la hauteur du détroit supérieur pour constater *de visu*, avec les six médecins qui m'avaient fait l'honneur et rendu le service de m'assister dans cette belle et grande opération, que cet organe était parfaitement sain et qu'il n'avait jamais servi de territoire aux empiètements d'un *néoplasme cancéreux*.

« *Suture*: Je suturai la plaie abdominale suivant la méthode de Spencer Wells, avec cette différence qu'au lieu de placer les sutures profondes à une distance seulement de 13 millimètres l'une de l'autre, je les éloignai d'un centimètre et demi et je fis une suture cutanée intermédiaire. Par les sutures profondes, je compris le péritoine et toute l'épaisseur de la paroi abdominale. Koeberlé n'intéresse point le péritoine dans sa manière de suturer; il semble donner une certaine importance à cette précaution. Il ne m'appartient pas de hasarder un jugement sur le *modus operandi* et les spéculations théoriques de ces illustres maîtres. Je me contente de les admirer et je m'efforce de mettre en pratique leur brillant enseignement. Cette suture n'a été pour moi qu'une question d'option. Cependant je dois dire que je préfère un bon fil de chanvre bien ciré au fil d'argent parce qu'il est aussi solide que ce dernier et plus aisé à enlever lorsque la plaie est parfaitement réunie; ce qui a lieu, à moins d'accidents, vers le septième ou huitième jour.

« *Pansement*: Un morceau de lin placé sur la plaie; deux coussins de ouate épais d'un centimètre recouvrant tout l'abdomen, et une bande de flanelle forte assez longue pour faire deux fois le tour du corps et solidement fixée avec des épingles font tous les frais du premier pansement; puis la malade est reportée dans son lit. Je ne partage pas l'opinion des chirurgiens qui veulent que la malade subisse cette opération dans son lit afin d'éviter les déplacements. Ce déplacement ne comporte aucune objection sérieuse s'il est conduit d'une manière intelligente; tandis que le lit ordinaire en est une formelle pour moi, à moins qu'il n'ait été construit en prévision d'ovariotomie, ce qui n'est pas probable, on le sait.

« Les deux premiers jours après l'opération, j'ordonnai pour toute nourriture le lait à la glace. Maintenant je lui fais prendre le lait sans glace et du thé de bœuf. Elle use de cette nourriture à discrétion jusqu'au septième jour; puis elle revient insensiblement à son régime habituel. Il est important après cette opération, comme après toutes les grandes opérations, que les malades ne soient point soumis à une diète sévère mais qu'ils soient soutenus par une nourriture substantielle et non stimulante.

« J'enlevai les sutures profondes et cutanées le huitième jour. La plaie était solidement réunie, sauf la peau dans une étendue de deux pouces au milieu de la plaie, qui ne l'était pas. Il y avait à cet endroit une légère suppuration. Je fis laver cette solution de continuité avec l'eau d'épinette rouge qui, dans mon opinion, est un précieux détersif. Cette eau d'épinette jouit, à juste titre, d'une grande réputation dans nos campagnes canadiennes et dans nos chantiers. Dans les chantiers de l'Ottawa et de ses tributaires, les bûcherons qui sont si exposés à se faire de graves blessures se dispensent assez facilement des services du médecin. L'écorce d'épinette bien pilée leur sert de charpie, et la décoction de cette même écorce leur fournit l'eau pour le lavage de leurs plaies. Ce pansement est très efficace et, dans mon opinion, supérieur à l'alcool camphré et à l'eau phéniquée dont l'odeur est repoussante, tandis que l'eau d'épinette a une odeur très agréable.

« Huit jours plus tard, c'est-à-dire quinze jours après l'opération, mon opérée était complètement guérie, quoique je lui avais fait une incision de 33 centimètres à la paroi abdominale. »

143

Hystérectomie

La pratique de l'hystérectomie fut encore plus lente à s'imposer que celle de l'ovariectomie. D'abord, la correction chirurgicale des prolapsus commença par un cloisonnement du vagin (opération de Lefort). On en vint graduellement à l'amputation du col de l'utérus qui s'extériorisait et enfin, beaucoup plus tard, on osa pratiquer l'hystérectomie vaginale. Cependant, soucieux d'éviter les ligatures dont ils gardaient une crainte excessive, les praticiens assuraient l'hémostase par des pinces à demeure dont ils enlevaient les manches détachables, laissant à l'intérieur du corps les mors qu'ils extrayaient quelques jours après. L'entérocèle qui s'ensuivait inévitablement fit bientôt abandonner cette opération qui ne sera réhabilitée qu'à la fin du siècle, lorsqu'on saura rapprocher solidement les structures anatomiques.

Quant à l'hystérectomie abdominale, elle n'était tentée qu'en désespoir de cause, dans les cas de cancers avancés, et elle s'avérait mortelle dans la plupart des cas. On ne s'étonne donc pas qu'en présence de fibromes utérins, certains chirurgiens aient cherché à contourner le problème, en pratiquant une ovariectomie bilatérale: la castration provoquait alors une régression des fibromes. C'est le docteur Oliver Wendell Holmes qui, en 1876 aux États-Unis, eut le premier l'idée de l'ovariectomie bilatérale. D'autres se rallièrent à sa pensée, comme Hegar en Allemagne et Lawson-Tait en Angleterre, prétendant qu'il serait toujours temps de pratiquer une hystérectomie si la castration ne réussissait pas.

En ce qui concerne les praticiens de l'Hôtel-Dieu, il semble que la méthode de la castration n'ait jamais été très en vogue dans leurs rangs, comme mode de traitement des fibromes utérins, car on ne la retrouve pas, comme telle, dans les protocoles.

La première hystérectomie apparaissant dans les registres de l'Hôtel-Dieu date d'avril 1874 et fut réalisée par le docteur Rottot, assisté des docteurs W. H. Hingston et A.-T. Brosseau. Malheureusement, après l'ablation de l'utérus et des ovaires, une péritonite devait emporter la patiente âgée d'à peine trente ans.

On comprend que l'hystérectomie ait eu plutôt mauvaise réputation à l'époque. Même S. Pozzi la dénigrait comme le triste produit d'erreurs de diagnostic. « Après une laparotomie pour enlever une tumeur présumée ovarienne, il est arrivé à des chirurgiens de se trouver en présence des fibromes utérins. Les premiers qui commirent cette méprise reculèrent devant les dangers d'une opération inconnue et se hâtèrent de refermer l'abdomen. Quelques chirurgiens plus hardis firent des énucléations ou sectionnèrent des fibromes pédiculés. D'autres encore plus hardis tentèrent une hystérectomie subtotale, mais le taux de mortalité était excessif à cause de l'hémostase imparfaite que donnait une ligature en masse au lieu de ligatures séparées des pédicules, et à cause de l'absence d'asepsie et des péritonites secondaires. »

L'hystérectomie abdominale était si sévèrement jugée que certains chirurgiens audacieux, dans les cas de cancers, préféraient la voie vaginale. Il fallait pourtant être très habile pour enlever, par le bas, des utérus non prolabés et dont le volume avait terriblement augmenté.

C'est seulement en 1869, que Pean, suivant l'exemple de Koeberlé de Strasbourg, procéda à sa première hystérectomie subtotale. On redoutait tellement les infections et les hémorragies post-opératoires, qu'on suturait le péritoine autour du col restant, pour rendre ce dernier extra-péritonéal.

Les rares hystérectomies pratiquées dans la dernière partie du XIXᵉ siècle étaient presque toutes subtotales. Pour les chirurgiens de l'époque, l'hystérectomie totale comportait des dangers additionnels graves, comme la blessure des uretères et l'ouverture d'un vagin septique.

Césarienne

L'opération césarienne n'était presque jamais pratiquée, car elle était habituellement fatale pour la parturiente. Dans les cas de dystocie grave, pour sauver la mère, on sacrifiait l'enfant en broyant le crâne à l'aide d'un cranioclaste. Ce n'est qu'en 1882 que, suite aux succès et aux publications de Max Sanger, la césarienne prit lentement son essor.

Pour illustrer l'état d'esprit des médecins d'alors face à une dystocie grave, citons cet exemple humoristique rapporté par le Docteur Frank:

« C'était en 1890. Il n'y avait pas bien longtemps que le Dʳ Armand Hudon avait fixé son enseigne sur une petite maison de la rue St-Urbain, pas bien loin de l'Hôtel-Dieu où il venait de terminer son internat, lorsqu'un beau jour, passant par là, je l'aperçus qui se rendait chez lui.

– Tiens! s'écria-t-il en m'apercevant; tu arrives bien, entre chez moi, j'ai quelque chose d'épatant à te raconter.

Et, sans attendre ma réponse, il m'entraîne chez lui, prends mon chapeau, me présente une chaise, m'offre un cigare et, sans autre introduction, commence:

– J'arrive de X où j'ai été appelé en consultation. Un cas sérieux, opération césarienne, j'te dis que je suis en train de devenir un chirurgien célèbre.

– Une opération césarienne! tu l'as faite et tu l'as réussie?

– T'es fou! tu sais bien qu'on ne réussit pas une opération césarienne et, d'ailleurs, ne te rappelles-tu pas que notre professeur de gynécologie nous disait que depuis un demi siècle, en France, pas une seule patiente n'a survécu à l'opération césarienne?

– Mais alors, ta consultation, ta réputation en perspective de célébrité chirurgicale, ta…

– Ah! donne-moi donc la temps de m'expliquer. C'est précisément en ne la faisant pas, cette opération, que je me fais une réputation. Écoute! La semaine dernière, j'arrive à X., ce grand village des Cantons de l'Est où j'ai l'habitude de passer mes vacances. Après le diner, je m'empresse d'aller rendre visite au Docteur B., un vieil ami à moi — . Justement comme j'arrive chez lui, le docteur se préparait à sauter dans sa voiture et, en m'apercevant, il m'invite à l'accompagner.

– Je suis appelé en consultation, dit-il, par le docteur A. de St-P.: ce n'est qu'à quatre milles d'ici. En route, nous causerons.

– Pardieu! tu feras partie de la consultation: tu es frais sorti de l'Hôtel-Dieu, nous aurons besoin de tes lumières. Cette distribution de mes lumières, comme cela, en pays étranger, ne me souriait guère, mais il était trop tard pour regimber, et j'y allai. Enfin nous arrivons à St-P. où, après informations prises, nous débarquons chez M. un Tel. Le docteur A. nous mit au courant de la maladie de sa patiente.

– C'est, nous expliqua-t-il, une femme arrivée au terme de sa grossesse et dont le bassin vicié ne présente pas l'ouverture nécessaire au détroit supérieur pour laisser passer la tête du foetus, laquelle présente un plus grand diamètre.

– Rien ne pouvait me faire prévoir, remarque le D^r. A., qu'il existait chez ma patiente un vice de formation du bassin, autrement j'aurais pu provoquer un accouchement prématuré; maintenant il ne nous reste qu'à choisir entre des extrémités également fâcheuses:

diminuer le volume de l'enfant, agrandir la voie qu'il doit parcourir, ou bien lui frayer un voie nouvelle. Diminuer le volume de l'enfant, c'est pratiquer la céphalotomie; c'est sacrifier le pauvre petit être. Agrandir la voie qu'il doit parcourir, c'est pratiquer la symphyséo-tomie, c'est-à-dire la section des ligaments qui réunissent les pubis en avant du détroit supérieur du bassin. Frayer à l'enfant une voie nouvelle, c'est pratiquer l'opération césarienne, l'une des plus dan-gereuses de la chirurgie. À quel parti devons-nous nous arrêter? Quel-le est celle des trois opérations qui présente le plus de chances de succès? Avant de décider, cependant, je vous avouerai sincèrement que, bien que connaissant en théorie ces trois opérations, je n'ai jamais eu l'occasion de les faire moi-même et que leur technique m'est tout à fait inconnue.

– Je réalise combien est pénible pour nous la triste alternative de faire un choix entre trois procédés également répugnants, répondit le docteur B. et je dois avouer que je n'ai pas plus d'espérience dans ces trois opérations que notre confrère le Docteur A.

– Je compte donc beaucoup sur les lumières de notre confrère, le docteur Hudon qui, après avoir passé un an comme interne à l'Hôtel-Dieu, doit être en mesure de nous fournir une aide précieuse en cette occasion. Je réalise cependant combien il est dangereux d'a-termoyer et combien il est facile de compromettre le succès de l'o-pération par une expectative inopportune; décidons donc laquelle des trois opérations nous devons choisir et mettons-nous à l'œuvre im-médiatement.

Pendant que mes deux confrères discouraient sur le choix de l'opération et s'arrangeaient de façon à me charger de toute la res-ponsabilité, je repassais en ma mémoire la technique de chacune d'elles, car je voyais bien qu'il me fallait marcher ou bien admettre mon ignorance et me retirer — je n'avais jamais vu faire l'opération césarienne ni la symphyséotomie — mais j'avais déjà assisté à une céphalotomie. J'optai donc pour cette dernière et, afin de décider mes confrères à se ranger à mon opinion, et, j'avouerai aussi, afin de faire un peu d'effet vis-à-vis du mari de la patiente qui venait de se joindre à nous, je leur dis: « Messieurs, nous devons décider d'une manière ou d'une autre immédiatement; s'il reste quelque chance de vie pour la mère et pour l'enfant, nous ne devons pas attendre que la prolon-gation du travail ait compromis leur vitalité; nous ne devons pas attendre que les forces de la mère soient épuisées; je suis d'avis que nous devons faire une céphalotomie et la faire immédiatement, mais avant, laissez-moi vous rappeler le mot de Napoléon 1er au moment où l'impératrice accouchait; il pourra vous servir de conduite dans le cas présent.

– Un moment on crut que l'accouchement de Marie-Louise ne pourrait s'effectuer. Le chirurgien Antoine Dubois manifesta son inquiétude et fit part de ses craintes et de ses perplexités à l'empereur. Napoléon attendait bien impatiemment l'héritier de sa couronne. Au milieu de ces cruelles circonstances il n'hésite pas un instant et, d'une voix brève et impérative, il dit au chirurgien « Sauvez la mère ». Heureusement, un succès complet couronna l'adresse de l'accoucheur et tout fut sauvé.

– Et moi, reprit le mari, je dis, avec Napoléon: « Sauvez la mère ».

Mes deux confrères furent de mon avis aussi et l'on se préparait à entrer dans la maison pour l'opération lorsque la sœur de la patiente vint nous trouver et dit au docteur A.: Voici « La Loutre » qui s'en vient; si on lui demandait de venir examiner ma sœur?

– C'est une idée, répondit le Dr A. et, en s'adressant au docteur B. et à moi: « Voyez-vous la personne qui monte la côte »? C'est une sauvagesse de la réserve située à quelques milles en arrière du village; elle a une grande réputation de magicienne et de doctoresse. Si vous n'avez aucune objection, nous l'inviterons à voir notre malade; cela ne fera de mal à personne et, vous savez: « nécessité oblige ».

Comme le mari et les docteurs A. et B. semblaient anxieux de demander une consultation à « La Loutre », dès que cette dernière passa vis-à-vis la maison, le docteur A. l'invita à entrer. Elle ne se fit pas prier; elle entra avec nous dans la chambre de la malade, s'arrêta à quelques pieds du lit, fixa d'un regard inquisiteur la malade, épuisée par plusieurs heures d'un labeur infructueux, demeura immobile et comme dans une transe pendant une dizaine de minutes; puis, choisissant le moment le plus favorable, celui où la malade, saisissant un regain d'énergie, fait de nouveaux et suprêmes efforts pour expulser le foetus, la sauvagesse s'approche doucement du lit et fait prendre à la patiente, per nares, une grosse prise de tabac. Ce geste donna lieu à un formidable éternuement, puis à un second encore plus formidable, suivi immédiatement de l'expulsion du foetus...

Tandis que « La Loutre » sortait silencieusement de l'appartement et de la maison, le docteur A., après avoir coupé le cordon ombilical et donné l'enfant aux soins de la sœur de la patiente, s'occupa de la mère. Au milieu de l'excitation générale, nous pûmes, le docteur B. et moi, nous retirer sans déranger personne... »

Chapitre 12

L'HÔTEL-DIEU, CENTRE HOSPITALIER UNIVERSITAIRE (CHU) en 1875

En 1875, la Corporation de l'École de médecine et de chirurgie de Montréal réalise enfin son rêve le plus cher, de construire une nouvelle école qui contribuera à favoriser l'essor de l'enseignement médical. Elle sera érigée avenue des Pins, en face de l'Hôtel-Dieu, et remplira le rôle de Centre hospitalier universitaire (CHU).

Dans le but de financer la construction de cette nouvelle école, la Corporation devra contracter un emprunt de 25 000$ auprès des religieuses hospitalières de Saint-Joseph, dont chaque professeur endossera personnellement une part de responsabilité. C'est là une rare démonstration de solidarité professionnelle.

Voici un extrait de l'allocution du docteur Théo d'Odet d'Orsonnens annonçant la bonne nouvelle à l'ouverture des cours, l'année précédente.

« J'ai une nouvelle agréable à vous annoncer, nous aussi nous allons avoir bientôt un édifice, et un bel édifice, pour notre université, grâce au généreux concours des révérendes dames de l'Hôtel-Dieu qui, outre l'argent nécessaire pour le bâtir, nous laissent encore avoir un vaste et magnifique terrain vis-à-vis de la porte d'entrée de leur hôpital. Nous allons de suite nous occuper à faire construire sur les plans les plus convenables une maison digne enfin de l'Institut, que notre travail et nos sacrifices pendant plus de vingt-cinq ans semblent enfin avoir assise sur des bases stables et solides! Alors fixés d'une manière permanente, il ne nous restera plus qu'à remonter notre laboratoire, notre cabinet de physique et notre bibliothèque; après le pas immense que nous venons de faire, la chose me paraît facile et le succès assuré! Par ce voisinage immédiat avec l'Hôtel-Dieu, notre école ne sera-t-elle pas, sous ce rapport, beaucoup plus privilégiée qu'aucune autre? N'ayant que la rue à traverser, quelle facilité pour vous montrer à tout instant du jour ou de la soirée les cas de chirurgie ou de pathologie les plus importants. Quelle facilité encore pour l'anatomie pathologique!! Et ces avantages sont d'autant plus certains que maintenant il y aura toujours un médecin interne à l'Hôtel-Dieu qui pourra et devra nous avertir au moment voulu.

« On y fait aussi maintenant beaucoup plus d'anatomie pathologique et un très grand nombre d'opérations, ce qui est dû à ce que toutes les campagnes environnantes et même les plus éloignées dirigent leurs malades sur l'Hôtel-Dieu pour y consulter et s'y faire opérer, et cet établissement vous est aussi ouvert toute l'année. Vous y aurez donc continuellement de magnifiques cliniques médicales et chirurgicales, et seuls les élèves de notre école ont droit d'y avoir accès! C'est cet avantage qui, joint à un enseignement tout à fait pratique, rend les élèves de cette école généralement si capables. En effet, l'excellence de l'éducation médicale puisée dans notre maison a été bien prouvée, tout le temps de nos luttes avec les universités Laval et McGill, car alors nos élèves « seuls » avaient à subir leur examen devant un bureau composé principalement des professeurs de ces mêmes universités, et toujours on les a vus sortir avec honneur de cette épreuve, souvent même forcer leurs examinateurs à féliciter et complimenter de ce succès les quelques-uns de nos professeurs qui pouvaient aussi se trouver sur ce même bureau! Et fait remarquable que je me plais à répéter, jamais dans cette circonstance un seul de nos élèves y a été renvoyé! Quel beau résultat![91] »

Le ton enthousiaste du docteur d'Odet d'Orsonnens n'a rien de surprenant, quand on songe aux luttes incessantes que les praticiens de l'Hôtel-Dieu durent mener, pendant plusieurs décennies, pour faire accepter de façon officielle une école de médecine francophone à Montréal.

De plus, le corps professoral allait être, en effet, remarquable, avec dans ses rangs, les docteurs Munro et Hingston, pour l'enseignement de la chirurgie.

Voici d'ailleurs ce qu'écrivait E.-J. Kennedy, au sujet de l'approche pédagogique du docteur Hingston:

« L'amphithéâtre de l'Hôtel-Dieu était le lieu de prédilection du docteur Hingston. Il n'avait de plus vif plaisir que de se trouver au milieu des étudiants. Sa méthode d'enseignement est celle qu'on voit pratiquée dans les pays d'outre-Rhin.

« À l'assistance nombreuse, trois élèves sont appelés à tour de rôle pour faire le diagnostic du cas. Chaque examen est critiqué en détail et le maître donne les explications selon le cas. Il insistait surtout pour que l'élève fit l'application de ses connaissances médicales par l'entraînement des yeux et du sens tactile[92]. »

Le constant professionnalisme du docteur Hingston semble d'ailleurs faire l'unanimité, dans l'histoire de son passage à l'Hôtel-Dieu de Montréal, et le docteur Eugène Saint-Jacques, dans le récit de ses souvenirs, ne tarit pas d'éloges à son égard, sauf peut-être qu'il « regrette seulement qu'à la fin de sa vie, il n'ait pas accepté les enseignements de la bactériologie avec les obligations pratiques qu'elle imposait »[93].

L'engagement d'Hingston n'était pas seulement médical, mais aussi social et politique. C'est ainsi qu'en 1875, il allait être élu maire de Montréal. Voici un commentaire de *l'Union médicale* à ce sujet:

« Le lundi, 8 mars, a eu lieu l'installation de M. le Dr Hingston, comme premier magistrat de la cité avec les cérémonies ordinaires.

« Le nouveau Maire a prononcé à cette occasion un discours remarquable, surtout par les suggestions qu'il contient pour améliorer la condition sanitaire de la ville.

« Après avoir remercié ses concitoyens de l'avoir appelé à l'honneur de les représenter, et après avoir fait mention de l'état satisfaisant des finances de la ville, M. le Dr Hingston, passant à la question sanitaire, constate que la moyenne de la mortalité dans Montréal, de 35 à 42 par 1000, est plus grande qu'à New-York, Baltimore, Cincinnati, Chicago, St.Louis, Nouvelle-Orléans, Toronto, Québec, Halifax, plus grande enfin que dans n'importe quelle ville de l'Amérique du

Nord, quoique Montréal soit située plus favorablement à plusieurs points de vue que le sont ces villes.

« À quoi doit-on attribuer ce résultat? Les causes de cette grande mortalité sont nombreuses, quelques-unes d'elles sont communes à la plupart des villes, tandis que d'autres nous sont propres. L'orateur condamne le système d'ériger des logements dans les cours et demande une loi pour empêcher de couvrir ainsi tous les terrains de maisons. Il arrive ensuite à l'épineuse question de la vaccination. « Si la science, dit-il, a décidé quelque chose en médecine, elle s'est certainement prononcée d'une manière définitive en faveur de cette pratique. Mais « les docteurs diffèrent » est un vieil aphorisme et une partie des citoyens de Montréal ont été élevés dans l'incrédulité des bons effets de la vaccine, dans la croyance en ses mauvais effets. »

« Je désire attirer votre attention sur un fait palpitant d'intérêt. Il y a eu 981 décès par la variole durant l'année dernière. Sur ce nombre on en compte 953 parmi la population catholique et parmi les Canadiens français. Cela est dû, je ne crains pas de le dire, au fait que les Canadiens français suivent en grand nombre la doctrine de leurs compatriotes qui écrivent contre la vaccine, et ne permettent pas de vacciner leurs enfants, tandis que les Anglais les font tous vacciner et souvent même, précisément pour prévenir les ravages de l'épidémie. Quelle est la conclusion à tirer de ce que je viens de dire? »

L'orateur examine ensuite le système suivi pour égoûter la ville qu'il trouve « faux dans le plan et faux dans sa construction, comme le démontre le rapport de l'ingénieur de la cité, cette question exige une solution immédiate, si l'on tient à conserver la réputation de la ville et la vie des citoyens. »

M. le Maire fait des observations judicieuses sur ce sujet, et suggère de construire un vaste égoût traversant la ville et les faubourgs; tous les égoûts de la ville pourraient aboutir dans cette grande artère, mais aucun d'eux ne devrait se déverser dans le fleuve, en face de la ville. Les finances de la cité se ressentiraient de cette amélioration, car, comme le dit Franklin, « la santé publique est aussi la richesse publique ».

M. Hingston termine en disant qu'il fera tout en son pouvoir pour améliorer l'état sanitaire de la ville[94].

Durant son mandat, il eut à faire face à une grave crise financière et à un taux très élevé de chômage. Pour procurer du travail à la population, il conçut le projet d'exproprier, en partie, les fermes qui s'étendaient jusque sur le Mont-Royal et de transformer la montagne en un parc qui deviendra une attraction exceptionnelle pour la ville. À sa suggestion, on engagea M. Frederic Law Olmstead, un Américain qui avait tracé le Central Park de New-York, et on mit les hommes à l'œuvre à raison de 0.65$ par jour et 1.25$ s'ils fournissaient un cheval. Voici le récit de ces événements par Edgar Andrew Collard :

« It was in the winter of 1875-76. There was much unemployment and much suffering. A crowd of unemployed, demanding bread marched on the City Hall, where they had smashed the windows a few months before. The Riot Act was about to be read. The Mayor's deputy, holding the Riot Act in his shaking hands, was in the act of going out on the steps to read it to the crowd.

« At that moment Dr Hingston arrived on the scene. The deputy at once said: « Here, take this, Mr Mayor, and read it, so that we may then lawfully give orders for the police to fire, before the building is invaded ». He tried to thrust the paper into the mayor's hands.

Dr Hingston waved the paper, aside. « These men are not criminals », he said, « they are poor fellows whose families are starving. It is the bounden duty of our City Council to find them work ». Leaving the hall, he went out and showed himself before the angry crowd, fearless and sympathetic.

« There was an immediate silence. When he spoke, his words showed much understanding but no fear; and we read that before his voice had died away, the crowd had quietly dispersed. A few hundred remained in the neighborhood, who craved permission to accompany him home, to prevent, as they said, wicked persons doing him harm. The doctor thanked them warmly, but declined their protection as unnecessary, and drove home alone.

« There was a sequel to this action. He had pledged his word as mayor, and he intended that the city should honor it. Work was to be given and not a dole. The magnificent Mount-Royal Park of today may be considered, in a way, as a memorial to that near riot. Word was made for the unemployed in building the approaches and roads through the park, in cutting paths and in erecting shelters and a lookout, in planting shrubs and flower gardens.

« The city had thus kept faith with its unemployed citizens, and had relieved the distress without incurring a financial loss. Mount Royal Park became an asset to the city, a boon to its citizens and an attraction to tourists[95].

La réputation du docteur Hingston dépassait nos frontières et il fut appelé, en 1881 — avec les plus grands chirurgiens des États-Unis —, au chevet du président américain J.-A. Garfield, mortellement blessé par un assassin.

Anobli en 1896, il portera le titre de Sir William H. Hingston. Voici ce qu'écrit le docteur Saint-Jacques au sujet de cette éminence de la seconde moitié du XIXe siècle :

« Lettré et cultivé, il l'était comme il convenait aux maîtres de son époque. Il se réservait quelques instants chaque jour pour une lecture fructueuse, une annotation profitable, une méditation bienfaisante dans le calme de son cabinet.

« Nous aimons à nous rappeler cet Esculape si aristocratique, de manières si distinguées, tout aussi à l'aise quand il s'adressait aux humbles qu'à ceux qui affectaient le grand génie. Délicat à l'extrême avec ses patients, sympathique aux plaintes douloureuses. Sir William était adoré de ses malades[96]. »

Également fort respecté dans les milieux financiers, il fut président de la Banque d'Épargne et membre de nombreux clubs.

Il est décédé en 1907. Son fils Donald Hingston lui succéda à l'Hôtel-Dieu et fut chirurgien en chef jusqu'en 1950.

C'est en 1875 que l'Hôtel-Dieu embaucha son premier médecin résident. Cet événement est relaté dans cet article de *l'Union médicale du Canada* :

« M. le Dr Duval vient d'être attaché à l'Hôtel-Dieu comme médecin résident. À propos de cette nomination, nous allons reproduire l'extrait suivant de l'ouvrage du Dr Jaquemet sur les hôpitaux, il rend parfaitement notre pensée :

« Il nous paraît d'une importance capitale, dans toutes les grandes villes, de placer à la tête d'un grand hôpital, un médecin résident. Les grands centres de population voient à chaque instant du jour et de la nuit se produire les accidents les plus graves, réclamant à chaque instant l'intervention de l'art :

« Presque tous ces cas, dit une brochure bordelaise, sont les plus graves de la chirurgie, ceux surtout qui nécessitent le plus de coup d'œil, le plus de jugement et le plus de pratique. Il faut prendre sans pouvoir réfléchir longtemps, un parti dont dépend souvent la vie du malade ; c'est une hémorragie, c'est un de ces traumatismes comme

Docteur Donald Hingston, prof.

en produisent seuls les chemins de fer et l'explosion des armes à feu; c'est un croup, c'est un œdème de la glotte, c'est un corps étranger dans l'œsophage, dans le larynx, les minutes sont des heures, la mort est la conséquence du plus léger retard, l'opération est des plus émouvantes et des plus périlleuses. À côté de ces faits extrêmement graves se placent les fractures, les luxations, les grandes plaies, les hernies étranglées ou engouées, etc., etc., faits si nombreux que l'on ne peut à chaque instant faire venir le chirurgien en chef, faits qui nécessitent néanmoins une grande expérience, une grande habileté…

« Les règlements ont toujours prescrit d'envoyer chercher le chirurgien lorsqu'il y a une opération à faire. Mais le chirurgien n'est pas chez lui; il faut attendre, attendre encore. Il ne faut pas trop se hâter, mais en attendant trop, le malade peut mourir ou l'opération être faite dans des conditions défavorables! Si l'on pèche, il vaut donc mieux *pour le malade* pécher par excès de zèle que par excès d'hésitation et de timidité. Il n'est pas d'ailleurs fâcheux que le chirurgien en chef sache que le *chef interne* fera l'opération s'il ne se rend pas immédiatement à l'hôpital. Cette émulation, loin d'être un danger, est au contraire d'une grande utilité pour les malades.

« Le rôle du chef interne sera encore de maintenir la discipline parmi les élèves, d'assister les chirurgiens dans leurs opérations, de surveiller d'une manière générale tous les services, bref, de remplacer, pendant le temps qui s'écoule d'une visite à l'autre, les chefs de service et de les suppléer auprès des malades qui demandent des soins urgents.

« Nous nous permettrons d'ajouter, que le médecin interne doit aussi veiller à la statistique chirurgicale et médicale de l'hôpital et faire l'analyse des cas les plus intéressants; nous sommes persuadés que les lecteurs de l'*Union Médicale* ne seront pas les derniers à bénéficier, sous ce rapport, de la nomination de M. le Dr Duval à l'internat de l'Hôtel-Dieu.

Le docteur A.-S. Brunelle

La même année, l'Hôtel-Dieu enrichissait ses effectifs d'un autre jeune chirurgien, le docteur A.-S. Brunelle, gradué de l'École de médecine et de chirurgie de Montréal. Il avait suivi des cours de perfectionnement à New-York, Boston et Philadelphie, et étudié le fonctionnement des universités et des hôpitaux dans divers pays d'Europe (Irlande, Écosse, Angleterre, Allemagne, Autriche, France).

Docteur A.-S. Brunelle

Voici un portrait de ce jeune médecin, tracé par le docteur Frank:

« Cinq minutes après son arrivée à l'Hôtel-Dieu, tout le monde savait que le Dr Brunelle était là. Sa voix bruyante et rapide s'élevait en éclats intentionnels qui, le long des corridors et des salles, annonçaient sa visite. Sa démarche vive et assurée, ses attitudes de tête penchée, condescendantes aux patients et quelquefois taquines ou ironiques aux confrères; sa rudeur cassante enfin, qui, au commencement, avait dû être factice, mais qui, par habitude, était devenue naturelle, lui ont créé une personnalité bien tranchée qui, nous en sommes sûrs, ne sera jamais reproduite dans ses successeurs ou dans ses élèves. »

« Second chirurgien à l'Hôtel-Dieu, où pendant vingt-cinq années il assistait son maître le Dr Sir William Hingston, chirurgien en chef de l'hôpital, il brillait surtout par sa technique opératoire, si en vogue à cette époque. Assez réfractaire aux idées nouvelles, il faisait faire de l'antisepsie, sans pourtant y mettre lui-même une très forte conviction. Il était un des rares chirurgiens qui croient que le coup de couteau est le temps le moins important dans le traitement d'une affection chirurgicale.

« Le Dr Brunelle était un professeur paradoxal, ceux qui ont suivi ses cours peuvent se rappeler que, sur six mois de cours de chirurgie, il en passait deux ou trois à développer des théories sur l'inflammation. « Il y en a, disait-il, qui peuvent penser que je suis en dehors de mon cadre en vous entretenant de l'inflammation, détrompez-vous, messieurs, l'inflammation est présente dans 99 pour 100 des affections chirurgicales que vous avez à traiter, quand elle n'en est pas directement la cause; si l'inflammation, donc, venait à disparaître, le chirurgien s'effacerait avec elle, son rôle étant devenu nul ». Souvent aussi il répétait à ses élèves: « À côté de l'infiniment petit bacillaire, n'oubliez pas, messieurs, l'infiniment petit cellulaire, consultez souvent le thermomètre du tempérament, l'impressionnabilité de la cellule nerveuse et demandez-vous si, dans certaines circonstances, le microbe est bien la cause ou l'effet de la maladie que vous êtes appelé à traiter. »

« Ces leçons données dans un style clair et fleuri demeurent profondément gravées dans la mémoire de ses élèves. Doué d'une faconde intarissable, sans trop s'attacher à la forme de son discours, il disait avec abondance et rapidité et passait à travers les théories et les techniques avec une volubilité fougueuse qui vous donnait le vertige. Ses anciens élèves se rappelleront sans doute ses expressions favorites dont le « va-et-vient » en parlant du jeu des articulations, était l'une des plus fréquentes et des plus frappantes. Depuis Pasteur, il lui arrivait rarement de nommer les microbes autrement que « les petites bébites ».

« N'empêche que le Dr Brunelle fut un grand chirurgien, et il fut un temps où il eut une clientèle si nombreuse qu'il aurait pu remplir, à lui seul, tous les départements privés de l'Hôtel-Dieu[97]. »

Ainsi l'année 1875 a-t-elle été un point tournant de l'histoire de l'Hôtel-Dieu de Montréal, grâce à la construction de la nouvelle École de médecine et de chirurgie située en face de l'hôpital et à l'arrivée dans ses murs de jeunes médecins enthousiastes aux idées avant-gardistes.

L'association École-hôpital en faisait, avant la lettre, un véritable Centre hospitalier universitaire CHU et sa notoriété pouvait désormais s'étendre au-delà des frontières du Bas-Canada.

Voici les noms de quelques gradués de 1880 et les sujets des thèses qu'ils présentèrent, donnant une idée assez juste de ce que pouvait être l'enseignement médical de l'époque:
L. de Vaudreuil: Phtisie pulmonaire.
O.-E. Belcourt: Cancer de l'estomac.
F.-X. Lachapelle: Phtisie pulmonaire.
J.-E. Fournier: Scarlatine.
A.-O. Comiré: Pleurésie aiguë.
J.-Th. Moreau: Circulation du sang.
J.-O. Lacerte: Tétanos.
Wilfrid Beaupré: Rétrécissement de l'urètre.
J.-L. Carignan: Pneumonie.
Joseph Robillard: Diphthérie.
G.-H. Girard: Pheumonie.
J.-A. Gibault: Circulation du sang.
J.-E.-E. Roy: Circulation du sang.
J.-E. Lafange: Kystes de l'ovaire.
J.-E. Gergeron: Cataracte.
Chs. L.-H. Larocque: Diphthérie.
Avila Gauthier: Pleurésie.
Napoléon Beaudet: Tétanos.
Hormisdas Paquet: Hémorragies utérines[98]

L'École de médecine
et de chirurgie de Montréal en 1875.

Desjardins
Durocher   Paquet
Brunelle   Beaudry
Hingston
d'Orsonnens   Coderre
Demers   Migneault
Guérin   Chartrand

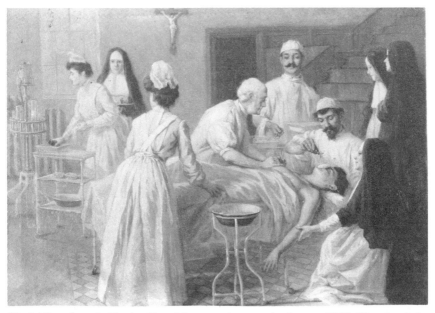

Diplôme de l'École de médecine et de chirurgie de Montréal.

Illustration: Joseph-Charles Frauchère, représentant le docteur W.H. Hingston à la salle d'opération (1905) et assisté des religieuses hospitalières de Saint-Joseph de l'Hôtel-Dieu de Montréal.

Chapitre 13

QUERELLE UNIVERSITAIRE AVEC LAVAL

En 1876, cédant aux instances répétées de l'Université Laval, le Saint-Siège émet un décret[99] autorisant cette dernière à ouvrir une succursale à Montréal. Mais les choses n'allaient pas être simples pour en arriver à une entente qui satisfasse les deux écoles.

Le recteur de l'Université Laval, Mgr Hamel, reconnaissait la position défensive de l'École de médecine et de chirurgie de Montréal et la quasi impossibilité de l'assimiler, vu l'état d'esprit de ses enseignants qui n'avaient pas oublié les refus répétés qu'ils avaient dû essuyer dans le passé, relativement à une possible affiliation.

Mgr Hamel voulut user de stratégie, et il faut dire que les moyens qu'il emprunta pour arriver à ses fins ne furent pas toujours très orthodoxes: il tenta d'abord de miner les fondements de l'École par du maraudage, en s'appropriant quelques-uns de ses meilleurs professeurs. Il s'adressa, entre autres, au docteur W.H. Hingston, dont la réponse fut brève mais nette: « Je ne puis abandonner mes confrères de l'Hôtel-Dieu et surtout mon vénéré maître, le docteur Munro ».

Toutes les tentatives de Mᵍʳ Hamel ayant échoué, Laval finit par consentir à la négociation. Avec l'aide du nouvel évêque de Montréal, Mᵍʳ Fabre, et de Mᵍʳ Conroy, délégué apostolique, on en vint à une entente dont les termes allaient comme suit: des représentants de l'École siégeraient auprès du Conseil universitaire de Laval; ses professeurs garderaient leurs titres et privilèges; la Corporation de l'École de médecine et de chirurgie continuerait d'exister, de procéder aux nominations, d'établir les programmes des cours, etc. En somme, l'École conservait son autonomie tout en s'affiliant à Laval (au lieu de Victoria), à la seule fin de décerner des diplômes.

L'entente fut célébrée par un grand banquet auquel tous les professeurs de l'École assistèrent. Mᵍʳ Fabre, qui présidait à la cérémonie, débordait de joie et de satisfaction de voir une université catholique dans son diocèse[100].

Mais voilà, l'entente entre les deux écoles dura ce que durent les roses. Laval, incapable de tolérer plus longtemps une telle autonomie de la part de l'École de médecine et de chirurgie de Montréal, fonda, en 1879, sa propre succursale et réussit, cette fois, à attirer dans ses rangs les professeurs Rottot et Brosseau qui quittèrent l'Hôtel-Dieu.

En l'année académique 1879-80, l'École accueillit un nombre important d'étudiants, soit 130 inscrits, alors que la succursale de Laval en compta à peine une trentaine. À l'Hôtel-Dieu on venait d'ajouter un amphithéâtre à la salle d'opération qui se trouvait toujours au deuxième étage du pavillon Marie-Morin, en plus d'une bibliothèque accessible aux élèves. On alla même jusqu'à remplacer les paillasses des lits de bois par des sommiers à ressorts[101].

Malgré l'avantage du nombre, l'École se sent menacée par une rivale de taille travaillant dans la même langue, pratiquant la même religion. De plus, la ville de Montréal, qui ne compte alors que 150 000 habitants, possède deux autres écoles de médecine, anglophones, celles-là, soit McGill et Bishop.

Dans une allocution prononcée à l'occasion de l'ouverture des cours de l'École de médecine et de chirurgie de Montréal pour la session 1879-80, le docteur T.-E. d'Odet d'Orsonnens cherche l'appui de la population, du clergé et de l'évêque de Montréal:

« C'est avec le plus vif plaisir que nous annonçons aujourd'hui la réouverture des cours de l'École de médecine et de chirurgie de

Montréal, affiliée à l'Université du collège Victoria, pour la session 1879-80.

« Nous devons tout d'abord nos meilleurs et nos plus sincères remerciements au clergé canadien qui, jugeant de la valeur de notre enseignement, a toujours soutenu et protégé notre institution comme une œuvre patriotique, le rendez-vous de la jeunesse ardente et studieuse qui se prépare avec courage à seconder le prêtre pour accomplir leur mission respective au lit du malade.

« Nous devons reconnaître hautement l'appui cordial qu'a toujours prêté à notre École la profession médicale, dont la plus grande partie se rappelle encore avec joie et bonheur les heureuses années passées dans cet asile de la science, en compagnie de professeurs qui l'initiaient sûrement aux secrets, aux caprices et aux maladies de la nature humaine.

« C'est encore avec les sentiments de la plus vive reconnaissance que nous rendons grâce à la population canadienne et catholique qui a prodigué à notre institution l'encouragement le plus généreux, en envoyant chaque année un essaim de jeunes intelligences, vives et brillantes, que nous lui renvoyions, après leurs études médicales, douées des plus belles qualités du médecin: la science et l'honnêteté, et couronnées des honneurs académiques.

« Que dire maintenant pour remercier convenablement les autorités, et les communautés religieuses, qui, en toutes circonstances, ont témoigné le plus vif intérêt au succès de notre École.

« Nous reconnaissons avec gratitude l'appui, l'encouragement et la faveur dont nous ont toujours gratifié les gouvernements et les assemblées législatives, en votant, parmi les subsides, une somme destinée à notre institution, pour nous aider à défrayer nos dépenses. Dieu veuille que leur générosité ne se démente jamais.

« Grâce à la saine et brillante administration de Sa Grandeur Monseigneur Ignace Bourget, évêque de Montréal, l'École de médecine et de chirurgie de Montréal a pu obtenir des communautés religieuses les avantages les plus grands et les plus importants.

« C'est ainsi que depuis longtemps l'École a le contrôle médical absolu de l'hôpital Hôtel-Dieu, le plus beau, le plus vaste et le plus riche des hôpitaux dans toutes les possessions britanniques de l'Amérique du Nord, sous l'habile administration des révérendes dames religieuses de St-Joseph; et elle entend conserver là les privilèges qu'elle possède.

« Il n'y a pas de doute que Sa Grandeur Monseigneur Édouard Charles Fabre, évêque de Montréal, marchant sur les traces de son illustre prédécesseur, comme il l'a promis, s'efforcera de protéger notre école contre les empiètements de toute institution étrangère à son diocèse.

« Cet encouragement dont notre école a été gratifiée, cette faveur publique dont elle a joui, nous espérons qu'ils nous sont acquis pour l'avenir. Appuyée sur les mêmes communautés religieuses, possédant les mêmes avantages, composée des mêmes professeurs, qui tous n'ont qu'une chose à cœur: le bien public et l'honneur de l'*Alma Mater*, et qui, comprenant le progrès, ont admis dans leur sein de nouveaux professeurs, dont ils augmenteront encore le nombre cette année, notre institution envisage l'avenir avec confiance, de même qu'elle contemple un passé sans tache. Aussi espérons-nous que, dans les circonstances pénibles et difficiles que nous traversons, le clergé verra toujours en notre institution une œuvre nationale qu'il faut soutenir. »

Cette allocution, qu'on pourrait qualifier d'appel à l'aide, fut publiée dans *L'abeille médicale*, nouvelle revue patronnée par l'École de médecine et de chirurgie de Montréal[102].

Les professeurs de l'École contestèrent la fondation de la succursale de Laval, même si celle-ci avait la sanction du Saint-Siège. Selon eux et selon des juristes de grande réputation, Laval n'avait pas, d'après sa charte, le droit d'ouvrir des succursales en dehors de la ville de Québec. « Les médecins de la région de Montréal firent bloc en faveur de l'École, dont ils étaient presque tous des anciens élèves »[103]. Des personnalités importantes, comme le sénateur François-Xavier Trudel, Mgr Bourget — à sa retraite — et Mgr Laflèche, appuyèrent l'École qui délégua en Angleterre et à Rome le docteur T.-E. d'Odet d'Orsonnens pour y plaider sa cause. Le vénérable docteur Pierre Beaubien, à quatre-vingt-deux ans, est trop âgé pour prendre la défense de l'École.

En septembre 1880, le docteur T.-E. d'Odet d'Orsonnens rend compte des efforts qu'il a déployés en ce sens:

« Chargé par l'École de médecine et de chirurgie de Montréal d'aller en Europe prendre la défense de ses légitimes droits lésés par l'institution de la succursale ou des facultés de l'Université Laval à Montréal, j'ai dû tout d'abord, en septembre 1879, me présenter au ministère des Colonies à Londres et m'informer des pouvoirs conférés à cette université par la Charte royale qui l'institue. Je connus alors d'une manière certaine que la Charte ne conférait à Laval d'autre privilège d'extension que celui de l'affiliation.

« Bien que ces renseignements fussent *confidentiels*, ils me parurent suffisants pour affirmer positivement, dans les différents documents que j'eus l'honneur de soumettre sur cette question à la Sacrée Congrégation de la Propagande, que la Charte royale n'autorisait point ce que Laval tentait de créer et de consolider à Montréal. Mais mon affirmation rencontrant des négations persistantes, et dont, je le sentais, je ne pouvais avoir raison qu'en leur opposant le témoignage d'une autorité compétente, je retournai à Londres en juillet dernier.

« Les événements politiques y avaient appelé à l'administration gouvernementale des hommes nouveaux, mais chez lesquels je trouvai le même amour de la justice et le même respect jaloux du droit que chez leurs honorables prédécesseurs.

« Le 3 juillet, j'adressai au ministère des Colonies une lettre dans laquelle, après avoir exposé la question, je suppliais le noble Lord de la décider lui-même ou de la faire décider *officiellement* par qui de droit.

« La question, étant du domaine purement légal, fut définitivement soumise à l'examen de Sir Farrer Herschell, solliciteur général et l'un des deux avocats de la couronne d'Angleterre.

Après avoir scrupuleusement étudié la Charte royale de Laval, les constitutions et les règlements de cette université, son annuaire pour 1879-80, le décret de la Propagande du 1er FÉVRIER 1876, la bulle « Inter Varias sollicitudines », la nouvelle loi de médecine où il est fait mention de *l'Université Laval à Montréal*, l'étude légale de monsieur l'avocat J.-L. Archambault, etc., etc., l'honorable solliciteur général donna par écrit l'opinion légale dont je transcris ci-dessous les points suivants, croyant devoir passer sous silence, pour une raison facile à comprendre, ce qui, dans cette opinion, se rapporte aux moyens légaux à prendre pour contraindre l'Université Laval à se retirer de Montréal.

« Répondant aux questions qui lui avaient été adressées, l'honorable solliciteur général Farrer Herschell s'exprime de la manière suivante:

Re: University Laval at Quebec

« I am of opinion that the Laval University at Quebec is not intitled under its Charter to establish itself elsewhere than in Quebec, or to establish faculties of Theology, Law Medecine and Arts, to exist at the same time at Quebec and Montreal. I think the Charter by

167

which it is incorporated establishes it as a local University *at Quebec* and that it acts in excess of the powers and privileges conferred upon it by the Charter when it establishes itself elsewhere. There are various considerations which point to this conclusion, amongst others, I may mention that the title is strictly local, that the visitor is the Archbishop of Quebec, that the Rector is the Superior of the Quebec Seminary and that the Council consists principally of the Directors of that Institution. If it were in the power of the Laval University to do what is contented for, great inconvenience might arise: for all the senior professors who form part of the Council might at any particular time be professors of the branch at Montreal whilst the other *ex officio* members of the Council were all at Quebec. Further it is to be observed that express power is given to affiliate to and connect with the University Colleges, &c., anywhere within the province, and this I think is all that the Charter authorizes to be done outside Quebec. It is to be noted that the word « *connect* » on which I understand reliance is placed as justifiing the action of the University Laval is joined to the word *affiliate* by the conjunctive « *and* ». The words are not affiliate *or* connect ». It seems to me clear therefore that the Charter does not warrant a connection apart from an affiliation.

« It follows from what I have said that professors of the succursale at Montreal are not entitled to be styled professors of the University Laval.

« I think that professors of the succursale are not intitled as such to take part in the Council of the University Laval.

« For the reasons given I think faculties established by the University Laval at Montreal or elsewhere than at Quebec cannot form part of the University Laval.

« As I have already stated the University cannot in my opinion establish itself in different places or have branches there. And I see nothing in the articles of the Code referred to modify my opinion.

« I am disposed to think that the University Laval when exceeding the powers conferred upon it by its Charter would fall within the scope of article 997 of the Code of Civil procedure of Lower Canada.

« The University Laval having derived its existence from Royal Charter, I think that the Pope can neither derogate from the rights conferred by the Charter, nor confer, so as to give them legal effect, any powers beyond those created by it. I ought to add that the Pope does not seem to have intended either to derogate from or extend the rights possessed under the Charter, but merely to have given directions *under a misapprehension as to what those rights really were* ...

« I may add to the above that I concur generally with the views expressed by Mr Archambault in his *Étude Légale* on the various questions with which he deals. »

« Je ne fermerai pas cette correspondance sans reconnaître publiquement que la cause de l'École de médecine et de chirurgie de Montréal a rencontré auprès du Saint-Siège, avec de bien vives sympathies, les plus fermes dispositions à la justice.

« J'ajouterai qu'en quittant l'Europe j'ai adressé au cardinal Simeoni, préfet de la Propagande, une lettre dans laquelle je lui communique l'*opinion légale* de Sir Farrer Herschell, afin que ce document si important soit en son temps soumis aux éminentissimes cardinaux de la Congrégation[104].

Ths. E. d'Odet d'Orsonnens, M.D.

Ces multiples démarches n'empêchent toutefois pas l'implantation de la nouvelle succursale de Laval. Les cours se donnent alors au Château Ramezay. Les élèves de la succursale, ne pouvant légalement être admis à l'Hôtel-Dieu — lié par contrat à l'École —, fréquentent les cliniques de l'Hôpital Général, institution protestante dont les professeurs sont attachés à McGill.

Cette situation, pour le moins paradoxale, ne devait pas s'éterniser. Laval fonda, en 1880, l'hôpital Notre-Dame, deuxième hôpital francophone à Montréal. Son premier bureau médical, constitué par les professeurs de la Faculté de médecine, se composait de MM. les docteurs J.-P. Rottot, E.-P. Lachapelle, A. Dagenais, J.-A. Laramée, A.-T. Brosseau, A.-G.-A. Ricard, A. Lamarche, C.-M. Filiatrault, J.-E. Berthelot, S. Lachapelle, N. Fafard, H.-E. Desrosiers, S. Duval, A. Foucher.

L'hôpital Notre-Dame reçut, lors de sa fondation 4000$ du Séminaire de Québec, 1500$ de la Faculté de médecine de Laval, 1000$ du gouvernement provincial et 1000$ du Séminaire de Saint-Sulpice. (La Revue médicale du Canada, 1903, vol. 6, p.355).

Fort de ces nouvelles armes, le recteur de la succursale de Laval annonce l'ouverture de la session 1880-81 avec un enthousiasme et un optimisme évidents:

« Parlons de la Faculté de médecine, dont le sort paraissait peut-être plus précaire au commencement de la présente année.

Premier hôpital Notre-Dame.

« Il faut l'avouer, la perspective n'était pas très encourageante pour les élèves qui se sentaient enclins à suivre nos cours de médecine. Ils pouvaient se demander si réellement les bases de la nouvelle faculté étaient bien solides. Il se rencontrait quelquefois des personnes qui en contestaient la légitimité. Il y avait aussi la certitude de neuf mois de cours contre six ailleurs; des examens multipliés et dont on ne cachait pas la rigueur; avec cela, pour les finissants, un titre hiérarchiquement inférieur — quelle que fût d'ailleurs sa haute valeur intrinsèque — à moins de recommencer des examens déjà subis. Puis pour ceux qui avaient besoin de suivre les cliniques des hôpitaux, il leur fallait se résigner à aller dans un hôpital dépendant d'une institution étrangère, car il n'y avait pas encore de place ailleurs pour les élèves en médecine de l'Université Laval. Enfin, pourquoi ne dirais-je pas que la crainte d'une discipline sévère ne devait pas être le moindre des épouvantails pour des jeunes gens accoutumés jusquelà à une certaine liberté qu'ils supposaient devoir être notablement diminuée, sinon complètement enlevée.

« L'ensemble de tout cela faisait que messieurs les professeurs de la Faculté de médecine, en calculant froidement les chances de cette première année, n'osaient pas pousser leurs espérances au-delà d'une vingtaine d'élèves. Dans tous les cas ils étaient décidés à faire régulièrement leurs cours, n'eussent-ils que quinze élèves en tout. Aussi, agréable est leur surprise de compter autour de leurs chaires une quarantaine d'auditeurs sérieux[105]! »

En 1881, la mésentente entre l'École de médecine et de chirurgie de Montréal et l'Université Laval est à son comble, ce dont témoigne la procédure légale suivante:

« La requête ou information libellée de l'Honorable L. Onésime Loranger, procureur général de la province de Québec, l'un des membres du Conseil Exécutif et de l'Assemblée Législative de la dite province agissant aux présentes pour et au nom de Sa Majesté la Reine Victoria, reine du Royaume-Uni de la Grande-Bretagne et d'Irlande, Impératrice des Indes, etc., etc.

« Expose respectueusement:

« Que « L'École de médecine et de chirurgie de Montréal » a été, sous ce titre, duement incorporée par un acte de la législature de l'ancienne province du Canada, lequel est le chapitre 81 des statuts passés en la huitième année du règne de Sa Majesté (8 Vict. chap.81 A.D. 1845.) Aux fins de fonder, en la dite cité de Montréal, des chaires publiques d'enseignement de la médecine et de la chirurgie, ainsi qu'il appert au dit acte d'incorporation;

« Que la dite école s'est régulièrement organisée, a fondé en la dite cité de Montréal, des chaires d'enseignement de toutes les sciences et branches de connaissances se rattachant à l'art de la médecine et de la chirurgie et à la pratique d'icelui; qu'elle a donné depuis ce temps et jusqu'à présent, sans interruption, et qu'elle continue à donner des cours réguliers sur toutes les dites branches de connaissances;

« Que ce dit enseignement de l'École de médecine et de chirurgie de Montréal a été couronné d'un grand succès;

« Que notamment, la dite école a, au moyen du dit enseignement, formé un grand nombre de médecins aujourd'hui établis dans toutes les parties du Canada, et dans divers pays étrangers où ils pratiquent l'art de la médecine et de la chirurgie avec honneur et distinction;

« Que, au moyen du dit enseignement et par la science, le travail, les talents et le dévouement de ses membres, la dite école a acquis une grande réputation, s'est attiré un grand nombre d'élèves de toutes les parties du Canada et des pays voisins et a atteint un haut degré de prospérité, laquelle s'est maintenue sans diminution jusqu'à l'été de mil huit cent soixante et dix-neuf;

« Que le dix décembre mil huit cent cinquante-cinq, il plut à Sa Très Gracieuse Majesté la Reine Victoria d'octroyer au séminaire de Québec, corporation locale établie en la cité de Québec, une charte royale, érigeant le dit séminaire de Québec en université « à Québec » sous le nom de « L'Université Laval, » les nom et description légals donnés à la dite université, par la dite charte, étant « le recteur et les membres » de l'Université Laval à *Québec* dans la province du Canada »;

« Que le caractère de la dite Université Laval et les pouvoirs et privilèges accordés à la dite corporation appelée « le recteur et les membres de l'Université Laval à Québec, dans la province du Canada » sont d'une nature toute locale;

« Que, en vertu de la dite charte, la dite Université Laval a fondé, en la dite cité de Québec, diverses facultés, entre autres des facultés des arts, de droit et de médecine, et y a donné l'enseignement universitaire depuis l'année mil huit cent cinquante-six jusqu'à aujourd'hui et notamment, y a donné des cours réguliers de médecine et de chirurgie;

Que dans le but de contrôler seule et même de monopoliser en autant que la population catholique était concernée, l'enseignement supérieur et notamment l'enseignement des professions libérales dans la province de Québec, ce qu'elle n'avait aucunement le droit de faire d'après la loi et sa charte, la dite Université Laval s'est constamment opposée injustement et par tous les moyens possibles à la fondation de toute université catholique en la cité de Montréal et même à ce que les institutions existantes fussent revêtues de pouvoirs nécessaires pour établir des chaires de droit et de médecine et pour conférer les grades et honneurs universitaires, et que notamment elle s'est opposée ainsi à ce que la dite École de médecine et de chirurgie de Montréal fut revêtue de tels pouvoirs et reçut de concert avec d'autres institutions habiles à former une université catholique les droits, pouvoirs et privilèges nécessaires à la fondation d'une université;

« Que nonobstant les dits avantages, pouvoirs et privilèges exclusifs d'université catholique qu'elle possédait et qu'elle a réussi à posséder seule jusqu'à ce jour, la dite Université Laval n'a réussi à attirer chez elle qu'une très petite proportion des étudiants catholiques de la province de Québec; que notamment la dite École de médecine et de chirurgie de Montréal, grâce à sa réputation et à l'enseignement supérieur qu'elle a continué de donner, a continué à recevoir le patronage et l'encouragement du public, tellement que plus de la moitié des étudiants en médecine appartenant au culte catholique et parlant la langue française dans la province de Québec ont continué à suivre les cours de la dite école et à peine un cinquième des étudiants en médecine ont suivi les cours de médecine de l'Université Laval, le reste des étudiants catholiques, notamment les étudiants en droit ayant continué à suivre les cours d'une université protestante;

« Que d'un autre côté, la cité de Montréal où est située la dite École de médecine et de chirurgie est de beaucoup la plus considérable des villes de la province de Québec et même de tout le Canada et est le centre de la partie la plus riche et la plus populeuse, en sorte que les étudiants sont amenés naturellement à venir y étudier leurs professions, ce à quoi ils sont aussi induits par leurs relations d'affaires et de famille, leurs intérêts matériels, en sorte que au moins les deux tiers de tous les étudiants catholiques de la province de Québec et même de tout le Canada, y viennent naturellement pour étudier de préférence à toute partie du pays;

« Que, en l'année mil huit cent soixante et dix-huit, la dite Université Laval ne voulant plus subir la compétition victorieuse que lui faisait la dite École de médecine et de chirurgie de Montréal, entreprit illégalement, malicieusement et frauduleusement de se débarrasser de la dite école rivale en la faisant disparaître; que dans ce but elle établit illégalement une succursale de l'Université Laval à Montréal, y fonda illégalement une faculté de médecine et de chirurgie, et, agissant par son recteur, elle induisit les professeurs de la dite école, à savoir les membres composant la Corporation de l'École de médecine et de chirurgie de Montréal, à accepter le titre de professeurs de l'Université Laval à Montréal et de former le personnel de la dite Faculté de médecine, ce à quoi ils consentirent, ne connaissant pas alors l'illégalité de l'établissement de la dite succursale et ne suspectant pas la bonne foi et les intentions de l'Université Laval, puis elle fit tous les efforts possibles, par promesses, séductions et fausses représentations, pour engager les dits membres de la dite École de médecine à renoncer à leur qualité de membres de la dite École de médecine et de chirurgie de Montréal, à renoncer à l'existence corporative de la dite École et à annihiler, détruire et faire disparaître cette dernière de manière à se débarrasser complètement de toute compétition de la dite École, la dite Université Laval se proposant, ainsi qu'il sera prouvé en temps opportun, après qu'elle se serait ainsi

173

débarrassée de la dite École de médecine et de chirurgie de Montréal, d'abolir la dite Faculté de médecine à Montréal ou du moins de la tenir dans un état de dépendance et d'infériorité telles que sa concurrence ne fut plus à redouter par la faculté de médecine de la dite Université Laval;

« Que les professeurs de la dite École de médecine et de chirurgie de Montréal ou du moins la presque totalité d'entre eux ne consentant plus à l'abolition de la dite École ni à l'abandon de leur charte, l'Université Laval leur intima sur des prétextes futiles et pour des motifs injustes et des raisons sans fondement valable et ce par l'entremise de son recteur, par lettre en date du six juin mil huit cent soixante et dix-neuf, qu'ils n'étaient plus professeurs de l'Université Laval et elle les démit injustement, arbitrairement et sans cause suffisante, des charges qu'elle leur avait confiées de professeurs de médecine et de chirurgie de l'Université Laval à Montréal;

« Que bien que l'Université Laval n'eût eu aucun droit de leur conférer ce titre, n'ayant pas le droit d'établir de faculté de médecine à Montréal, les dits professeurs de médecine et de chirurgie de Montréal, avaient accepté ce titre dans une pensée de paix et de conciliation, et leur démission, pour les motifs allégués, était un acte injuste, arbitraire, et accompli dans le but, de la part de l'Université Laval, de réaliser son plan, préconçu depuis longtemps, à savoir, l'établissement d'une faculté de médecine à Montréal en compétition illégale et injuste avec la dite École de médecine et de chirurgie de Montréal et dans le but de la ruiner, à défaut de réussir à faire consentir ses membres à abolir eux-mêmes leur dite École;

« Que, effectivement, durant le cours de l'été de mil huit cent soixante et dix-neuf, la dite Université Laval fonda et établit en la dite cité de Montréal injustement, illégalement, contrairement aux dispositions de sa charte royale et en contravention à la loi de ce pays, diverses facultés et chaires d'enseignement et entre autres une faculté de droit et une faculté de médecine et de chirurgie et nomma injustement et illégalement des professeurs pour remplir les dites chaires, qui prirent respectivement le titre illégal de professeurs de droit et de médecine de l'Université Laval à Montréal, lesquels professeurs donnent des cours de droit et de médecine à Montréal au nom de la dite Université Laval;

« À ces causes et vu les affidavits produits à l'appui des présentes et vu le dit cautionnement et la dite offre de dépôt, votre requérant, agissant aux présentes, pour et au nom de Sa Majesté, prie vos Honneurs qu'il leur plaise d'ordonner l'émanation d'un bref commandant que les dits défenseurs, à savoir les membres de l'Université Laval, à Québec (ci-devant dans la province du Canada), soient assignés à comparaître devant cette cour pour voir, dire, déclarer et adjuger qu'ils n'ont aucun droit quelconque à l'établissement et au maintien d'une succursale de l'Université Laval à Montréal et que l'établissement de facultés et de chaires de droit et de médecine en la dite cité de Montréal et leur maintien, sont en violation de la loi et de leur Charte royale; qu'il émane un ordre de cette honorable cour ou de tout juge d'icelle, à la dite Université Laval, savoir « le recteur et les membres de l'Université Laval, à Québec (ci-devant dans la province du Canada) d'abolir incontinent toute faculté et toute chaire de droit et de médecine de l'Université Laval à Montréal, de discontinuer tout enseignement et tout cours de droit et de médecine et de chirurgie à Montréal, de cesser de donner tout diplôme ou certificat quelconque d'étude de droit ou de médecine et de chirurgie à tout élève, le dit ordre enjoignant en outre aux dits professeurs nommés par la dite Université Laval à Montréal, de discontinuer tout enseignement et de cesser de prendre ou porter le titre de professeurs de l'Université Laval à Montréal.

« Concluant en outre, votre requérant, que par jugement intervenir sur sa dite requête, qu'il soit adjugé et déclaré que tout diplôme et certificat d'étude de droit et de médecine octroyés par les dits professeurs de l'Université Laval à Montréal, sont nuls et de nul effet et ne pouvant aucunement répondre aux exigences de la loi pour permettre aux porteurs d'iceux de se présenter devant le Collège de médecins et chirurgiens de cette province et de recevoir d'eux des licences leur permettant de pratiquer la médecine et la chirurgie.

« Enfin que les dits « le recteur et les membres de l'Université Laval à Québec (ci-devant dans la province du Canada) » soient assignés pour se voir condamner aux dépens des présentes dont les soussignés demandent distraction en leur faveur.

« Votre requérant prenant les dites conclusions sans préjudice à tout droit d'action en dommages ou autre action que la dite École de médecine et de chirurgie de Montréal aurait ou jugerait à propos d'exercer contre la dite Université Laval, et réservant expressément tout tel droit d'action[106].

Montréal, 14 avril 1881.

Trudel, Charbonneau & Trudel,
Avocats du Requérant.

C'est alors une lutte de pouvoirs à finir entre les deux parties, qui se livrent à une bataille de procédures et à une suite de pressions de part et d'autre du Canada et de l'Europe. Laval s'adresse à la Reine Victoria pour tenter de faire modifier sa charte et s'arroger ainsi le droit d'établir une succursale à Montréal. Malgré les pressions du cardinal Simeoni et de l'archevêque de Westminster, le secrétaire d'État aux colonies, monsieur Farrer Herschell, refuse d'accéder à cette requête. Laval se tourne donc vers Québec pour faire introduire dans sa charte une loi l'autorisant à fonder une succursale dans la plus grande ville de la province.

D'après Robert Rumilly, l'Assemblée législative reçut pas moins de 2500 signatures de protestataires — dont 700 médecins —, mais l'influence politique de Laval était telle, à l'époque, que la nouvelle loi fut quand même adoptée.

L'École de médecine et de chirurgie ne désarma pas. Le sénateur Trudel et Mᵍʳ Bourget, retraité et âgé de 82 ans, s'embarquèrent pour Rome, dans le but précis de plaider encore une fois la cause de l'École.

Ces deux éminents ambassadeurs n'eurent toutefois pas gain de cause. Au contraire, devant la résistance farouche de l'École de médecine et de chirurgie de Montréal, la Sacrée Congrégation émit un nouveau décret — en date du 27 février 1883 —, lui « ordonnant rigoureusement de cesser toute attaque contre l'Université Laval et sa succursale ».

Voici ce que raconte encore Robert Rumilly:

« Une délégation de l'École eut deux entrevues avec Mᵍʳ Fabre. On tâtonna, on glosa sur les termes du décret; les professeurs posèrent encore une fois des conditions, en particulier sur ce qui concernait leurs nominations et leur avancement. La plupart des médecins acceptaient la rupture de l'affiliation avec Victoria, mais répugnaient à la remplacer par une affiliation à Laval. Ils préféraient s'affilier à l'université Saint-Joseph d'Ottawa, irlandaise et catholique. On s'était tant aigri pendant ces années de lutte que l'opinion montréalaise entretenait une sainte horreur de Laval; d'ailleurs Montréal ne voulait, en aucun domaine, rien qui ressemblât à la domination de Québec, et réciproquement.

« Au cours d'une entrevue, le Dʳ d'Orsonnens demande à Mᵍʳ Fabre si, après sa rupture avec l'université Victoria, l'École pourrait garder le contrôle médical de l'Hôtel-Dieu. L'évêque répondit affirmativement; mais il se ravisa dès le départ des médecins, et écrivit au D^r d'Orsonnens:

Évêché 24 mars 1883;

Monsieur le Président,

« Après votre départ, j'ai réfléchi à ce que nous nous sommes dit. Je crois nécessaire de vous faire une observation au sujet de l'Hôtel-Dieu. C'est que le Souverain Pontife nous dit non seulement de ne pas opposer Laval, mais de faire notre possible pour la favoriser. Vous devinez facilement que ceci peut compliquer la question de l'Hôtel-Dieu. En conséquence, ne donnez aucune assurance aux Messieurs de l'École, même dans le cas où il y aurait séparation avec Victoria.

« Que je désire la paix et l'union, quel bonheur ce serait pour tous, et surtout pour[107]

« Votre tout dévoué serviteur,
« Édouard-Charles, Évêque de Montréal. »

Le 25 juin de la même année, Mgr Taschereau, parlant au nom de l'Université Laval, exige le respect de la décision pontificale et la rupture de l'École avec l'Université Victoria. Il va même jusqu'à menacer d'excommunication les professeurs de l'École de médecine et de chirurgie de Montréal et les parents qui choisiront d'y inscrire leurs enfants.

On comprendra qu'étant donné les circonstances, les religieuses hospitalières de Saint-Joseph se retrouvent dans une situation très délicate, tiraillées entre un contrat qui les lie aux professeurs de l'École — qui leur doivent encore 25 000$ —, et leur vœu d'obéissance à leur évêque.

Une missive leur parvint, de la Sacrée Congrégation, les enjoignant de se soumettre aux décisions du Saint-Siège. Mère Saint-Louis, alors supérieure de l'Hôtel-Dieu, adressa une longue lettre à l'École de médecine et de chirurgie, dans laquelle elle exposait la nécessité, pour sa congrégation, de se soumettre aux décisions de Rome. Cette lettre, datée du 20 juillet 1883, se termine sur ces mots: « Dans cette solennelle circonstance, l'Hôtel-Dieu prie l'École de médecine d'accepter, avec ses vives sympathies, l'assurance de sa profonde reconnaissance pour ses longs services et son dévouement constant auprès de nos pauvres malades depuis près de quarante ans. Le Ciel récompensera ce dévouement, et l'Hôtel-Dieu ne l'oubliera jamais! »

Cette fois-ci le coup est de taille, mais les professeurs de l'École, plus que jamais convaincus de leurs droits et du bien-fondé de leur démarche, refusent encore de ployer l'échine.

Voici, plus édifiant que tous les plaidoyers, le récit pathétique du docteur L.-D. Migneault:

« Tout semblait perdu, nos hôpitaux, nos élèves, et, comme des hérétiques, nous étions exclus des sacrements. Heureusement, personne d'entre nous n'est mort pendant ce temps, car il aurait eu, m'assure-t-on, le sort de Guibord.

« Il fut à la fin résolu d'accepter l'offre du docteur Desjardins d'aller porter notre cause aux pieds du Souverain Pontife. Abondonnant par conséquent sa nombreuse clientèle, se séparant de sa famille réunie pour les vacances d'été, il est parti la veille de la publication du mandement de Mgr Fabre.

« Le docteur Desjardins fit diligence. Rendu à Rome vers le 12 août, il adressa d'abord un mémoire à la Propagande, et en recevant le mandement de Mg^r Fabre, il l'a inclus dans le dossier de la cause. Parfaitement au courant de la question, il avait pendant la traversée préparé son plaidoyer, et en arrivant il n'avait qu'à le faire imprimer. Il s'est aussi assuré les services d'un avocat bien versé dans les procédures des tribunaux ecclésiastiques pour le présenter au cardinal Simeoni qui occupait un très modeste appartement dans l'édifice de la Propagande. Notre délégué était un diplomate naturel, et dès la première entrevue, il a si bien gagné les bonnes grâces du cardinal que celui-ci a consenti à recevoir le mémoire et l'appel de l'École. C'était d'autant plus étonnant que quelques semaines plus tôt notre appel au Pape avait rencontré une fin de non-recevoir.

« Dans son mémoire, le docteur a commencé par l'histoire de la question, et il fit ressortir l'irrégularité de la fondation de la succursale.

« Il parla ensuite de la prospérité de l'École, de ses nombreux élèves en comparaison avec ceux de la succursale. Passant ensuite aux difficultés présentes, il retraça le cours des événements depuis le 30 mars 1883, la correspondance avec Mgr Taschereau, l'ordonnance de Mgr Fabre, et enfin la condamnation de l'École.

« Il dénonça en termes énergiques l'injustice et le tort infligés à notre institution, et laissa entrevoir, bien délicatement, la possibilité d'un recours aux tribunaux civils par l'École pour défendre ses droits et sa propriété. Enfin, en terminant, il prie la Propagande de bien vouloir agréer l'appel de l'École contre l'interprétation faite par les évêques des décrets de 1878 et de 1883.

« Le docteur Desjardins était descendu à l'hôtel Albertini. Jeudi le 24 août, un messager de la Propagnade le pria de se rendre auprès du cardinal préfet. Le cardinal Simeoni le reçut avec une figure souriante, et lui remit presque aussitôt le fameux câblogramme, écrit de sa main sur une feuille de parchemin. « Suspendez tout. Que l'École continue encore cette année. J'écrirai. Simeoni[108]. »

Le docteur Desjardins dut vivre un des jours les plus heureux de sa vie!

Suite au télégramme du cardinal Simeoni, un commissaire apostolique, Mgr Smeulders, vint enquêter, en octobre 1883. L'année suivante, une décision de la Propagande confirmait la décision du cardinal et maintenait « l'École de médecine catholique et ses hôpitaux dans le statu quo ».

Si l'École de médecine et de chirurgie de Montréal avait fini par remporter une bataille contre Laval, l'adversaire s'acharnait à vouloir dénigrer la qualité de son enseignement, dans une lutte sournoise et insinuante. C'est ainsi qu'en 1884, le docteur E.-P. Lachapelle accusa les professeurs et les élèves de l'École de tricherie, en prétendant: « Que la plupart des questions de l'examen commencé le 31 mars dernier ont été données par des professeurs aux élèves, et cela, plusieurs jours avant cet examen. Que l'institution toute entière s'est rendue coupable, depuis de nombreuses années, de relâchement, de négligence, d'irrégularité et d'abus tant dans son enseignement que dans ses examens.

« Il ajouta qu'il portait ces accusations en sa qualité de gouverneur du Collège, et en prenait toute la responsabilité, s'engageant à les prouver devant une commission d'enquête ayant le droit d'assigner des témoins et de les examiner sous serment[109]. »

Une enquête fut instituée, mais on ne parvint jamais à jeter aucune lumière sur cette accusation.

Quoi qu'il en soit, la guerre froide entre l'École de médecine et de chirurgie de Montréal et Laval allait se poursuivre plusieurs années encore.

Une grave épidémie

En 1885, une grave épidémie de variole sévit sur toute la ville, résultat de l'admisson, par le docteur Hingston, d'un patient atteint de la maladie. C'était bien assez pour alimenter la controverse car le docteur Gray du Montreal General Hospital avait pour sa part refusé de prendre ce risque:

« Le 28 février 1885, un employé de la compagnie des wagons Pullman, nommé Lengley, arrivait à Montréal, venant de Chicago. Il était atteint de variole. Le médecin de la compagnie du Grand Tronc, M. le Dr Rodger, fut à la rencontre du malade à l'arrivée du train, et jugea nécessaire le transport de Longley dans un hôpital quelconque, attendu que Montréal ne possédait pas encore d'hôpital permanent pour les maladies contagieuses. On fut au *Montreal General Hospital* où le Dr Gray, médecin interne, ayant constaté que Longley avait la petite vérole, refusa positivement de le recevoir. Voyant cela, le Dr Rodger s'adressa à M. le Dr Hingston pour obtenir de lui l'autorisation de placer le malade à l'Hôtel-Dieu. L'autorisation fut accordée, et, quelques instants après, le patient était installé dans une des salles privées de l'Hôtel-Dieu, en compagnie d'un autre malade. Le cas de Longley fut assez bénin, et celui-ci, guéri, sortit de l'hôpital le 21 mars. Peu de temps après le départ de Longley, une servante de l'Hôtel-Dieu, Pélagie Robichaud, tomba malade de la variole et mourut le 1er avril. Le 7 avril, Marie Robichaud, sœur de la précédente, également employée à l'Hôtel-Dieu, fut aussi prise de variole et transportée à l'hôpital civique où elle mourut le 11 avril. Du 8 avril au 18, seize cas de variole furent ainsi transportés de l'Hôtel-Dieu à l'hôpital civique. Le 14 avril, les sœurs de l'Hôtel-Dieu, sur la proposition des médecins de l'institution, congédièrent tous ceux de leurs malades qui ne présentaient encore aucun signe de contagion. Depuis lors, l'épidémie se répandit par toute la ville et exerça ses ravages comme on sait[110]. »

Voici ce qu'écrivit Edgar Andrew Collard au sujet de cette épidémie:

The Smallpox Riots

« In 1885 a terrible epidemic of smallpox broke out in Montreal. Within a few days the city was thrown into a state of panic. People were dying by the hundreds every day. To deal with the emergency a medical board was formed, with Dr Hingston as its chairman.

« He organized in the Exhibition Buildings a hospital for all those who had caught the contagion. Large yellow placards forbidding entrance to visitors appeared on all homes in which cases of smallpox had occurred. For the guidance of physicians, to each of whom was assigned a certain district to serve, Dr Hingston drew up a clear list of rules and instructions as to the manner of procuring from the pustules of smallpox patients the virus with which to inoculate and immunize the well.

« In a pamphlet addressed to the citizens and in letters to the press, he explained the absolute necessity of citizens submitting at once to vaccination. He had the city pass a by-law compelling vaccination under severe penalties.

« The task of the emergency board under the chairmanship of Dr Hingston was not made easier by the fact that there was at the time far from unanimity among medical men as to the wisdom of the measures proposed. Several prominent physicians wrote in the press that in their opinion, whereas in normal times vaccination could prove a most useful preventive, during an epidemic to vaccinate was simply to spread the disease.

« Rioting broke out. The police had to be called in to remove smallpox patients from their homes to the emergency hospital. The doctors of the emergency board were stoned.

« The Provincial Government intervened, gave additional powers to the board, and within a very few days, no new cases were reported, the deathrate dropped to normal, and the dreadful epidemic was ended.

« Dr Hingston's part in regard to compulsory vaccination was one of the greatest of his services to public health in Canada. Another important service was the creation of boards of public health — the Montreal Board of Health first, and the Provincial Board of Health afterwards. The Montreal Board of Health was the first of its kind in Canada, and became the model for similar municipal and provincial boards throughout Canada[111].

Mais voici, pour mettre un terme à ce triste chapitre, quelques chiffres illustrant la situation qui prévalait en 1887 à l'intérieur des deux écoles concurrentes.

L'École de médecine et de chirurgie a décerné un diplôme de doctorat en médecine à trente-trois de ses finissants, après examen du Collège, comparativement à douze doctorats octroyés à Québec par Laval et à cinq seulement à Montréal.

Ces chiffres de 1887 sont éloquents.

École de médecine et de chirurgie de Montréal

Résultats des Examens, Avril 1887.

Benoit, Raymond	Gingras, William	Prévost, Henri
Bernard, Amérie	Gravel, J.T.	Prévost, Paul
Charron Toussaint	Hamelin, J.A.	Riberdy, Amédée
Ennis, Thomas	Pelletier, Martial	Rochette, F.-X.D.
Fortier, Ls. E	Piché, Euchariste	Tremblay, Clément

Ont obtenu le degré de Docteur en Médecine

Archambault, Alex.	Gervais, P.E.
Bissonnette, P.J.L.	Guy, J. Alph.
Boileau, B.N.	Laferrière, Chs E.A.
Cabana, La V.	Lamarche, Tancrède
Carle, Chs T.	Lanthier, Gabrielus
Charron, Toussaint	Leclaire, Chs J.A.
Chrétien, A.A.	Létourneau, A.
Clément, A.B.	McIntosh, Jas
Comeau, F.-X.	Michaud, J.A.
Cornu, Félix	Migneault, Adolphe
D'Eschambault, A.M.	Pelland, Pierre
Desiles, Henri	Poitras, Clovis Nap.
Dugas, Côme A.	Primeau, N.A.
Dumond, Noël	Rochette, Louis S.
Fontaine, L.D.T.	Rodier, Chs S.
Gadbois, Wilfrid	Tremblay, Clément
Garceau, Honoré	

Le diplôme de *Maître en Chirurgie*, après un examen spécial sur la chirurgie, a été accordé à MM. Ls Victor Cabana et Honoré Garceau.

Le *Prix Bourget* pour excellence dans toutes les branches finales a été accordé à M. Honoré Garceau[112].

Docteur L.G. Migneault

OPÉRATIONS CHIRURGICALES
1881

Opérations chirurgicales
1881

Opérations		Hommes	Femmes	Total	Résultat
Ablation	de Lipômes	3	8	11	guéris
"	" Cancer du Sein		2	2	mortes
"	" Tumeur adénoïde	1	2	3	guéris
"	" d: fibreuse	2	1	3	d:
"	Partielle de la langue	1		1	d:
"	du Cancer	2		2	d:
"	d'Épithélioma	4		4	3 guéris ; 4ème soulagé
"	du Cancer du tibia	1		1	soulagé
"	" Kyste sébacé	2	2	4	guéris
"	" d: fibro-kystique	1		1	d:
"	" Fibrome de la glande parotide		1	1	inconnu
"	" Sarcome	4		4	1 guéri ; 3 autres morts
Amputation	De la jambe	1	1	2	guéris
"	Du pouce	1		1	d:
"	d: médius	1		1	d:
Circoncision	Phimosis	5		5	d:
Cystotomie	Calcul vésical	3		3	d:
Débridement	de Fistule anale	7		7	1 mort ; 6 autres guéris
Excision	" Chancre	1	1	2	homme guéri ; femme soulagée
"	d'Hématome	2	2	4	guéris
"	" Ongle incarné	3		3	d:
Extirpation	de Polype nasal	4	.	4	d:
"	" d: utérin	1		1	soulagé
Extraction	" Séquestre	5		5	guéris
Kélotomie	Hernie	1		1	d:
Laparotomie	Tumeur ovarienne		11	11	7 guéries ; 4 mortes
Lithotritie	Calcul vésical	5		5	guéris
Résection	Arthrite suppurée du coude	1		1	d:
"	d: tuberculeuse du genou	1		1	d:
"	Nécrose du 1er métacarpien	1		1	d:
"	d: cubitus	1		1	d:
"	d: du poignet	1		1	d:
"	d: tête du fémur	1	1	2	d:
Scarification	Amygdalite	1	2	3	d:
Ténotomie	Pied bot	10		10	d:
Uranostéoplastie	Bec de lièvre	1	1	2	d:
Cystérectomie vaginale	Sarcome utérin		1	1	inconnu
		79	36	115	

OPÉRATIONS CHIRURGICALES
1881

Opérations chirurgicales				
1881				
Opérations	Hommes	Femmes	Total	Résultat
Maladies des yeux				
Ablation — Chalazion		1	1	guérie
" — Ptérigion	1		1	d°
" — Kyste conjonctival		1	1	d°
Centoplastie — Blépharo-phimosis	4	9	13	d°
Cautérisation — Trichiasis	5	4	9	d°
" — Entropion	3	12	15	d°
Extraction — Cataracte	8	16	24	d°
Incision — Fistule lacrymale	1	8	9	d°
Iridectomie — Hernie de l'iris	1		1	d°
" — Staphilome	1		1	d°
" — Glaucome	15	5	20	d°
Enucléation — Panophtalmité	3	1	4	d°
Nevrotomie — Névralgie		1	1	d°
Enlèvement de Ptosis	1	1	2	d°
Restauration — Erosion conduit lacrymal	1		1	d°
Strabotomie — Strabisme	5	6	11	d°
Tatouage — Taie		2	2	d°
	49	67	116	
1882				
Ablation de Cancer de la langue	1		1	guéri
" " d° du sein		2	2	d°
" " d° du testicule	1		1	d°
" " Kyste sébacé		1	1	d°
" " d° séreux	1		1	d°
" " Lipômes	3	2	5	d°
" " Tumeur cancéreuse	1	1	2	d°
Amputation d'un doigt	1	1	2	d°
Circoncision Phimosis	4		4	d°
Cystotomie Calcul vésical	1		1	d°
Débridement Fistule anale	1		1	d°
Dilatation Atrésie du vagin		1	1	d°
Excision Du genou, hygroma	3		3	d°
" d'Hémorrhoïdes	1	1	2	d°
" du maxillaire sup., nécrose		1	1	d°
" du rectum, cancer	1		1	d°
Extirpation de Polype nasal	2		2	d°
" " d° utérin	1		1	d°
	22	10	32	

OPÉRATIONS CHIRURGICALES
1882

536

Opérations chirurgicales

1882 (Suite)

Opérations		Hommes	Femmes	Total	Résultat
Extraction	de Séquestre du radius	1		1	guéri
Lithotritie	Calcul vésical	4		4	d:
Laparotomie	Tumeur ovarienne		3	3	1ère 3ème guéries ; 2ème morte
Névrotomie	Névralgie	1		1	guéri
Occlusion	Fistule vésico-vaginale		1	1	d:
"	d: recto- d:		1	1	d:
Scarification	Amygdalite	1		1	d:
Ténotomie	Pied bot	2		2	d:
Thoracenthèse	Pneumothorax	1	2	3	d:
Uranostéoplastie	Bec de lièvre	2	2	4	d:
Uranoplastie	Perforation du palais	1		1	d:
Uréthrotomie interne	Stricture uréthrale	1		1	d:
		36	19	55	

Maladies des yeux

		Hommes	Femmes	Total	Résultat
Ablation	Chalazion	3	1	4	guéri
Canthoplastie	Blépharo-phimosis	3	1	4	d:
Cautérisation	Entropion	3	1	4	d:
"	Trichiasis	1	1	2	d:
Dilatation	Epiphora		3	3	d:
Extraction	Cataracte	15	8	23	d:
Incision	Fistule lacrymale	1	2	3	d:
Iridectomie	Glaucome	9	3	12	d:
Suture	Ectropion	2		2	d:
Ténotomie	Strabisme	3	5	8	d:
Tarsorrhaphie		1		1	d:
		41	25	66	

1883

		Hommes	Femmes	Total	Résultat
Ablation	de Cancer du sein		5	5	guéri
"	d' Epithélioma	5	3	8	7 premiers guéris ; 8ème non guéri
"	de Fibrome	1		1	guéri
"	" Kyste		1	1	d:
"	" Lipômes	2	3	5	d:
"	Partielle de la langue	3		3	d:
"	de Squirrhe du Pénis	3		3	2 premiers guéris ; 3ème inconnu
"	" Tumeur adénoïde		1	1	guéri
Amputation	de la cuisse	1		1	d:

OPÉRATIONS CHIRURGICALES
1883

537

Opérations chirurgicales

1883 (Suite)

Opérations		Hommes	Femmes	Total	Résultat
Amputation	des doigts du pied	2		2	guéri
"	de l'index	2		2	dº
"	de la jambe	1		1	mort
"	de la main droite	1		1	guéri
Castration	Cancer du testicule	1		1	dº
Circoncision	Phimosis	2		2	dº
Cystotomie	Calcul vésical	1		1	dº
Débridement	Fistule anale	4		4	dº
Dilatation	Atrésie du vagin		1	1	dº
	Stricture urétrale	1		1	dº
Excision	d' Abcès	3	1	4	dº
"	de Séquestre au coude		1	1	dº
"	" Fongus osalthier		1	1	dº
"	" Hémorrhoïdes	4	1	5	2ème non guéri ; 4 autres guéris
"	" Nécrose maxill: sup:	1		1	guéri
"	" Varicocèle	1		1	dº
Extirpation	" Polype nasal	2		2	dº
Extraction	" Plombs dans les deux jambes	1		1	dº
Laparotomie	Tumeur ovarienne		6	6	1ère morte ; 4 autres guéries ; 6ème soulagée
Ligature	Artère temporale	1		1	guéri
Lithotritie	Calcul vésical	4		4	dº
Occlusion	Fistule vésico-vaginale		2	2	dº
"	dº recto- dº		1	1	dº
Périnéorrhaphie	Déchirure du périnée		1	1	dº
Ponction	Hydrocèle	2		2	dº
Réduction	Fracture du tibia	1		1	dº
Résection	Nécrose des os du coude	1		1	dº
Ténotomie	Pied bot	4	1	5	dº
Thoracenthèse	Pneumothorax	1	1	2	dº
Uréthrotomie interne	Stricture urétrale	4		4	dº
Uranostéoplastie	Bec de lièvre	2		2	1ère inconnu ; 2ème guéri
		62	30	92	

Maladies des yeux

		Hommes	Femmes	Total	Résultat
Canthoplastie	Blépharo-phimosis		1	1	guérie
Cautérisation	Entropion	1	1	2	dº
"	Ulcère	1		1	dº
		2	2	4	

Chapitre 14

L'HÔTEL-DIEU
en 1887

En 1887, l'Hôtel-Dieu fait construire une annexe, destinée à devenir une chapelle, mais dont la vocation change en cours de route, car elle servira à la pratique médicale. Cette annexe érigée à l'est, abritera, au troisième étage, une grande salle d'opération avec amphithéâtre, plafond cathédrale et grandes fenêtres; au deuxième étage, les chapelains, qui y demeureront jusqu'à la construction de leur résidence en 1927; et au premier étage, des cliniques externes. Trois nouvelles salles sont aussi ouvertes aux malades, soit les salles Sainte-Anne, Notre-Dame-de-la-Pitié et Saint-Jean-de-Dieu, ces deux dernières destinées à l'ophtalmologie.

Le nouvel amphithéâtre permettait aux étudiants d'observer de près et sans obstacle les opérations qu'on y pratiquait. Selon le docteur Jacques Bruneau (qui le tenait de son père le docteur Théodule Bruneau), les étudiants se passaient même les instruments de main à

Registre des Opérations chirurgicales 1867-1900 vol. 1, Hôtel-Dieu de Montréal.

main pour en étudier le fonctionnement avant de les mettre à tremper dans des solutions antiseptiques.

Le registre des opérations chirurgicales nous permet d'assister à l'inauguration le 13 décembre 1887, de cette nouvelle salle appelée « salle d'ovariotomie ». Le docteur Hingston procéda à l'opération, assisté des docteurs Brunelle et Guérin. La patiente, qui avait subi une ovariotomie et qui était demeurée 6 jours dans la nouvelle salle pour y recevoir des soins post-opératoires intensifs, quitta l'hôpital le 5 janvier, parfaitement guérie.

La réussite d'une première intervention dans une salle d'opération est toujours de bon augure, aujourd'hui comme hier.

Protocole de la première opération pratiquée dans la nouvelle salle.

Voici, pour donner une meilleure idée de ce qu'était devenu l'Hôtel Dieu à l'époque, le compte rendu de C.-T. Morel de la Durantaye, journaliste de *la Gazette médicale*.

« Nous trouvons en arrivant, le Dr Hingston causant avec un étranger qui nous est présenté et qui va visiter l'hôpital comme nous.

« C'est le Dr Georges Apostoli, médecin distingué de Paris, auteur d'un nouveau système d'application de l'électricité à la gynécologie. Malgré son nom italien, c'est un vrai fils de la vieille France et il est même tellement français qu'il en est devenu blond châtain.

« Je n'ai pas besoin de vous présenter le Dr Hingston, vous connaissez tous ce parfait gentilhomme, à la taille mince et bien prise, grand, robuste, sous une apparence un peu frêle, à la figure distinguée, aux traits finement dessinés, que vient souvent éclairer un léger sourire plein de bonté. Si vous ne saviez que c'est un savant, vous le prendriez pour un grand seigneur, tant il y a de noblesse dans toute sa personne.

Le Dr Hingston, tout en parcourant les salles, très vite, donne les explications nécessaires au Dr Apostoli.

– Vous remarquerez, dit-il, que les lits portent des cartes blanches ou rouges. Les rouges appartiennent à mes malades et, en entrant dans une salle, je sais immédiatement où aller, où sont les patients qui ont plus besoin du chirurgien que du médecin.

« Le Dr Apostoli écoute et questionne. Il examine tout avec soin, en homme qui sait ce que c'est qu'un hôpital.

« Le chauffage à l'eau chaude employé dans tout l'établissement est, d'après lui, le plus parfait que l'on puisse exiger.

« Les trois étages renferment 298 lits, mais en cas d'urgence on pourrait en ajouter quelques-uns. Les salles réservées aux patients atteints de maladies des yeux peuvent contenir plus de lits que le nombre cité plus haut.

« Chaque lit comprend: 1 sommier, 1 matelas, 2 draps (en toile de Russie ou en toile du pays), 2 couvertures, 1 couvre-pieds, 1 traversin, 2 oreillers.

« J'ai remarqué avec intérêt et surprise que l'on a conservé à l'Hôtel-Dieu une vieille coutume de France qui consiste à placer à la tête de chaque lit une sorte de claie en osier, dont peu de personnes, paraît-il, connaissent l'utilité. La chose est cependant très simple: la claie en osier est destinée à servir de refuge aux insectes (aux punaises surtout) qui pourraient se glisser dans la salle; l'osier les attire, et, tous les matins, on retire cette claie pour la plonger dans l'eau bouillante. Quand elle est sèche, on la remet en place.

« Les lits sont placés à environ six pieds l'un de l'autre. Chaque malade a une table et une chaise.

« Chaque lit est entouré de rideaux blancs, qui sont changés aussitôt que cela est nécessaire.

« Ces rideaux me déplaisent et je le dis à la sœur qui nous pilote.

– Pourquoi enlever l'air au malade et le confiner ainsi dans une sorte de cellule?

– Je comprends votre observation, me répond-elle, on nous l'a déjà faite plusieurs fois, mais les médecins ne trouvent pas trop à redire à l'emploi de rideaux.

« La ventilation, comme vous pouvez vous en convaincre par vous-même se fait d'une manière complète; il y a prise d'air en bas, et le haut du lit n'est pas couvert. De plus, il ne faut pas perdre de vue que les rideaux arrêtent au passage la poussière impalpable et presqu'invisible qui se détache de chaque lit et se trouve mise en mouvement par les courants d'air.

« Il y a aussi à considérer ce côté de la question, que le malade préfère toujours avoir des rideaux; il se sent plus chez lui, il aime ce confort et y renoncerait difficilement.

« Somme toute, les avantages semblent contrebalancer les inconvénients.

Les chambres des patients payants sont très convenables. Dans chacune d'elles se trouvent un lit, un tapis, deux fauteuils et un canapé.

« Le tapis est fixe, malgré l'avis du Dr Hingston, qui préfère avec raison le plancher bien net et recouvert de *catalognes* que l'on peut enlever à volonté. Mais le tapis est plus élégant.

« Bien que l'Hôtel-Dieu soit une institution catholique et canadienne-française, on y reçoit les malades à quelque nationalité et à quelque religion qu'ils appartiennent.

« Quant un malade est amené à l'Hôtel-Dieu, le médecin qui fait le premier examen ignore qui il est et d'où il vient.

« Si plusieurs malades arrivent en même temps et que, parmi eux, il y ait des catholiques, des protestants, des juifs, des nègres et que l'on n'ait qu'un lit, c'est le plus malade qui est admis de droit.

« Les recommandations n'ont aucun poids et dans ce palais de la charité, tous sont égaux, bien égaux, et la maladie seule détermine les droits de chacun.

« Cependant, quoi qu'en dise le Dr Lutand, nous voici, à l'Hôtel-Dieu, dans un des rares établissements où l'on obtient de la propreté seule des résultats qui ont étonné bien des médecins européens.

« Les lois de l'hygiène sont observées avec le plus grand soin, la ventilation y est aussi parfaite que possible, l'air y est pur, l'eau est excellente et, bref, l'Hôtel-Dieu est certainement l'endroit le plus sain, le seul sain peut-être, de Montréal.

« Il y a un mois à peine, les Drs Vincent et Rough, de la frégate *la Minerve*, assistaient à une opération, une amputation de la jambe, faite par le Dr Hingston.

« Après en avoir suivi avec intérêt toutes les phases, ils remarquèrent que l'opérateur, après avoir fait la ligature des artères et lavé la plaie à grande eau, en faisait la suture sans l'aide d'aucun antiseptique, de manière à obtenir la cicatrisation par première intention.

– Et vous réussissez? demanda le Dr Rough.

– Toujours, répondit le Dr Hingston, je prends les plus grandes précautions de propreté, j'ai de l'air et de l'eau purs et avec cela je me moque des microbes.

« Ici je commets une indiscrétion, mais elle est nécessaire à ma preuve, et le médecin de *la Minerve* qui lira sans doute ces lignes ne m'en voudra pas, je l'espère.

« Le Dr Rough s'inclina par politesse, mais sa bouche esquissa un sourire un peu sceptique.

« Huit jours plus tard il se rendit à l'Hôtel-Dieu, demanda à voir l'opéré, constata la cicatrisation et dit au retour au Dʳ Beausoleil:

– Ma foi! je suis très heureux de reconnaître que le Dʳ Hingston a parfaitement raison; la cicatrisation s'est faite par simple première intention[113]. »

Dans une chronique de l'Hôtel-Dieu publiée dans *la Gazette médicale de Montréal* en 1887, on peut dénombrer, sur un total de 166 lits occupés, 27 cas de maladies respiratoires telles la phtisie (ce terme désignait alors la tuberculose pulmonaire), la bronchite, la pneumonie, la pleurésie, l'asthme, la coxalgie; une dizaine de cas de troubles du système digestif (gastrite, dyspepsie, dysenterie, entéralgie, empoisonnement par le plomb); 8 cas de rhumatismes; 3 cas de cancer (utérus, langue, rectum); 3 cas d'engelures; 3 cas de maladies vénériennes (syphilis); 4 cas de sénilité; 3 cas de troubles du système nerveux; 3 cas d'ulcères variqueux; 3 cas d'anémie; 2 cas de rétrécissement de l'urètre, et de nombreuses autres affections, comme les maladies de peau (eczéma, gale, abcès); le phimosis (2 cas); l'atrophie musculaire (2 cas); les troubles cardiaques; quelques fractures, quelques cas de paralysie totale ou partielle, et bien d'autres cas isolés, dont une néphrite, un pied-bot, des ganglions (bubons), un goître exolphtalmique, une entorse, une fracture; et diverses affections de l'œil, spécialement traitées par le docteur Desjardins.

Le téléphone à l'Hôtel-Dieu

La réputation d'excellence que s'est acquise l'Hôtel-Dieu au fil des ans exige une présence et une disponibilité accrues de la part du personnel traitant. Aussi, bien que le téléphone soit une invention toute récente et que la population en général y soit peu habituée, il apparaîtra très vite indispensable dans l'établissement de santé. La compagnie de téléphone Bell en fera donc l'installation en 1887.

Si personne, de nos jours, ne pense à contester la nécessité du téléphone, il n'en était pas de même au xixᵉ siècle. Les médecins, qu'on venait souvent chercher pour des visites à domicile, craignaient que la population n'abuse de ce moyen facile de les rejoindre jour et nuit, sans plus se soucier des intempéries ou de l'état des routes qui étaient souvent impraticables en hiver. Plusieurs d'entre eux considéraient que l'obligation de venir les chercher contribuait pour beaucoup à la sélection des urgences. Et, comme on s'en doute, ils craignaient d'être les victimes de la facilité.

C'est cette même année, en septembre exactement, que le docteur W.H. Hingston participe au congrès mondial de médecine à Chicago. C'est un événement important qui permet aux meilleurs médecins du monde entier de se rencontrer pour y échanger leurs différents avis et y prendre connaissance des plus récentes découvertes dans le domaine médical.

54 1

Opérations chirurgicales

1 8 8 9

Opérations		Hommes	Femmes	total	Résultat
Amputation	Du doigt traumatisme	1		1	guéri
"	Pouce et index d:	1		1	d:
"	d: d: d:	1		1	d:
"	Jambe sarcome	1		1	d:
"	d: artérite	1		1	d:
"	(...)	1		1	d:
Amygdalotomie	Amygdalite	2		2	d:
Circoncision	Phimosis	9		9	d:
Castration	Cancer	2		2	d:
Cystotomie	Cystite	2		2	d:
Cystotomie	Carie del (...)	1		1	d:
Débridement	Fistule anale	7	2	9	d:
Divulsion	Fissure anale	1		1	d:
Excision	Ongle incarné	1	1	2	d:
"	Hémorrhoïdal	3		3	2 d: 1 non guéri
Extraction	Séquestre	2		2	d:
Extirpation	Polype fibreux nasal	1		1	d:
Hystérotomie v:	Épithélioma		2	2	1 - d: 1 décédée
Incision	Abcès pharyngien	1		1	d:
Kélotomie	Hernie étranglée	1		1	d:
Laparotomie	Tumeur ovarienne		6	6	2 d: 4 décédées
"	Fibrome utérin		1	1	d:
Lithotritie	Calcul vésical	2		2	d:
Néphrotomie	Abcès du rein	1		1	d:
Névrotomie	Névrome	1		1	d:
Occlusion	Fistule recto-vaginale		1	1	d:
"	d: vésico- d:		3	3	d:
Ponction	Hydrocèle	1		1	d:
Périnéorraphie	Déchirure du périnée		1	1	d:
Résection	Carie de l'humérus	1		1	d:
"	Coxalgie	2		2	d:
"	Sarcome max:	2		2	d:
"	Pied, nécrose	1		1	d:
"	Métacarpiens, nécrose	1		1	d:
"	Ankylose	1		1	d:
Réduction	Fracture du fémur	1		1	d:

L'Hôtel-Dieu en 1887

Ambulance

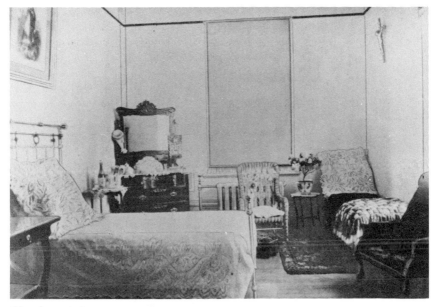

Chambre privée

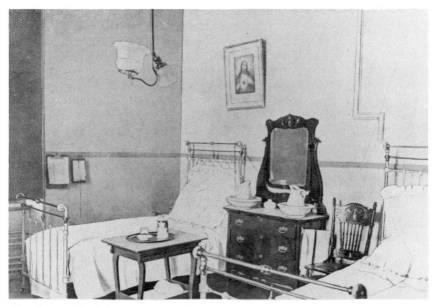

Chambre semi-privée

Salle d'opération et amphithéâtre

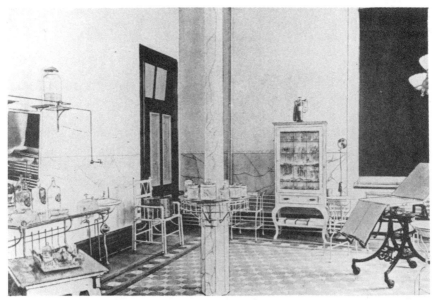

Salle d'oto-rhino-laryngologie

Chapitre 15

RÉCONCILIATION AVEC LAVAL en 1889

Entente entre Laval et l'École de Montréal

En 1889, l'École de médecine et de chirurgie de Montréal et la Faculté de médecine de l'Université Laval en arrivent enfin à une entente. C'est un grand moment pour tous de voir l'union des deux institutions se réaliser, après tant de démarches avortées et de querelles répétées.

L'arrangement entre les deux écoles est simple: les professeurs titulaires de l'École de Montréal deviennent professeurs de l'Université et enseigneront en se conformant aux règlements universitaires de l'unique faculté. C'est donc l'Université Laval qui prodigue l'enseignement.

L'École de médecine et de chirurgie se réserve le droit, sur une période de deux ans à partir de la date de cette entente, de se retirer en cas d'insatisfaction: dans cette éventualité, elle aura conservé sa charte, son nom, son autonomie et ses privilèges. C'est seulement au terme de ces deux années et si l'entente persiste entre Laval et Montréal, que l'École devra renoncer à sa charte. La province ne comptera plus alors qu'une seule école francophone, l'Université Laval, plus grande, plus forte, capable de rivaliser avec ses sœurs de langue anglaise, pour le plus grand bien de la jeunesse canadienne-française et le plus rapide avancement de la science[114].

À Montréal un vice-recteur est désigné en la personne de l'abbé B. Proulx, curé de Saint-Lin.

L'École nomma son ex-président, le D^r d'Orsonnens, son président actuel, le Dr Hingston, et le Dr Desjardins.

L'Université Laval nomma son doyen, le Dr Rottot, et les Drs Dagenais et Brosseau.

Après plusieurs délibérations, les deux comités convinrent des bases suivantes:

1) L'École conserve intacts son nom, sa charte, ses privilèges.
2) Les cours se feront dans ses salles.
3) Les professeurs de l'École consentent à devenir professeurs titulaires de l'Université Laval, et les professeurs de Laval professeurs agrégés de l'École.
4) L'ordre de préséance entre les professeurs des deux facultés est déterminé par l'ancienneté dans la profession, et en cas d'égalité, par ancienneté d'âge.
5) Les professeurs de l'École conservent leurs chaires.
6) Cette entente devra durer le même laps de temps que l'union entre les deux corps.

Dans cet arrangement, il fut aussi convenu que le nom des élèves serait inscrit dans les livres de l'École. De plus aucun des professeurs titulaires de l'École n'était déplacé.

Restait encore la question des finances. Elle fut réglée comme suit:

1) Toutes les dépenses seront payées par la nouvelle corporation.
2) Sur le surplus, les professeurs de l'Université Laval recevront un cinquième; ceux de l'École quatre cinquièmes.

Cet arrangement financier fut approuvé par Monseigneur l'Archevêque de Montréal.

C'est dans l'amphithéâtre de l'Hôtel-Dieu qu'eut lieu, le 5 octobre 1891, la grande séance de la réconciliation.

Selon l'entente, l'ouverture des cours de l'École de médecine et de chirurgie de Montréal, faculté de médecine à l'université Laval à Montréal, a eu lieu le 5 octobre 1891, lundi après-midi, à 3 heures, dans le grand amphithéâtre de l'Hôtel-Dieu.

Lorsque les élèves, qui encombraient le vaste amphithéâtre, virent arriver le président de l'École accompagnant Mgr l'Archevêque, les professeurs et les invités, la salle retentit de leurs applaudissements.

Mgr Fabre prit son siège, ayant à sa droite le Dr L.B. Durocher, président de l'École, et à sa gauche le R. père Renaud, supérieur des Jésuites.

Un grand cercle les entourait, composé de MM. le vice-recteur Proulx, curé de Saint-Lin; Gratton, curé de Ste-Rose; Salmon, curé de Ste-Marie de Montréal; Rousseau, P.S.S.; le R.P. Hyacinthe Hudon, S.J.; quelques autres membres du clergé dont les noms nous échappent; et MM. les docteurs d'Orsonnens, Hingston, Rottot, Desjardins, Brunelle, Desrosiers, Brosseau, Poitevin, Migneault, Fafard, Demers, Leblanc, Bourque, Brennan, Duquet, Dugas, Fortier, Chartier, Rivet, Brodeur, Auger, Laberge, Delorme, Chrétien-Zaugg, Valois, MacDuff, Guérin et plusieurs autres médecins.

Plusieurs discours furent prononcés, dont celui du docteur d'Orsonnens qui est remarquable: en voici quelques extraits:

« Comme le plus ancien membre de notre institution, dont je fais partie depuis 43 ans, je suis heureux de pouvoir annoncer, ou plutôt vous répéter ce que tout le monde sait déjà, que, tout en conservant son nom, son autonomie, l'École de médecine et de chirurgie de Montréal est aujourd'hui la Faculté de médecine de l'Université Laval à Montréal, non pas à titre d'affiliation mais comme partie intégrante, et c'est une satisfaction bien grande pour moi de pouvoir ajouter que ceux de ses anciens professeurs distingués, qui dans les circonstances d'alors avaient cru devoir se séparer de notre corps, sont revenus à nous avec leurs estimés collègues.

« Tous conservant leur chaire à l'université, nous donnant à nous notre existence religieuse et recevant de nous en retour leur existence civile. Voilà donc un arrangement honorable de part et d'autre et qui bénéficie à chacun de nous, tout en nous assurant la paix!

« Aussi pouvons-nous nous écrier avec joie: « *Gloria in excelsis Deo*; et *in terra pax hominibus bonae voluntatis* ». D'ailleurs, n'est-ce pas peu après la réunion des médecins que Mgr Courox, délégué apostolique, avait choisis dès le début pour former la Faculté de médecine de Laval à Montréal: la plupart déjà professeurs de l'École, les autres élèves de cette dernière? C'est donc une véritable fête de famille à laquelle participent quelques amis que leurs talents nous ont fait adjoindre de part et d'autre.

« Cette division dont je viens de parler et qui a duré quelques années a servi à augmenter le travail de chacun de son côté, et de cette noble émulation a surgi un bien considérable! Aussi sommes-nous heureux de notre union et, sachant nous apprécier les uns et les autres davantage, la main dans la main, nous allons reprendre, avec une nouvelle ardeur, la tâche qui nous incombe.

« Seul survivant des fondateurs de l'École, seul qui ai pris part à toutes ses luttes, depuis son commencement jusqu'à ce jour, quel bonheur pour moi de la voir parvenue au poste honorable qu'elle occupe aujourd'hui, car elle est la faculté médicale d'une université catholique canadienne de Montréal, et qui ne dépend que de Sa Grandeur l'Archevêque de Montréal et de NN. SS. les Évêques de St-Hyacinthe et de Sherbrooke, les suffrageants de Sa Grâce. Le Saint-Siège a favorisé jusqu'à ce point notre union, le parlement provincial l'a légalisée et l'Épiscopat de la province ecclésiastique de Montréal l'a prise sous sa bienveillante protection!!!

« Ne sont-ce pas là autant de garanties que désormais notre position actuelle repose enfin sur des bases solides et immuables, tant sous le rapport religieux que sous le rapport civil?

« Et à qui devons-nous tous ces précieux avantages?

« Quel est donc le bon génie dont la main forte et puissante a pu renverser enfin tous les obstacles, et dont l'esprit droit et équitable a su concilier tous les intérêts? Je n'ai pas besoin de le nommer, tout le monde sait que c'est l'œuvre gigantesque de notre vénéré vice-recteur le Rvd Messire Proulx, curé de Saint-Lin. Honneur donc à cet homme de cœur et de talent! Reconnaissance à ce prêtre si dévoué qui n'a cessé de travailler auprès du Saint-Siège, de la Législature, de l'Épiscopat et de concert avec les deux écoles que lorsque le succès est venu couronner toutes ses peines, ses travaux et ses démarches! »

Dans un autre élan de fierté, il ajoutait:

« Si Napoléon 1er, ce grand conquérant, disait à ses soldats: « Il vous suffira de dire: J'étais à la bataille d'Austerlitz, pour que l'on dise de vous voilà un brave! » moi, messieurs, à son exemple, je vous dis: Il suffira de dire que vous avez travaillé au maintien de l'École de médecine et de chirurgie de Montréal, pour que l'on dise de vous: « Voilà des médecins de dévouement et de courage »; il vous suffira de dire que vous êtes sortis de son sein, pour que la société retrouve en vous des médecins de science et de moralité[115]. »

Faisant suite à une loi votée par le gouvernement Mercier l'année précédente, la fusion de l'École de médecine de Montréal et de la succursale de Laval devint officielle le 1er juillet 1891. Selon l'entente, l'édifice de l'École de médecine et de chirurgie, avenue des Pins, face à l'Hôtel-Dieu, servira aux cours et à la dissection, jusqu'à la construction d'un nouvel édifice rue Saint-Denis à l'emplacement actuel de l'Université du Québec à Montréal.

Au moment de l'union, le corps professoral se composait de vingt-deux membres et était présidé par le docteur Rottot. Le Dr Migneault agissait à titre de secrétaire. L'année suivante, le sénateur Paquet, les docteurs T.E. d'Odet d'Orsonnens, Berthelot et Laramée décédèrent. Puis disparurent successivement les docteurs Potevin (1893) et Dagenais (1896). À quelques exceptions près, tel le docteur L.G. Migneault, les « mousquetaires de l'École » disparurent avec le siècle.

Les figures dominantes de la Faculté, par la suite, furent les docteurs J.-R. Rottot, A.-T. Brosseau, A.-A. Foucher, A.-G.-A. Ricard de l'hôpital Notre-Dame; les docteurs W.-H. Hingston, H. Merrill, J.-A.-S. Brunelle, E. Desjardins et L.-H. Guérin de l'Hôtel-Dieu.

En 1892, le docteur Hingston, professeur de chirurgie à la nouvelle Université Laval à Montréal, participe, à titre de vice-président, au congrès de la British Medical Association à Londres.

Voici un extrait de son discours:

« Dans plusieurs parties du Canada, comme dans d'autres pays qui n'ont pas encore été envahis par la marée toujours montante de la civilisation, les praticiens ont à faire face à des difficultés inconnues à ceux que leur destinée appelle à des endroits moins primitifs.

« Là, si le chirurgien a une tendance d'esprit pratique, il a l'occasion de s'en servir avec avantage. Je voudrais vous en citer un exemple. Mon prédécesseur à la Clinique chirurgicale, le Dr Munro, esprit éminemment pratique, voyageait un jour dans une partie déserte du pays, quand on vint requérir ses services pour un homme qui souffrait de rétention d'urine. Il n'avait pas de cathéter sur lui et il lui était impossible de s'en procurer. Il regarda autour de lui dans

Docteur L.H. Guérin

la cabane pour voir s'il ne trouverait pas quelque chose capable de pénétrer dans la vessie, mais il ne vit rien. Il remarqua cependant que le plancher était proprement balayé, ce qui faisait songer au balai. Il demande le balai. On lui en apporte un, et il pénétra bientôt dans la vessie. Comment, me demanderont quelques-uns? Avec les branches? Non. Il avait remarqué que les branches étaient attachées au manche au moyen d'un fil de laiton, il déroule rapidement le fil, le redresse et le plie en deux. Il donne à la partie pliée, la forme d'une courbe et l'introduit facilement dans la vessie. Les extrémités libres en dehors du canal s'écartaient peu à peu et donnaient passage à l'urine.

« Bien que je vous aie parlé de la manière primitive dont la chirurgie était quelquefois pratiquée au Canada, ce serait une erreur de croire que ce soit là son caractère général. Dans les grandes villes canadiennes, la chirurgie dans toutes ses branches est à peu près ce qu'elle est dans les centres les plus favorisés de l'Europe. Il y a chez nous autant de délicatesse dans le diagnostic, autant d'habileté et de courage pour faire les opérations chirurgicales, et autant de netteté dans la technique. Toutes les cavités du corps, du cerveau, de la poitrine ont été explorées, et on a opéré sur tous ces organes malades.

Le Canada suit l'Europe de près, et même de très près, dans tous ses travaux. Il a eu l'audace (puisse-t-on la lui pardonner), de devancer l'Europe dans quelques branches. La langue et la mâchoire inférieure ont été enlevées ensemble pour la première fois au Canada; l'artère innominée et l'artère fessière, ont été ligaturées pour la première fois dans notre pays, et la gloire de la première néphrectomie, que les écrivains attribuent généralement à l'Allemagne, appartient aussi à mon pays. Et pourquoi le Canada resterait-il en arrière? Un grand nombre de nos étudiants, non contents de recevoir l'instruction médicale dans nos écoles de médecine, passent une, deux, et quelquefois plusieurs années en Europe, avant d'exercer leur profession au Canada. Londres, Dublin, Édimbourg, Paris, Vienne, Berlin, ont toujours un contingent de jeunes médecins canadiens, et comme vous ne l'ignorez pas, plusieurs de nos praticiens visitent périodiquement l'Europe pour ajouter à leurs connaissances, et pour renouveler le goût et la saveur de leurs études médicales.

« Les écoles de médecine de notre pays sont sur le modèle des vôtres. Vous n'ignorez pas leur réputation de travail honnête. Le cours des études médicales est uniforme et complet.

« Dans toutes les universités, bien que le chancelier ait juridiction sur tous les membres, il n'a cependant pas le pouvoir de conférer des degrés à qui que ce soit, à moins que le nom ne soit suggéré par les Facultés. Les degrés en médecine sont conférés sur certificat du doyen de la Faculté constatant que le candidat a été examiné et trouvé compétent.

« Sous ce rapport, nos universités protestantes comme catholiques sont formées sur le modèle de l'ancienne université de Dublin, pour laquelle Clément V avait émis un bref au commencement du quatorzième siècle.

« Dans toutes les écoles de médecine, l'enseignement clinique tient une place importante. Les hôpitaux sont nombreux, et les malades en grand nombre.

« Chez nous, dans ces dernières années, l'érection des hôpitaux a été l'œuvre des efforts individuels et des souscriptions particulières. L'on en rencontre dans toutes les grandes villes du Canada, et même quelquefois dans les petites. Le dernier hôpital érigé à Montréal, l'Hôpital Victoria, est le résultat de la munificence de deux de ses citoyens. Le premier hôpital, l'Hôtel-Dieu, est le fruit de l'amour et de l'héroïsme féminin[116]. »

C'est à lui-même qu'Hingston fait allusion lorsqu'il parle de l'audacieux chirurgien qui fit ces deux premières mondiales, soit la résection de la mâchoire inférieure et de la langue, et la néphrectomie. À son retour, il aura l'occasion de pratiquer une splénectomie.

L'École a 50 ans

L'année 1892 marque le 50e anniversaire de la fondation de l'École de médecine et de chirurgie de Montréal. Le docteur A.-A. Foucher, qui a succédé au regretté T.-E. d'Odet d'Orsonnens à la présidence de l'École, prononce le discours d'inauguration de la nouvelle année scolaire. Il profite de l'occasion pour lancer un message à l'assistance et exprimer l'espoir qu'un nouvel édifice vienne remplacer le local exigu de l'avenue des Pins. Voici le texte de son allocution:

« Messieurs, réfléchissons à l'événement mémorable que nous célébrons aujourd'hui — je veux parler du 50e anniversaire de la fondation de l'École de médecine et de chirurgie de Montréal. Le récit de ses luttes et de ses transformations vous est suffisamment connu pour que je n'aie pas à entrer ici dans le mérite de leur appréciation. Aujourd'hui, l'École entre dans une nouvelle phase de son existence. Faisant partie intégrante d'une université canadienne-française, ayant été mariée récemment selon tous les rites de l'orthodoxie religieuse, elle a droit et elle compte sur toutes les influences religieuses et laïques nécessaires à son bon fonctionnement; le chiffre de ses élèves est devenu considérable à tel point qu'on ne peut les loger convenablement sous un même toit; il nous faut donc un édifice spacieux, central et aménagé des choses indispensables pour asseoir l'enseignement médical sur des bases larges et solides.

« Pour cela, il nous faut de puissants secours extérieurs, car les universités, quel que soit le nombre de leurs élèves, ne se soutiennent pas par elles-mêmes, à moins d'être fortement dotées; bien plus, quelle que soit la magnanimité de zélés donateurs, il restera toujours de nouveaux progrès à réaliser. Nous espérons qu'à l'occasion des noces d'or de l'École, de puissantes institutions, de riches particuliers déposeront dans la corbeille de noces, quelque chose de plus tangible et surtout de plus effectif que de stériles paroles d'encouragement qui nous ont bercé d'illusions jusqu'à aujourd'hui. L'union de nos forces n'a été accompli qu'à ces conditions; pour nous grouper en un seul corps on nous a fait entrevoir d'en haut bien des secours alléchants; eh bien, il n'y a plus de division entre nous, c'est le temps de nous tendre la main et de nous aider à ressaisir le temps perdu et à faire de grandes choses pour l'avenir.

« Ce toit universitaire devra être, dans l'esprit de ses fondateurs, un nouveau monument national; puissent-ils l'élever sur quelque sommet afin que le drapeau de la science flotte au-dessus de toutes les têtes, afin qu'il soit vu de plus loin et d'un plus grand nombre.

« Dans ces deux monuments élevés par le patriotisme, on resserrera, dans le premier, les liens qui unissent entre eux les descendants de la vieille France; dans l'autre s'élaboreront les forces vives de notre nationalité, la haute éducation qui fait réellement la grandeur et l'avenir d'un pays[117].

Cet appel à l'aide fut entendu et l'année suivante, l'*Union médicale* rapportait que le séminaire de Saint-Sulpice venait de faire don à la succursale de l'Université Laval à Montréal, d'un spacieux terrain, situé rue Saint-Denis et valant environ 30 000$, ainsi que d'une somme de 74 000$, « le tout à être affecté exclusivement à l'usage des facultés de médecine et de droit. Dans le plus court délai, des bâtisses vont être érigées, aussi spacieuses que possible, de façon à ce que la Faculté de médecine y installe commodément ses salles de cours, ses musées, laboratoires, bibliothèque, etc. »

« L'importance de ce don généreux n'échappera à personne. Tous y verront la sanction véritablement pratique d'une union à laquelle le Séminaire a travaillé dans toutes les limites du possible. Pour notre part nous nous permettons d'espérer que le don du Séminaire ne sera que le prélude à d'autres secours qui permettront à la succursale de l'Université de s'asseoir sur des bases véritablement solides, et de prendre rang près de sa sœur du McGill[118]. »

La rue Saint-Denis, à proximité de la rue Sainte-Catherine, avait l'avantage d'être au croisement des premières voies des tramways, qui commençaient à circuler sur ces deux rues[119].

Ce n'est que deux ans plus tard, soit en 1895 que la construction de l'édifice de l'Université, rue Saint-Denis, situé à l'emplacement actuel de l'Université du Québec à Montréal, sera terminée. Ce sera un édifice plus modeste que celui qu'on avait projeté.

« Le rez-de-chaussée est occupé par le gardien, les salles de récréation et les fumoirs des facultés de droit et de médecine. Le premier étage contient les salons, l'appartement du vice-recteur et les salles réservées aux cours de la faculté de droit. Le second étage comprend deux grandes salles de cours dont l'une communique par un rideau avec le laboratoire du professeur de chimie. Il y a aussi un laboratoire éclairé par deux grands chassis vitrés qui sera consacré à l'étude de la microscopie, et plusieurs autres laboratoires munis de cheminées à auvent. Sur le même étage se trouvent la salle des professeurs, les bureaux du trésorier et du secrétaire de la faculté de médecine, les chambres réservées aux professeurs et une petite tabagie où les élèves en médecine pourront fumer entre les cours. Le troisième et le quatrième étages sont occupés par la grande salle des promotions et plusieurs salles spacieuses qui serviront de musée, de bibliothèque, d'amphithéâtre pour le professeur d'anatomie, et de laboratoires. Tout l'édifice est éclairé à la lumière électrique, muni d'ascenseurs et de toutes les améliorations modernes, et chauffé à l'eau chaude. Les parquets cirés sont en bois dur, le plancher du laboratoire de chimie en ciment.

« Les cours de la faculté de médecine commenceront mardi, le 1er octobre. Chaque élève aura au sous-sol une petite armoire où déposer son pardessus, et la faculté mettra à la disposition de tous une salle où l'on trouvera les journaux politiques et médicaux. Les élèves en médecine ne seront pas obligés de porter la toge et l'assistance au cours sera constatée désormais par l'appariteur. La bâtisse située près de l'Hôtel-Dieu servira jusqu'à nouvel ordre de salle de dissection[120]. »

Les nouveaux professeurs étaient choisis par concours. Chaque candidat devait se soumettre à un examen écrit et à un examen oral, et était tenu de présenter une thèse. Voici à cet effet, le texte des résolutions adoptées par le comité général de l'École en 1895:

1) Que le concours soit oral et écrit.

2) Que l'examen oral soit public devant la faculté convoquée à cette fin et qu'il y ait au moins sept professeurs présents.

3) Que le concours écrit consiste en un examen par écrit et en une thèse dont le sujet sera laissé au choix des candidats, pourvu toutefois que tel sujet soit en rapport avec la section sur laquelle le concours aura été appelé.

4) Que le concours pour le titre de professeur adjoint soit réparti dans les diverses branches de la médecine de la manière suivante:

Section (h)   Chimie, matière médicale, toxicologie.

5) Que l'examen par écrit se fasse de la manière suivante: que le candidat tire au sort une grande question sur la branche à laquelle il désire être professeur adjoint et deux questions de moindre importance sur chacune des autres branches du même groupe. Le temps accordé pour l'examen par écrit sera de deux heures.

Examen oral

6) Chaque candidat tirera au sort une question sur la branche à laquelle il désire être professeur adjoint. Le candidat aura une demi-heure pour réfléchir et trois quarts d'heure pour exposer cette question devant la faculté réunie.

7) Il sera loisible à tout membre de la faculté de poser au candidat des questions sur le sujet qu'il vient d'exposer par l'entremise du président.

8) Qu'une copie de la thèse imprimée ou clavigraphiée soit adressée à chacun des professeurs au moins un mois avant la date de l'examen.

9) Que chaque candidat soit tenu de faire connaître au secrétaire de la faculté son adhésion au concours au moins un mois avant la date fixée pour l'examen et la section à laquelle il se propose de concourir.

Pour copie conforme
L.-D. MIGNAULT
Sec. pro.tem.

On procédait ensuite à la publication des résultats officiels du concours, soit les noms des candidats retenus et les sujets des différentes thèses : « Le concours de matière médicale et de thérapeutique à l'Université Laval s'est terminé par la nomination de M. le docteur Hervieux, que nous félicitons d'autant plus vivement que la concurrence a été très vive. Le Dr Hervieux ne l'a remporté que par quelques points sur ses adversaires, et ceux-ci ont droit aussi à nos félicitations. Les questions de l'examen écrit ont porté sur la digitale et sur l'intoxication par la strychnine. À l'examen oral, le Dr Gauthier a eu à parler sur le quinquina, le Dr Hervieux sur la digitale et l'ergot, le Dr Chopin sur les sels de potasse. Tous les candidats se sont fort bien acquittés de leur tâche, et les séances du concours ont été très intéressantes à suivre ».

L'association de l'École de médecine et de chirurgie de Montréal avec l'Université Laval s'était donc avérée fructueuse et durable, et l'entente ratifiée en 1892 avait été respectée de part et d'autre.

L'unique faculté de médecine francophone à Montréal prospérait et voyait ses murs prendre de l'expansion et son nom acquérir une renommée grandissante à la grandeur du pays. Des énergies autrefois éparpillées et maintenant canalisées vers un même objectif, offraient des possibilités nouvelles — tant du point de vue humain et financier, que du point de vue scientifique —, dont la population était la première bénéficiaire.

L'École de médecine et de chirurgie de Montréal appelée aussi Victoria.
Fonds Desjardins, U. de M.

Projet de construction de 1888, Fonds Desjardins, U. de M.

L'Université. Immeuble central de 1895 à 1942.

Chapitre 16

CLINIQUES CHIRURGICALES DE L'HÔTEL-DIEU
et
« Le Courrier des hôpitaux »

L'amphithéâtre de la salle d'opération de l'Hôtel-Dieu servait aussi à l'enseignement. Voici quelques exemples de ces cours de médecine, publiés dans la « Gazette médicale », toujours dévouée à l'École de médecine et de chirurgie. Sans ce journal très intéressant et bien présenté, nous n'aurions que très peu de renseignements sur les progrès de la chirurgie à l'Hôtel-Dieu durant la dernière partie du XIXe siècle.

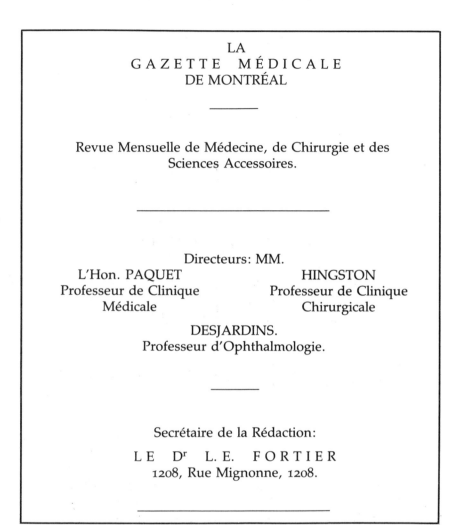

LA
GAZETTE MÉDICALE
DE MONTRÉAL

———

Revue Mensuelle de Médecine, de Chirurgie et des
Sciences Accessoires.

Directeurs: MM.

L'Hon. PAQUET   HINGSTON
Professeur de Clinique   Professeur de Clinique
Médicale   Chirurgicale

DESJARDINS.
Professeur d'Ophthalmologie.

———

Secrétaire de la Rédaction:

LE Dr L. E. FORTIER
1208, Rue Mignonne, 1208.

L'OOPHORECTOMIE

« L'oophorectomie est aujourd'hui en beaucoup d'endroits à l'état épidémique, tant de ce côté-ci de l'Atlantique que de l'autre. Parfois, une autorité telle que Thomas Moore Madden, en Europe, écrit que l'opération de la laparotomie est pratiquée trop fréquemment et dans des cas douteux; et Emmet, de ce côté-ci de l'Atlantique, s'oppose au courant, en disant que, pendant une année entière, il n'a vu qu'un seul cas de maladie des trompes où l'opération eût été opportune; il ajoute que la patiente *refusa de s'y soumettre et recouvra sous quelques mois une santé parfaite.*

« Le peu de danger que présente la section des parois abdominales a conduit à la castration des femmes mariées, non mariées, des veuves, des filles jeunes et vieilles, pour des troubles quelquefois réels, quelquefois, hélas! purement subjectifs et ne donnant aucune évidence tangible de réalité objective.

« On a pratiqué cette opération pour différentes causes: atrophie des ovaires (problématique), cirrhose des ovaires (également problématique), hydrosalpingite ou œdème des ovaires (souvent plus ou moins problématique), hématosalpingite (affection relativement rare), pyosalpingite, pure et simple ou résultant de la blennorrhagie (maladie présumée sur une simple élévation de température), nervosisme aux formes multiples dont les manifestations hystériques causent tant d'erreurs, prolapsus de l'ovaire, péritonite localisée à laquelle on ne peut assigner de cause, péritonite locale dans laquelle les intestins et l'omentum sont agglutinés, péritonite pelvienne où les tubes et les ovaires sont adhérents, etc.; état pultacé de l'ovaire, états inflammatoires après l'accouchement, surtout dans les périodes aiguës ou subaiguës, difformités qui feraient croire qu'une couche serait en toute probabilité fatale à la mère, myômes utérins dont le volume est embarrassant, tous les cas de myômes utérins chez les patientes de moins de quarante ans, rétroflexion ou antéflexion de l'utérus, épilepsie, hystéroépilepsie, tous les cas d'affection mentale chez la femme!

« Autrefois l'adage: *uterus tota mulier est* était d'une application générale; mais l'utérus doit céder son importance aux ovaires dans les troubles mentionnés plus haut, bien qu'ils n'atteignent pas le volume d'un haricot.

« Doit-on s'étonner de ce qu'on ait eu recours avec une fréquence alarmante à cette opération si avantageuse à tous égards — véritable panacée contre tant de maux réels ou imaginaires?

« Le journal *Upper Canada Lancet* a jeté à ce sujet un cri opportun d'alarme, puisque même dans notre *société médico-chirurgicale* de Montréal, on se plaisait à exhiber des ovaires que l'on retirait de ses poches de gilet; et il est arrivé qu'un pathologiste aussi accompli que le professeur Osler ait déclaré, après minutieux examen, n'y découvrir rien d'anormal.

« Quand cette épidémie se terminera-t-elle?

« Je ne sais; mais je crains bien que ce ne soit avant que le nom de l'art divin de guérir n'en ait souffert; j'espère cependant qu'aucun de ceux qui m'écoutent aujourd'hui, ne s'armera du couteau dans le but d'enlever ces annexes, sans la plus grave nécessité, avant d'avoir acquis une évidence objective, et seulement après mûre considération de la question sous le triple point de vue social, moral et médical, et après consultation avec des membres de la profession. »

W.H. Hingston

Malgré ce cri d'alarme, les castrations abusives pour ovaires sclérokystiques continueront encore pendant cinquante ans.

Ablation du sein

« Messieurs, s'il était donné à vos devanciers qui occupaient vos places il y a vingt ou vingt-cinq ans, s'il leur était donné, dis-je, de revenir aujourd'hui suivre les cliniques de cet hôpital, ils ne pourraient s'empêcher de remarquer que mon enseignement, au moins sur ce sujet, a subi une grande modification. En général, dans les cas où je dois intervenir comme chirurgien, je deviens de plus en plus conservateur; mais j'avoue que, pour ce qui est du sujet qui nous occupe, j'opère maintenant sur des cas auxquels je n'aurais pas alors osé toucher. Depuis ce temps, la maladie, il est vrai, n'a pas changé, mais c'est l'appréciation que j'en faisais qui a changé. Souvent je ne me décidais d'opérer qu'après des instances réitérées de la part de la malade, que j'avais d'abord dissuadée de recourir à ce moyen peu rassurant pour elle, et dans maintes circonstances, le résultat était plus heureux que je ne l'avais promis aux intéressées et que je ne l'avais espéré moi-même. Dans ces cas apparemment désespérés, j'en suis venu, peu à peu, à considérer le couteau d'un plus grand secours, que je ne l'avais cru d'abord, et depuis lors le *nil desperandum*, murmuré aux oreilles d'une pauvre patiente, a fait luire à ses yeux un rayon d'espérance qui, parfois, n'a pas été sans réalisation. En voici un exemple:

« Cette femme que vous avez devant vous et que l'on mettra à l'instant sous l'influence du chloroforme pour une opération d'un autre genre, m'a été envoyée il y a quatre ans, souffrant d'un carcinome du sein, de nature squirreuse.

« La tumeur était alors très dure; la glande mammaire affectée ne glissait plus sur le muscle pectoral avec autant de facilité que celle du côté opposé. Il y avait rétraction marquée du mamelon, et l'on pouvait sentir plusieurs nodosités dans le creux axillaire.

« Au moyen d'une double incision elliptique de la peau, j'enlevai le sein et avec lui les glandes axillaires ainsi qu'une partie considérable du grand pectoral.

« J'étais satisfait de tout, excepté de la dernière partie de l'opération. J'ai même dit aux assistants que si la maladie revenait, ce serait dans cette partie du muscle que j'avais épargnée.

« Il ne s'était pas écoulé quatre mois que l'on pouvait déjà sentir, dans la partie musculaire de la poitrine, une masse dure et adhérente à la peau. J'eus encore recours au couteau, enlevant cette fois, par une incision circulaire, une grande partie de la peau qui recouvre le grand pectoral; de là, par une simple incision portée jusqu'à la lèvre antérieure de la coulisse bicipitale de l'humérus, j'enlevai en totalité le muscle grand pectoral en le détachant d'abord de son insertion sur l'humérus et en le ramenant sur la poitrine; puis par une dissection méthodique je le séparai successivement des aponévroses du muscle-oblique externe de l'abdomen, du sternum, des cartilages costaux et de la clavicule.

« La maladie, comme vous le voyez, n'a pas récidivé.

« Dans les maladies malignes du sein, opérez aussitôt que possible, sans cependant que ce soit au détriment d'un diagnostic bien mûri. Pour la détermination de la nature des affections chirurgicales, le gonflement du sein est, suivant moi, celle qui requiert le plus de soin et de prudence, lorsqu'il s'agit de pratiquer une opération. Les élèves finissants de cette année comme ceux des années précédentes, à qui l'on permet généralement d'exercer ici leur sens du toucher, reconnaîtront avec moi qu'il n'y a pas de question sur laquelle il existe une plus grande divergence d'opinions. L'un diagnostiquera un kyste, l'autre un sarcome; celui-ci croira à un névrome ou à un angiome, tandis qu'un certain nombre supposera l'existence d'un lipome, d'un fibrome ou d'un myxome.

« Si cela peut en consoler quelques-uns, je vous déclarerai que les diagnostics que je fais en votre présence, et dont vous pouvez vous-mêmes sans retard constater ou non l'exactitude, souvent me coûtent beaucoup d'anxiété, malgré une expérience d'au-delà d'un tiers de siècle et l'avantage incalculable de plus de vingt-cinq ans passés dans cet hôpital. Malgré cela, j'éprouve quelquefois de grandes difficultés avant d'arriver à une conclusion plus ou moins certaine sur la nature d'un gonflement localisé à la base du sein. Parfois il m'a fallu laisser au temps le soin de compléter mon diagnostic. J'ai entendu une fois un chirurgien distingué lecturer sur les signes diagnostiques des tumeurs du sein. Une patiente est amenée à l'amphithéâtre; les symptômes qu'elle présente sont ceux d'une maladie maligne, et l'on déclare l'ablation nécessaire. On donne le chloroforme, et l'on pratique une incision dans toute l'étendue de la tumeur. Au lieu d'une masse squirreuse, on découvre un abcès chronique entouré d'une exsudation ferme et épaisse.

« Je vous l'ai déjà dit, et vous répéterai encore souvent que, pour cette maladie, et à part l'histoire du cas, votre plus précieux élément de diagnostic réside dans le sens du toucher pour l'*éducation* duquel une vie entière n'est pas de trop.

« Je n'entrerai pas aujourd'hui sur la question générale du diagnostic des tumeurs du sein, mais un mot sur l'examen des tumeurs supposées:

« Faites le palper aussi délicatement et en aussi peu de temps que possible; rappelez-vous toujours qu'une simple inflammation, une mastite, peut, avec le temps, dégénérer en un produit de nature maligne.

« Quant à l'intervention chirurgicale dans ces affections, je dis donc: opérez de bonne heure; répétez l'opération aussi souvent que la partie malade et suspecte peut être complètement circonscrite; soyez sans pitié pour tous les tissus en contact avec la partie affectée, quand même ils n'auraient pas encore pris la maladie. N'enlevez pas seulement le sein, mais la peau qui le recouvre, si elle est envahie, ainsi que le tissu conjonctif qui l'entoure et le tissu adipeux qui le tapisse. Prolongez l'incision jusqu'au creux axillaire, et bien qu'à travers la peau vous n'y sentiez pas de glandes indurées, ouvrez largement cette région. De suite pénétrez jusqu'au niveau des vaisseaux axillaires et *work outwards*, comme on dit en anglais, évitant de les arracher du plan sur lequel ils reposent. Ne vous aventurez pas en aveugle dans toutes les directions avec la crainte toujours présente à l'esprit de blesser un nerf, une artère ou une veine. Cette dernière est celle que vous devrez chercher d'abord et aussitôt que vous l'avez atteinte, revenez sur vos pas, enlevant toutes les glandes indurées, à droite et à gauche, à mesure qu'elles se présentent[121]. »

W.H. Hingston

Imperforation anale

« Mme X., de St-Césaire, présente son enfant, âgée de 21 jours, à la clinique chirurgicale. L'enfant était parfaitement bien conformée du reste, mais l'anus était imperforé et le rectum s'ouvrait dans le vagin, formant un anus contre nature à quatre lignes au-dessus du périnée.

« Cette ouverture anormale mesurait à peu près deux lignes et demie de diamètre et suffisait amplement au passage des matières fécales.

« M. le Dr Hingston introduisit une sonde courbe par cette ouverture et en fit projeter l'extrémité à la région ordinaire de l'anus. Puis abandonnant à un aide le soin de cette sonde directrice, il fait, avec un scalpel, une incision d'à peu près 7 lignes de longueur sur le raphé; couche après couche, une épaisseur de 3 lignes de tissu est coupée, et alors apparaît la sonde introduite par le vagin. Une bougie uréthrale olivaire (n°12, série anglaise) est introduite dans cette nouvelle ouverture et poussée jusqu'à une hauteur de 3 pouces dans le rectum. La bougie entre facilement, sans obstacle; et, lorsqu'elle est retirée, un flot de matières fécales, passant par l'anus, annonce que le *champ est libre*.

« Comme traitement consécutif, la même bougie fut introduite dans l'anus artificiel une fois par jour pendant les huit jours suivants. Alors la mère, ne pouvant plus demeurer à Montréal, retourna dans son village avec l'instruction donnée par écrit à son médecin de continuer le traitement par les bougies.

« Durant le peu de temps que cette enfant a été sous observation, ayant moi-même à passer la bougie journellement, j'ai pu voir que la plus grande partie des matières fécales s'écoulait par l'anus, que ce qui passait par le vagin diminuait de jour en jour; ce qui peut donner l'espoir que graduellement, l'ouverture recto-vaginale se rétrécira et finira par disparaître complètement. Il existe des exemples de telles guérisons. Chelius, dans son *Système de Chirurgie*, traduit par South (3e vol.), rapporte un cas analogue où l'opération, faite par Dieffenbach, obtint un succès parfait. L'ouvrage de Bodenhamer contient quelques faits analogues. Cependant, Boyer, dans sa *Chirurgie* (10e vol., p.20), compte cette infirmité pour incurable[122]. »

Ces nombreuses références citées par le docteur Hingston prouvent l'importance de sa bibliothèque médicale et son érudition scientifique.

Atrésie vaginale

« L'opération consiste à faire une incision dans le cul-de-sac ou la poche, s'il en existe une, ou dans le périnée, à l'endroit ou le vagin devrait être; et, graduellement, en incisant, séparant ou déchirant, on parvient à former une poche plus ou moins profonde; on doit se servir du couteau le moins possible après avoir divisé le périnée. On continue l'opération avec une bougie rectale. Pour empêcher le nouveau canal de se refermer, on se sert d'une éponge comprimée, saturée de mucilage d'acacia, durcie et taillée convenablement pour cet usage.

« Le couteau doit être employé le moins possible, et seulement quand il y a du tissu cellulaire dense qui ne peut être séparé autrement, je ne saurais trop insister sur ce sujet. C'est avec le couteau presque exclusivement que j'ai fait ma première opération, et l'hémorragie a été alarmante. Les cas subséquents m'ont confirmé dans l'opinion qu'après l'incision du périnée, l'opération peut être continuée presque entièrement avec les doigts ou le manche du couteau. Quand le vagin existe mais que ses parois sont agglutinées, il est de la plus haute importance de faire le passage entre les parois et non pas en dehors d'elles (accident que je sais être arrivé sous les mains d'un chirurgien brillant mais un peu impatient). On a déjà pris la paroi antérieure du rectum pour la paroi postérieure du vagin et la paroi postérieure de la vessie pour la paroi antérieure du vagin. J'ai maintenant sous mes soins dans cet hôpital une dame qui a été victime d'une erreur de ce genre: le chirurgien a traversé la paroi antérieure du vagin et est arrivé dans la vessie. Il a pris la paroi postérieure de cet organe pour la paroi antérieure du vagin.

« Doit-on tenter de se rendre à l'utérus dès la première séance, ou est-il plus prudent de se créer une voie graduellement? Je ne puis vous donner de direction générale, mais je puis dire que la première méthode est préférable quand on peut la suivre sans danger.

« Routh, de Londres, a formé le vagin et ouvert l'utérus en une seule séance. Emmet, de New-York, a fait le vagin, ouvert l'utérus, fait sortir le liquide menstruel retenu et lavé l'utérus à l'eau chaude en une seule séance[123]. »

W.H. Hingston.

Polype naso-pharyngien

« Messieurs,

« Le cas qui se présente devant nous est une de ces formidables affections qui, non seulement sont supportées péniblement par le patient, mais sont aussi un surcroît d'ennui et d'embarras pour le chirurgien qui veut à tout prix l'en soulager.

« Ce jeune homme que vous voyez ici est admirablement doué de force et de santé, en un mot il est plein de vie et malheureusement porteur de cette rare affection naso-pharyngienne.

« Une tumeur à caractère solide s'est formée quelque part sur la voie respiratoire. Elle s'est avancée graduellement vers l'extérieur, ce qui nous permet de l'observer attentivement, maintenant qu'elle projette au-dehors du nez.

« Son passage a fortement dilaté la narine, le nez s'est épaté, ce qui a pour effet de donner à son visage l'expression d'une grenouille (*frogface*).

« D'abondants écoulements s'échappent de la narine et souvent aussi il y a des hémorragies.

« En ouvrant la bouche, nous apercevons le bord inférieur de la tumeur qui se projette presque un demi pouce en bas du palais mou.

« Le palais mou est tendu, le palais dur est arqué en avant et en bas. La respiration nasale est impossible et la dysphagie se fait considérablement sentir.

« Évidemment nous avons affaire à un polype naso-pharyngien de cette forme rare qui appartient à la classe des fibromes.

« J'introduis maintenant mon index gauche et par son extrémité je me rends compte des adhérences qui paraissent très étendues et d'une consistance ferme.

« En poussant mon index droit en arrière des palais mou et dur, je constate une adhérence ferme et étendue; cette manipulation me prouve que l'insertion de cette tumeur a une étendue égale à l'espace compris entre le bout de mon index gauche dans la narine et l'extrémité de mon index droit dans la bouche.

« En présence d'une affection aussi formidable, quels sont les moyens d'en effectuer la disparition?

« D'abord où se trouvent situées les insertions de cette excroissance? Son premier siège d'implantation, je crois, se trouve sur l'apophyse basilaire de l'os occipital, sur la base du corps de l'atlas et probablement aussi, en avant, sur le corps du sphénoïde.

« C'est une tumeur sous-périostée, et, comme d'habitude il arrive dans ces cas, le périoste s'est épaissi.

« Les structures ligamenteuses entre ces os rendent plus ou moins inégales ces adhérences.

221

« Je me rappelle avoir réussi à enlever une tumeur de cette nature chez un jeune homme, en incisant à travers le pont du nez jusqu'au côté sous l'aile gauche et à travers la portion centrale de la lèvre, me servant pour cela d'un couteau fort, d'une scie et d'un ciseau. Puis en renversant le nez sur la joue droite, il me fut permis d'avoir un jour suffisant pour examiner le néoplasme, et me servant d'ostéotomes de différentes formes, je pus le détacher.

« L'hémorragie fut alarmante et au milieu de l'opération, le patient étant sous l'influence du chloroforme et ne pouvant chasser le sang qui remplissait la trachée-artère, la mort me parut tout à fait imminente par asphyxie. Je priai quatre d'entre vous, ou plutôt de vos aînés, de descendre dans cette enceinte et de suspendre le patient par les pieds, et lorsque le sang par son propre poids se porta au cerveau, et après que le baillon lui fut enlevé, alors le patient commença à respirer. « Je continuai l'opération à genoux, car le patient était suspendu par les pieds, la tête appuyée sur le plancher.

« Quoique le nez n'entravât pas mon champ d'opération, tout de même, l'ablation de cette tumeur a exigé beaucoup de temps et de fatigue et surtout une grande perte de sang.

« La tumeur enlevée et l'hémorragie contrôlée, je replaçai le nez dans sa positon normale en le maintenant en place par quelques points de suture avec un fil de soie très fin.

« Le patient se rétablit avec succès, à peine porta-t-il des traces de l'opération, encore étaient-elles presque invisibles, si ce n'est à la racine du nez où il y avait une légère dépression, telle qu'en fait une paire de lunettes portée pendant une couple d'heures.

« Plusieurs années se sont écoulées depuis et notre opéré continue à jouir d'une parfaite immunité quant à cette affection, et c'est à peine si l'on s'aperçoit qu'il a subi une opération, les traces en sont si bien effacées[124]. »

W.H. Hingston

Cette fameuse intervention du docteur Hingston tenait du grand art. Impossible d'imaginer, de nos jours, de telles prouesses chirurgicales. D'autant plus que les chirurgiens de l'époque n'étaient guidés que par une connaissance approfondie de l'anotomie humaine et la perception tactile des mains nues (l'usage des gants ne devant apparaître qu'en 1889).

Maintenant voici quelques cliniques rapportées par les internes dans la *Gazette médicale de Montréal*.

Clinique chirurgicale de l'Hôtel-Dieu

Sous la direction des docteurs Hingston et Brunelle
Notes par Armand Hudon, B.M. interne de l'Hôtel-Dieu
Clinique du Dr Hingston

« Jeudi dernier le 12 courant, arrivait de St-François-Xavier-de-Brompton un patient a qui il était arrivé un accident assez sérieux. Cet homme était employé dans un moulin à scie, quand il eut le malheur de se faire prendre le pied entre un billot et une scie ronde. Heureusement pour lui que ce fut la face plantaire qui vint en contact avec la scie, car si c'eût été un des côtés interne ou externe du pied, le malheureux l'eut certainement perdu complètement: tandis que dans la position où se.trouvait le patient il n'y eut que les surfaces molles qui furent attaquées; déchirement de l'arcade plantaire des branches dites perforantes postérieures et des ligaments plantaires. Ces mortifications auraient été d'un pronostic peu grave si ce n'eût été le pied qui fut frappé avec violence par le bras de la scie qui le tenait emprisonné entre le billot. Les premiers soins donnés au malade furent de panser les plaies faites par la scie sans s'occuper de la luxation du pied produite par le coup. Deux semaines suffirent pour cicatriser les plaies, mais l'articulation tibio-tarsienne était horriblement gonflée et le patient souffrait de douleurs atroces. On lui présenta un « *ramancheur* », autrement dit rebouteur de profession, espèces d'hommes qui abritent autant d'ignorance que de prétentions dans leurs manœuvres stupides et impudentes, que la science médico-chirurgicale déplore tous les jours à cause des funestes résultats dont ils sont la cause. Ce savant, après plusieurs passes (on dit qu'ils ont des dons??), dit à son crédule patient que tout était en ordre, que c'était un nerf qui s'était déplacé, et que lui (en anatomiste distingué) l'avait remis à sa position naturelle. Une semaine se passa après le prétendu miracle, et notre pauvre homme, qui n'en pouvait plus, résolut de venir consulter le docteur Hingston. Après avoir entendu l'histoire du cas, la manière dont l'accident était arrivé, et avoir examiné attentivement le pied, le docteur Hingston diagnostiqua, au moyen d'une sonde exploratrice, une fracture de l'astragale dans le sens antéropostérieur, avec déplacement d'un des fragments. On mit le patient sous l'influence du chloroforme, puis avec une pince à esquilles le docteur Hingston enleva l'astragale fracturé et son fragment, après quoi il fit une large ouverture pour laisser écouler le pus qui se trouvait accumulé en assez grande quantité dans l'articulation tibio-tarsienne! Ayant désinfecté la plaie, le chirurgien y introduisit un tube de drainage. On comprend que le pied ait beaucoup diminué de volume, ce qui donne un grand soulagement au malade qui entrevoit déjà sa guérison, « tout en jurant mais un peu tard qu'on ne l'y prendrait plus » avec les charlatans[125]! »

Résection d'une moitié de la mâchoire inférieure.

Clinique du Docteur Hingston à l'Hôtel-Dieu,
rapportée par Jules Jehin Prume, B.M.

« Vers le dix-neuf du mois d'octobre dernier, une personne se présenta à la clinique du docteur Hingston, se plaignant de douleurs très fortes dans le côté gauche du maxillaire inférieur. Cette souffrance datait, disait-elle, du jour où elle s'était fait extraire une dent; l'instrument avait glissé et avait cassé la dent au lieu de l'extraire, ce qui nécessita une nouvelle opération. Depuis lors, c'est-à-dire depuis environ cinq ans, elle éprouvait des douleurs continuelles dans la mâchoire.

« Le docteur Hingston, après un examen minutieux, constata la carie maligne de la partie alvéolaire et postérieure gauche de ce maxillaire, et la résection ayant été reconnue urgente par le chirurgien, le malade placé sur la table d'opération fut immédiatement mis sous l'influence du chloroforme.

« Le clinicien, après avoir donné aux élèves qui suivaient son cours de clinique quelques explications préliminaires, recommanda de toujours saisir la langue du patient avant d'opérer, pour prévenir l'étouffement qui pourrait survenir au moment de la section du muscle génio-glosse et du muscle génio-hyoïdien. À son avis, le procédé le plus commode, préférable même au vulsellum ou au forceps ordinaire, consiste à traverser la langue à une bonne distance de son apex, à l'aide d'une aiguille, par un fil long et résistant, procédé devant laisser plus de place à l'opérateur, en même temps que moins douloureux pour le patient, en meurtrissant moins la langue.

« L'opérateur passa le fil comme il venait de l'expliquer, puis pratiqua l'incision au-dessus du maxillaire; il la commença plus haut que le condyle et la continua jusqu'à l'apophyse géni gauche, il disséqua ensuite les tissus jusqu'au niveau de l'artère faciale qu'il ligatura. Il trancha ensuite les muscles: digastrique, génio-glosse, génio-hyoïdien, après quoi il disséqua à l'aide du doigt le tissu conjonctif, et lorsque l'ouverture pratiquée fut assez grande pour permettre l'introduction du doigt dans la cavité buccale, il enleva, avec un forceps, une des deux incisives du milieu (celle du côté gauche) et coupa, en allant de haut en bas, la lèvre et la peau jusqu'à environ deux doigts au-dessous du menton. Il mit de cette façon la gencive à nu, il scia l'os dans la partie antéro-postérieure de la symphyse du menton et sépara les deux parties avec le sécateur, puis ligatura les artères coupées, qui résistaient à la compression exercée en grande partie par les doigts, enleva la glande sous-maxillaire, continua la dissection du tissu conjonctif puis coupa les muscles: masseter, ptéryoïdien externe et ptérygoïdien interne et commença le travail de dislocation.

« Quand il eut fait une section des tendons et des ligaments, l'os sortit de son articulation, poussé par une abduction très forte, et le diagnostic se trouva confirmé lorsqu'on examina l'os et constata un foyer profond à moitié chemin entre le rameau ascendant et la section centrale. Les moyens antiseptiques ordinaires furent employés, après quoi les parties molles furent mises en position et retenues à l'aide de sutures métalliques, très rapprochées les unes des autres.

« Le malade a aujourd'hui regagné ses foyers, après avoir repris complètement ses forces: grâce aux bons soins de messieurs les internes de l'Hôtel-Dieu[126]. »

Jules Jehin Prume,
Bachelier ès médecine.

Montréal, 23 novembre 1891.

HÔTEL-DIEU
Service de M. le docteur G.H. Merrill.
Calcul prostatique avec opération.

« L.R., âgé de 36 ans, est admis à l'Hôtel-Dieu, salle St-Joseph.

« Le 2 novembre 1891, il travaillait à sabler une écluse, lorsqu'un éboulement de terre se fit sentir et il en fut retiré avec une fracture de la cuisse.

« L'union osseuse se fit à la longue, laissant une difformité anguleuse avec un *sinus* d'où il y a un écoulement purulent.

« Deux ou trois mois après cet accident, le malade commença à ressentir des douleurs dans la région prostatique avec irritation vésicale, et cet état de choses se continua jusqu'à son entrée à l'Hôtel-Dieu vers le 1er août.

225

« Lors de son admission, le malade se plaint surtout de l'état de la vessie, et l'écoulement continuel de l'urine joint aux autres souffrances l'avait réduit à une grande débilité.

« Pendant qu'il examinait le fémur dans l'intention d'une intervention chirurgicale, le malade attira l'attention du Dr Merrill sur l'état de la vessie, et celui-ci procéda aussitôt à l'examen de l'organe par la sonde urétrale. Il chercha vainement dans la vessie pour un calcul, mais il remarqua qu'en traversant la région prostatique l'instrument grinça sur un corps rude qui semblait entourer le canal de l'urètre. D'autres examens par l'extérieur, aidés par la sonde, démontrèrent conclusivement l'existence d'un calcul prostatique d'un volume assez considérable.

« Après s'être consulté avec ses confrères, le Dr Merrill résolut de pratiquer la lithotomie afin de pouvoir saisir et enlever le corps étranger.

« L'opération eut lieu le 5 courant en présence de MM. les docteurs Guérin, Chartrand et Plouffe, ce dernier étant chargé de l'anesthésie. La taille se fit par la méthode dite latérale, et une fois l'ouverture faite dans la vessie, le chirurgien avec la sonde et le doigt y poussa le calcul, d'où il fut facilement retiré avec le forceps spécial.

« Le calcul était de composition phosphatique, et mesurait à peu près deux pouces de longueur.

« Il y eut guérison sans incident fâcheux, et le malade à l'heure qu'il est éprouve un soulagement complet du côté de la vessie.

« Ces calculs prostatiques ne se rencontrent pas aussi souvent que les calculs de la vessie et peuvent donner lieu à beaucoup de souffrance sans que leur existence soit soupçonnée. Il arrive parfois que le corps étranger est d'un tel volume qu'il empiète sur l'urètre de manière à former une espèce de stricture, et parfois un prolongement projeté jusque dans la vessie[127]. »

Clinique chirurgicale du Dr Hingston
Notes par Armand Hudon, B.M., interne de l'Hôtel-Dieu

Uréthrotomie externe.

« Monsieur X. âgé de soixante-neuf ans, demeurant aux États-Unis, n'avait, depuis dix-huit ans, passé d'urine par le conduit naturel, quand il vint le vingt novembre dernier à l'Hôtel-Dieu pour se mettre sous les soins du Dr Hingston.

« Monsieur X. avait eu il y a vingt-deux ans quelques urétrites traitées par les balsamiques et les injections cathérétiques qui avaient pris un temps considérable pour guérir, mais qui cependant avaient laissé quelques traces de leur passage. À la suite de ces urétrites, il avait eu deux strictures qui s'étaient montrées rebelles à toute intervention tant médicale que chirurgicale, ce qui le gênait horriblement dans la miction: aussi l'urètre ne tarda-t-il guère à se bloquer et à la suite d'une hématurie très forte le patient fut atteint d'infiltration urineuse et de rupture de l'urètre. C'est alors que le patient vit apparaître ça et là sur le périnée des ouvertures qui laissaient couler l'urine qui n'avait pu sortir par sa voie habituelle. À bien examiner le patient on ne pouvait dire quelle ouverture correspondait à l'urètre.

« C'est dans cet état que le Dr Hingston trouva ce patient qui avait passé par les mains de plusieurs chirurgiens des États-Unis, qui n'avaient pu lui trouver son urètre primitive et qui l'avaient condamné à subir son triste sort.

« Notre savant clinicien commença d'abord par introduire une sonde par le méat, mais il fut arrêté à quatre ou cinq centimètres de l'ouverture par une stricture d'un âge assez avancé, vu que l'urine n'avait pas passé par là depuis 18 ans. Il ne restait plus alors au chirurgien qu'à trouver le moyen par lequel il pourrait parvenir à l'urètre et de là à la vessie. Il incisa les abcès urinaux et réunit toutes les différentes ouvertures en une seule, puis introduisit par cette grande ouverture une sonde d'un calibre assez volumineux (no 16 des anglais) qui après quelques manipulations rentrait dans la vessie.

« La découverte de l'urètre était donc effectuée, il ne s'agissait plus que de réunir cette portion de l'urètre qui était divisée à la région prostatique, avec celle qui était obstruée depuis le méat urinaire jusqu'à l'ouverture par laquelle la sonde était entrée dans la vessie.

« Pour obtenir ce résultat, le Dr Hingston fit l'uréthrotomie externe, puis mit un cathéter à demeure partant du méat et allant jusqu'à la vessie. Il ne restait plus maintenant pour compléter cette opération qu'à réunir les bords de la grande ouverture qu'avait nécessitée l'opération; ce que le Dr Hingston fit au moyen d'un grand nombre de sutures. Le soir de l'opération le patient passait de l'urine par la plaie, mais la plus grande partie passait par le cathéter: le lendemain nous constations la même chose, mais nous voyions beaucoup moins d'eau couler par la plaie. Deux jours après l'opération, le malade urinait par le tube qu'on lui avait laissé et pas une goutte d'urine ne passait par la plaie.

« Cet homme, quoique d'un âge avancé, a parfaitement guéri et laissait l'Hôtel-Dieu, le 5 décembre dernier, avec la joie que doit éprouver un patient qui après avoir été privé de ses fonctions urinaires pendant dix-huit ans les retrouve dans quelques jours. »

Armand Hudon, B.M.,
Interne de l'Hôtel-Dieu.

Hôtel-Dieu, Montréal 1er février 1892

Clinique du Dr Brunelle

« Un cas assez curieux se présentait vendredi dernier au service du Dr Brunelle.

« C'est un homme souffrant horriblement d'une rétention d'urine, car ayant deux phlegmons, dont l'un à la symphyse du pubis et l'autre un peu au-dessus. Après avoir examiné le malade avec le plus grand soin, notre distingué professeur constata deux strictures du canal de l'urètre avec enlargissement de la glande prostatique, ce qui expliquait très bien la présence de la grande difficulté qu'avait le malade pour uriner. Il y a deux ans que ce dernier souffrait de cet inconvénient, à la suite de refroidissements et de certains abus, mais la maladie n'avait ces symptômes et ces complications graves que depuis deux mois: le jet d'urine du patient était étroit et bifide, et sur les derniers temps l'urine se trouvait réduite à un simple filet (dysurie) qui devenait de plus en plus faible, aussi y eut-il strangurie malgré les violents efforts auxquels se livrait le malade. Le Dr Brunelle avait l'explication et la raison d'existence de ces deux phlegmons au-dessus de la symphyse du pubis qui n'était autre chose que l'urine du malade qui avait été forcée de se frayer un chemin dans le tissu cellulaire. Il ouvrit le phlegmon supérieur qui laissa échapper un jet d'urine avec assez de force, puis le second qui lui aussi laissa couler une assez grande quantité d'urine. Ayant introduit une sonde exploratrice dans l'ouverture inférieure, le chirurgien put parvenir jusque dans le fond de la vessie, tandis que dans l'ouverture supérieure la cavité phlegmoneuse était circonscrite. On se trouvait donc devant une infiltration d'urine.

« Après avoir enlevé toute l'urine qui n'avait pu sortir, il restait au chirurgien à lui faire un chemin: aussi fit-il l'uréthrotomie interne divisant les deux strictures et faisant la dilatation du canal; après quoi il introduisit dans la vessie une sonde flexible à demeure pour laisser couler l'urine et rétablir par là l'ordre naturel. Quant aux deux ouvertures, il les réunit par un tube de drainage. Nous prenons un grand soin de propreté et de désinfection du malade, dont l'état est des plus satisfaisant et dont on a tout lieu d'attendre une prompte guérison[128]. »

Armand Hudon, B.M.
Interne.

Montréal, 18 novembre 1891.

Le Courrier des hôpitaux

En 1895, *l'Union médicale* offre un nouveau service à ses lecteurs par le biais du « Courrier des hôpitaux ». C'est le docteur J.P. Roux, médecin-interne de l'Hôtel-Dieu, qui joue le rôle de correspondant officiel du nouveau Courrier et nous permet de suivre l'activité chirurgicale de l'hôpital en cette fin de siècle.

Les faits qui y sont rapportés mensuellement nous offrent une vue d'ensemble de l'occupation des lits à l'époque et des pathologies qu'on y soignait. Par exemple, on y apprend qu'en novembre 1895, 372 malades ont été traités à l'Hôtel-Dieu, dont 6 seulement ont succombé aux affections suivantes: 1 de gangrène sénile, 1 de pyélonéphrite de nature tuberculeuse, 3 de tuberculose pulmonaire et 1 de tuberculose aiguë généralisée. Le service de chirurgie dut procéder à des interventions variées et fort intéressantes: 6 laparotomies, dont 4 pour kyste de l'ovaire (l'un de ces kystes pesait 40 livres et un autre, un kyste dermoïde, contenait une quantité considérable de cheveux), 1 pour appendicite et 1 pour néphrotomie.

Toujours d'après le docteur J.P. Roux, le mois de février 1896 apporta au service de médecine « des cas plus variés qu'à l'ordinaire » dont « plusieurs *jolis* cas de maladies du foie: cirrhose, ictères catarrhals, calculs biliaires; des affections des voies digestives: dyspepsie sous toutes formes, gastrites aiguës, gastro-entérites chroniques, etc. » En chirurgie, on procéda à 3 laparotomies (2 pour tumeurs ovariennes et 1 pour salpingite), à 4 amputations de la jambe, à 3 ablations du sein pour cause de cancer, etc.

Le correspondant du « Courrier des hôpitaux » souligne même un cas de tumeur ovarienne chez une enfant de moins d'un an, ce qui lui paraît très rare.

Au total, pendant l'année 1896, les médecins de l'Hôtel-Dieu pratiquèrent 283 interventions chirurgicales, dont la première appendicectomie sur une religieuse de 48 ans qui y succomba.

C'est également en 1896 que tous les lits de bois de l'hôpital sont remplacés par des lits de fer.

De plus, depuis 1894, les chirurgiens peuvent enfin opérer à la lumière électrique, grâce à une dynamo qui alimente les circuits de lumière et l'ascenseur.

Dix ans plus tard, en 1904, la communauté signa un contrat avec la *Montreal Light Heat and Power*, lui assurant une meilleure alimentation en électricité[129].

L'année 1896 fut aussi féconde en événements scientifiques: Marconi inventa la télégraphie sans fil, les frères Lumière la cinématographie et le professeur Roux, de l'Institut Pasteur, la sérothérapie antidiphtérique.

Chapitre 17

RAYONS X ET LABORATOIRES

En 1895, Wilhelm Conrad Röntgen, physicien allemand, en étudiant les rayons cathodiques, découvre des rayons invisibles de nature encore inconnue, qu'il appelle *rayons X*. Cette découverte allait bouleverser le monde médical.

Moins de six mois plus tard, les revues médicales publient des articles relatifs à l'application de ces rayons en médecine et en chirurgie.

À Montréal, ce sont deux médecins de McGill, les professeurs John Cox et R.C. Kirkpatrick, qui procèdent à la première radiographie — pour localiser une balle de fusil dans la jambe d'un patient —, grâce au docteur Gilbert Girdwood qui venait d'introduire, à l'hôpital Victoria, un petit appareil — artisanal encore — de radiologie[130].

Chez les francophones catholiques, c'est un abbé physicien de Saint-Hyacinthe, il allait devenir plus tard Mgr C.-P. Choquette, qui fit, devant la société médicale, la première démonstration des *rayons X* rapportée dans l'Union Médicale en ces termes.

« Ceux qui ont assisté à l'intéressante conférence, si bien réussie, donnée par M. l'abbé Choquette à l'Université Laval sur les rayons X, ont pu constater de *visu* les perfectionnements apportés par Edison à la découverte de Röentgen et avec quelle netteté les rayons apparaissent à travers l'écran phosphorescent. Cet écran est en train de fournir à la médecine un moyen de diagnostic précieux.

« Le corps humain placé entre les rayons X et l'écran phosphorescent projette sur l'écran non seulement son squelette, mais le contour de ses organes, et on peut donc facilement constater la position de ces derniers. Si le tissu des organes est altéré par la maladie, induré, envahi par l'infiltration ou par une tumeur, on verra ces lésions pathologiques projeter des ombres sur l'écran. C'est ainsi que le Dr Bouchard a pu diagnostiquer une adénopathie trachéo-bronchique chez une petite fille, un anévrisme de la crosse de l'aorte, des hypertrophies du cœur, la sclérose artérielle, le mal de Bright. Ces résultats ont été communiqués à l'Académie des Sciences à Paris (décembre 1896).

« Dernièrement le Dr Bouchard ayant placé un malade devant l'écran phosphorescent, constata que le côté droit du thorax était brillant, et le côté gauche ombré dans toute sa hauteur. Il pensa d'abord à un épanchement pleurétique, puis, remarquant que le médiastin n'était pas dévié à droite, il conclut à une infiltration tuberculeuse. Le diagnostic fut confirmé par l'auscultation.

« Un autre malade laissait voir sur l'écran un cœur qui battait à droite du sternum, tandis que du côté gauche l'ombre du cœur n'était pas portée. On avait auparavant pensé à un anévrisme; ceci fit voir qu'il s'agissait d'un déplacement du cœur à droite.

« Ces deux diagnostics, surtout le premier, faits à l'aide des rayons X, sont intéressants à noter[131]. »

Et c'est encore un prêtre, celui-là de Saint-Sulpice, l'abbé Larue, qui réalisa la première radiographie avec un appareil de sa fabrication. Voici le récit de son expérience, telle que relatée par le docteur W. Derome, alors interne à l'hôpital Notre-Dame:

« La clinique chirurgicale a offert un champ assez varié et fort intéressant, sous le rapport des hernies, des tumeurs de la région cervicale, des fractures et luxations.

« Deux fois nous avons eu recours aux rayons X. La première pour rechercher un petit clou dans l'index d'un jeune homme qui se présenta à l'hôpital le lendemain de l'accident. Il disait n'avoir pas vu pénétrer le clou dans sa main, mais était positif qu'il en avait un et décrivant son trajet, lui donnait la direction d'avant en arrière et pour localisation, la partie palmaire de l'index.

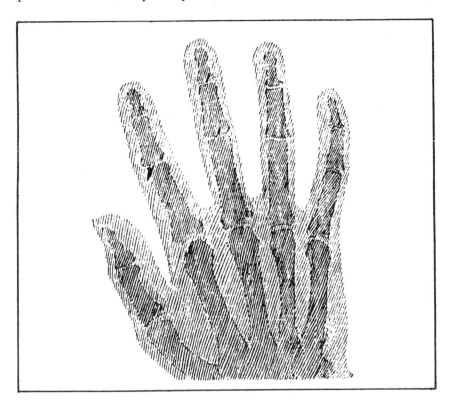

« Le toucher ne nous donne rien de certain comme renseignement, sinon un petit point douloureux, si l'on fait jouer l'articulation de la 2ᵉ phalange. Là-dessus on songe aux rayons cathodes. Grâce à la bienveillance des MM. du séminaire de Saint-Sulpice, qui savent si bien se tenir à la hauteur de l'avancement scientifique, monsieur l'abbé Larue, assistant-professeur de physique au séminaire de philosophie, se rend avec empressement à nos désirs, et imprima la photographie dont j'ai le plaisir de vous offrir une lithographie. La netteté avec laquelle le corps étranger est localisé, c'est-à-dire tout à fait à l'opposé des indications fournies par le blessé, en rendit l'extraction des plus faciles[132]. »

LABORATOIRES

On sait qu'à l'École de médecine et de chirurgie, située en face de l'hôpital, il y avait un laboratoire où le docteur T.-E. d'Odet d'Orsonnens ratait souvent ses expériences. Ce laboratoire devait être aussi équipé de réactifs pour la biochimie, de microscopes pour la bactériologie et l'anatomie pathologique, et répondre à l'occasion aux besoins de l'Hôtel-Dieu.

Les analyses d'urine se résumaient probablement à l'albuminurie, connue depuis Bright, et à l'épreuve de la glucosurie mise au point par Von Fehling. Les examens du sang devaient le plus souvent concerner l'anémie et être colorimétriques. Ce n'est qu'à partir de 1880, à la suite des publications de Hayem, Biermer et Paul Erlich qu'on pratiqua la numération des globules rouges, qu'on classifia les leucocytes en neutrophiles, basophiles et éosinophiles, qu'on reconnut les graves pathologies sanguines (anémie pernicieuse, leucémie, etc.). On ignorait encore les divers facteurs de coagulation, les groupes sanguins et les transfusions.

On imagine que la bactériologie, à la suite des travaux de Pasteur, devait créer un vif intérêt, voire même une grande excitation, car les découvertes se succédaient à un rythme incroyable. En effet, Eberth découvrit le bacille de la typhoïde en 1880, Koch celui de la tuberculose en 1882, Klebs celui de la diphtérie en 1883, Nicolaër celui du tétanos en 1885, Neisser celui du gonocoque en 1879. Chauffard et Gombault pouvaient enfin confirmer le diagnostic d'une pleurésie ou d'une péritonite tuberculeuse par l'injection de l'épanchement au cobaye. Que de découvertes depuis que Ignaz Semmelweis à Vienne avait prouvé en 1847 que l'infection puerpérale pouvait être transmise d'une patiente à l'autre par les mains de l'accoucheur! Contredit par les plus grandes autorités du temps, comme Virchow et Scanzoni, le pauvre Semmelweis en devint fou et mourut avant d'être vengé par Pasteur[133].

Le laboratoire de l'École contenait de nombreuses pièces anatomiques. On connaissait certainement alors les travaux de Osler qui, à McGill, dès 1872, avait exposé trente-trois coupes de tissus, et on devait à l'occasion faire de l'anatomie pathologique microscopique[134].

Osler avait été élève et professeur à McGill avant d'être appelé à Johns Hopkins. Son traité de médecine interne « The Principle and Practice of Medecine », publié en 1892, fut pour les anglo-saxons une sorte de bible médicale jusqu'au début du XXe siècle. Son livre figurait sans doute en première place dans la bibliothèque de nos prédécesseurs.

La proximité de l'École de médecine et de l'hôpital dispensait sans doute ce dernier d'avoir un laboratoire. En effet, ce n'est qu'après l'ouverture de l'Université Laval rue Saint-Denis, en 1895, et la disparition de l'École, qu'apparaîtront des laboratoires dans les murs de l'Hôtel-Dieu.

On sait peu de chose des laboratoires de biochimie et de bactériologie à l'Hôtel-Dieu, à la fin du siècle. D'autre part, nous sommes mieux renseignés sur celui de l'anatomie pathologique.

L'année 1896 voit en effet la naissance du département d'anatomie pathologique à l'Hôtel-Dieu. Voici ce qu'écrivait le docteur Marcel Cadotte dans l'*Union médicale* en mai 1979:

Création du laboratoire de l'Hôtel-Dieu: octobre 1896.

« L'idée de la création d'un laboratoire d'anatomie pathologique à l'Hôtel-Dieu de Montréal germa dans l'esprit de ses médecins au cours des dernières années du XIXe siècle. En effet, c'est en 1896 et en 1899 qu'il est fait mention pour les premières fois, dans la correspondance et dans les procès-verbaux du Bureau médical, de la nomination d'un médecin pathologiste responsable de laboratoire. Le morcellement de la profession médicale en plusieurs spécialités commençait à peine, de sorte qu'en plus de la pratique des autopsies, le pathologiste effectuait les analyses de sang et d'urine. Aiguillonnés par de jeunes médecins de retour d'Europe, où ils avaient côtoyé de grands maîtres sensibilisés aux découvertes des anatomo-pathologistes de l'École allemande et qui maîtrisaient bien les connaissances anatomiques acquises depuis Laënnec, les aînés sentirent le besoin d'appuyer leurs diagnostics cliniques sur des bases anatomiques solides. Pour ce faire, ils proposèrent l'un des leurs, le docteur J. Amédée Marien, qui fut nommé pathologiste de l'Hôtel-Dieu par l'École de médecine et de chirurgie de Montréal. La nomination d'un pathologiste datée du 6 octobre 1896 n'eut pas l'heur de plaire aux autorités de l'Hôtel-Dieu, qui la rejetèrent. Heureusement, on en vint toutefois à une entente, quelques jours plus tard, après avoir assuré les religieuses que les conditions suivantes seraient respectées:

1. Il ne se fera pas d'autopsies sans le consentement des parents, et le consentement devra être obtenu par la sœur hospitalière.

2. Le nombre des élèves devant assister aux dites autopsies sera réglé par la sœur pharmacienne et messieurs les étudiants qui en seront

spectateurs devront éviter tout ce qui pourrait troubler l'ordre qu'il convient de garder en pareilles circonstances.

3. Le médecin-pathologiste ne devra se rendre à l'Hôtel-Dieu que sur l'invitation de la sœur pharmacienne transmise par le médecin interne. »

Diagnostics posés au cours des dix-huit autopsies de l'année 1897:

Sujet	Âge	Diagnostic
Homme	58	Pneumonie
Femme	57	Kyste de l'ovaire et tuberculose
Homme	63	Pleurésie purulente
Homme	32	Tuberculose généralisée
Homme	31	Infection généralisée
Femme	72	Pleurésie
Homme	78	Granulie tuberculeuse
Homme	45	Cancer du cardia
Homme	70	Cancer de l'estomac — Noyau secondaire dans le foie
Homme	?	Rupture d'anévrisme
Homme	75	?
Femme	?	?
Femme	?	Abcès utérin et péritonite généralisée
Homme	?	Abcès cérébral
Femme	30	Tuberculose pulmonaire
Homme	17	Hémorragie pulmonaire (rupture du poumon droit à la suite d'une chute)
Homme	88	Cachexie cancéreuse
Homme	?	Cancer de l'estomac et tuberculose pulmonaire

Nous avons vu dans un précédent chapitre, que deux protocoles opératoires, en 1868, mentionnaient des décès et des autopsies. Il ne s'agissait probablement pas d'autopsie selon les règles de l'art, mais d'autopsies segmentaires, limitées à la cavité abdominale.

Opérations chirurgicales
1896

558

Opérations		Hommes	Femmes	Total	Résultat
1896					
Ablation	Circoncités		3	3	guéris
"	Cancer du sein		24	24	2 mortes ; 22 guéries
"	Epithélioma	15		15	guéris
"	Ménorrhoïdes		3	3	d°
"	Kyste filtre cystique supp.	2	1	3	d°
"	d° des grandes lèvres		1	1	d°
"	d° sébacé	2	2	4	d°
"	d° suppuré	1		1	d°
"	d° du vagin		1	1	d°
"	Lipome	4	5	9	d°
"	Tumeur vasculaire		1	1	d°
Amputation	(jambe) arthrite suppuré	3	1	4	d°
"	" gangrène sénile	1	2	3	morts
"	" tuberculose	1	1	2	guéris
"	" ? fracture non consol.	1		1	d°
"	(doigt) ostéo-périostite	4	1	5	d°
"	" phlegmon		1	1	d°
"	" ostéo-périost : tuberc	1		1	d°
"	(pied) ostéo-périostite	1		1	d°
Circoncision	Phimosis	15		15	d°
Cholécystotomie	Calcul biliaire		1	1	morte
Colporrhaphie	Cystocèle		2	2	guéries
Colpopérinéorrhap.	Déchirure & prolapsus utér.		1	1	d°
Costotomie	Carie des côtes	1	1	2	d°
Curettage	Cancer utérin		1	1	soulagée
d°	Métrorrhagie		12	12	guéries
Débridement	Union du bras avec le côté	1		1	d°
d°	Fistule anale	9	4	13	d°
Dilatation	Sténose du col utérin		1	1	d°
Désarticulation	(bras droit) Ostéo-périost. tub.	1		1	d°
Drainage	Périostite		1	1	d°
Excision	Arthrite suppurée	1		1	guéri
"	Cicatrice vicieuse	1		1	d°
"	Condylome	1		1	d°
"	Cartilage flottant	1		1	d°
"	Carie du coccyx		1	1	d°
Extirpation	Polype naso-pharyngien	2	1	3	d°
"	d° utérin		3	3	d°
Extraction	Séquestre du fémur	1		1	d°
"	des 3 os du carpe Ostéo-périost	1		1	d°

237

OPÉRATIONS CHIRURGICALES
1896

Opérations		Hommes	Femmes	Total	Résultat
					558
1896					
Ablation	Caroncules		3	3	guéries
"	Cancer du sein		24	24	2 mortes ; 22 guéries
"	Epithélioma	15		15	guéris
"	Hémorrhoïdes		3	3	d⁰
"	Kyste fibro cystique supp:	2	1	3	d⁰
"	d⁰ des grandes lèvres		1	1	d⁰
"	d⁰ sébacé	2	2	4	d⁰
"	d⁰ suppuré	1		1	d⁰
"	d⁰ du vagin		1	1	d⁰
"	Lipôme	4	5	9	d⁰
"	Tumeur vasculaire		1	1	d⁰
Amputation	(jambe) arthrite suppurée	3	1	4	d⁰
"	" gangrène sénile	1	2	3	morts
"	" tuberculose	1	1	2	guéris
"	" 2 fractures non consol:	1		1	d⁰
"	(doigt) ostéo-périostite	4	1	5	d⁰
"	" phelgmon		1	1	d⁰
"	" ostéo-périost: tuberc	1		1	d⁰
"	(pied) ostéo-périostite	1		1	d⁰
Circoncision	Phimosis	15		15	d⁰
Cholécystotomie	Calcul biliaire		1	1	morte
Colporrhaphie	Cystocèle		2	2	guéries
Colpoperinéorrhap.	Déchirure & prolapsus utér:		1	1	d⁰
Costotomie	Carie des côtes	1	1	2	d⁰
Curettage	Cancer utérin		1	1	soulagée
d⁰	Urétrorrhagie		12	12	guéries
Débridement	Union du bras avec le côté	1		1	d⁰
d⁰	Fistule anale	9	4	13	d⁰
Dilatation	Sténose du col utérin		1	1	d⁰
Désarticulation	(Bras droit) ostéo-périost: tub:	1		1	d⁰
Drainage	Périostite		1	1	d⁰
Excision	Arthrite suppurée	1		1	guéri
"	Cicatrice vicieuse	1		1	d⁰
"	Condylome	1		1	d⁰
"	Cartillage flottant	1		1	d⁰
"	Carie du coccyx		1	1	d⁰
Extirpation	Polype naso-pharyngien	2	1	3	d⁰
"	d⁰ utérin		3	3	d⁰
Extraction	Séquestre du fémur	1		1	d⁰
"	Des 3 os du carpe ostéo-périost:	1		1	d⁰

238

Chapitre 18

L'ASEPSIE

L'asepsie

Pasteur écrivait déjà en 1878: « Si j'avais l'honneur d'être chirurgien, je ne me servirais que d'instruments d'une propreté parfaite. Je n'emploierais que de la charpie, des bandelettes, des éponges exposées préalablement à une température de 130 à 150 degrés. Je n'emploierais jamais que de l'eau qui aurait subi la température de 120 degrés[134]. »

Sa théorie des germes allait bouleverser la médecine et la chirurgie au cours de la dernière décennie du xixe siècle, et l'asepsie allait remplacer l'antisepsie.

Mais les nouvelles découvertes de la science font rarement l'unanimité, et les principaux intéressés, soit les médecins exprimaient quelque scepticisme à ce sujet, lors d'un congrès qui eut lieu à Berlin.

Voici un court compte rendu des opinions émises à cette occasion, qui parut dans *la Gazette médicale de Montréal*:

« Cette méthode ne peut être substituée à la méthode antiseptique que dans les cas où on peut se procurer des appareils stérilisateurs.

« Excellente dans un grand nombre de cas, elle n'est pas applicable dans certaines conditions: 1) lorsqu'on doit opérer sur des parties atteintes de tuberculose; 2) lorsqu'on se trouve en présence de suppurations, de phlegmon ou de gangrène; 3) lorsqu'on opère dans la cavité buccale, sur le rectum, sur l'urètre.

« La première chose dans ces cas est de désinfecter les foyers par les antiseptiques.

« La méthode aseptique repose sur un fait: la rareté de l'infection de la plaie par l'intermédiaire de l'air.

« Éviter les poussières: les murs doivent être lisses et faciles à nettoyer, le plancher doit être humide pour que les germes infectieux tombant des plaies ne puissent se répandre dans l'air.

« Éviter le contact direct: peau savonnée puis fortement frictionnée pour enlever les couches superficielles contenant des microbes, puis lavée à l'alcool à 80°, puis au sublimé à ½ p.c. Les mains de l'opérateur, des aides sont nettoyées dans ces solutions.

« Le malade est placé immédiatement avant l'opération sur un drap stérélisé, le champ opératoire seul est laissé à découvert. Les instruments sont soumis à l'ébullition dans une solution de soude à 1 p.c. et pris dans cette solution avec un morceau de gaze stérilisée.

« L'hémostase doit être *parfaite*; la plaie est essuyée avec de la gaze stérilisée.

« Les fils de suture de *catgut* enroulés sur des plaques de verre sont désinfectés dans une solution alcoolique de sublimé à 5 p.c. et mis avant l'opération dans une solution de sublimé à 1 p.c. Les fils de soie sont stérilisés ainsi que les pièces à pansement et laissés une demi-heure dans l'étuve à 100°.

« Bergman pratique rarement le drainage; il laisse la plaie béante en certains points entre les sutures et par ces fentes se fait l'écoulement des liquides.

« La plaie est recouverte de gaze ou de ouate simplement stérilisée sans adjonction d'aucun antiseptique.

« Comme nous l'avons dit, cette méthode ne pourra se substituer à la méthode antiseptique car elle nécessite des appareils et des soins extrêmes, des aides éclairés. L'application des antiseptiques nous paraît plus sûre, car est-on jamais certain d'être suffisamment aseptique[135]. »

C'était une opinion erronée bien sûr, mais fort compréhensible pour l'époque. Toutefois, de grands maîtres tels Kocher en Suisse et Halsted à Baltimore suivirent les recommandations des tenants de l'asepsie et finirent par l'imposer au monde entier.

Règles de l'asepsie

Voici les principes et les règles de l'asepsie tels qu'exposés par Samuel J. Pozzi dans son *Traité de gynécologie* publié à la fin du xixe siècle:

« Une grave question se pose tout d'abord: comment se fait-il que des opérateurs de haute valeur, Lawson-Tait et Bankock, par exemple, repoussent l'antisepsie comme inutile et même dangereuse, et qu'ils obtiennent, malgré ce dédain, de magnifiques résultats? Cela n'infirme-t-il pas péremptoirement l'utilité des précautions minutieuses que nous allons recommander?

« La contradiction est moindre en réalité qu'en apparence, et pour s'en convaincre, il suffit de suivre dans tous ses détails la pratique des opérateurs que je viens de citer. Pour les temps principaux de la laparotomie (pour toutes les manœuvres intra-péritonéales), l'asepsie est, non seulement égale, mais même supérieure à l'antisepsie. En effet, vu la grande délicatesse de l'épithélium des séreuses, l'emploi d'une solution antiseptique assez forte pour être active l'altère profondément, et peut avoir des suites graves pour l'opération. On doit donc être rigoureusement aseptique dans le ventre, et réserver l'antisepsie pour l'extérieur.

« Opérateur et aides seront d'une propreté parfaite. Aucun des assistants ne doit, depuis quarante-huit heures au moins, être entré dans une salle de dissection ou de nécropsie, avoir touché des pièces anatomiques ou une plaie septique.

« Un long vêtement de toile, stérilisé, recouvrira les habits. Les mains et les bras seront désinfectés, comme il a été dit ci-dessus. On doit prendre garde de ne toucher à aucun objet (non désinfecté), de ne serrer la main de personne, sitôt les ablutions faites. Au besoin, on mettrait des gants stérilisés à l'étuve, pour protéger les mains purifiées, jusqu'au moment d'opérer mains nues*.

« Il faudrait s'abstenir de toute opération dans le ventre, si l'on avait le moindre bouton, la moindre éraillure suppurante aux mains.

« Le malade aura pris la veille un bain de sublimé ou savonneux. Les poils sont rasés. L'abdomen est lavé au savon avec une brosse, puis à l'éther, à l'alcool et, en dernier lieu, au sublimé à $\frac{1}{1000}$. On prend un soin tout particulier pour le nettoyage des replis cutanés de l'ombilic. On recouvre l'abdomen de compresses imbibées de solution sublimée, pendant le temps, quelque court qu'il soit, qui s'écoule entre le nettoyage et l'opération.

« Le milieu. — À l'hôpital, une salle spéciale sera réservée aux laparotomies. Elle sera éloignée le plus possible de la salle commune, où existent des plaies suppurantes ou septiques, des water-closets et, en général, de toutes les sources d'infection. Les angles en seront arrondis; il n'y aura ni recoins, ni surfaces difficilement accessibles à un nettoyage complet et rapide. Tous les meubles pourront y être rapidement déplacés; le mobilier (sièges, tables, étagères) sera exclusivement construit en métal émaillé ou en bois verni et en verre. Après chaque opération, un lavage général de la salle sera fait avec une lance adaptée à une pompe ou à un robinet, amenant l'eau de source à une pression suffisante pour pouvoir être projetée sur les points les plus reculés.

« Si l'on n'opère pas à l'hôpital, on aura dû, depuis deux jours au moins, préparer une chambre pour la laparotomie projetée. Elle aura été dégarnie de tous les meubles; si l'on n'a pu faire blanchir les murs à la chaux, on les nettoiera exactement, ainsi que le plancher, le plafond et les boiseries, en y promenant des linges imbibés d'une solution phéniquée à $\frac{5}{1000}$.

« Les instruments auront été minutieusement nettoyés et plongés dans l'eau bouillante durant cinq à dix minutes, après la précédente opération. Le jour de la laparotomie, ils seront placés, durant une heure, dans une étuve à air chaud, maintenue de 120 à 140 degrés, puis immergés dans la solution phéniquée $\frac{20}{1000}$. Pour les objets de pansements, la stérilisation doit être faite par la vapeur sous pression dans des autoclaves. On plie en plusieurs doubles un morceau de

---

* C'est en 1889 que Halsted introduisit l'usage des gants de caoutchouc stérilisés, en chirurgie.

gaze de manière à former des carrés de cinquante centimètres de côté et composés de huit épaisseurs de gaze. Puis les compresses sont stérilisées à l'autoclave. Après chaque opération, toutes sont détruites; leur prix de revient insignifiant légitime ce sacrifice.

« La soie la plus tenace sous un petit volume est la soie tressée plate. On la stérilisera à l'étuve humide ou autoclave, en l'enroulant par petites quantités sur des bobines de verre.

« *Catgut*. — Benckiser, qui a adopté le procédé de désinfection par la chaleur, enferme ses rouleaux de *catgut* dans des enveloppes, par petites quantités, avant de les placer dans l'étuve, et ne déchire ensuite l'enveloppe qu'au moment de s'en servir.

« Les tubes à drainage. — On obtient leur pureté relative, en les soumettant à l'ébullition dans la solution de sublimé à 1 pour 1000, durant vingt minutes; on les conserve ensuite dans l'eau phéniquée forte ou la même solution de sublimé, contenue dans des bocaux bien bouchés à l'émeri. Mais il est préférable de les stériliser dans l'autoclave ou l'étuve, pendant une heure, à 110 degrés. On doit avoir soin d'isoler chacun des objets de caoutchouc, dans des compresses de gaze, pour éviter leur agglutination[136]. »

Si ces lignes énonçant les règles de l'asepsie nous semblent aujourd'hui relever de l'évidence même, les doutes qu'elles suscitèrent à l'époque de cette découverte pouvaient certainement s'expliquer par une saine prudence de la part des chirurgiens d'alors.

L'appendicectomie

Avec l'asepsie, la chirurgie abdominale cesse d'être presque exclusivement gynécologique pour devenir gastro-intestinale. L'appendicite tient de plus en plus la vedette à la suite des publications de R.H. Fitz en 1886[137]. Ce dernier avait rapporté 466 abdomens aigus, attribués, après autopsie, à une appendicite, terme qu'il suggérait pour remplacer celui de typhlite ou pérityphlite. Deux ans plus tard McBurney, dans une publication devenue célèbre, décrivait le fameux « point de McBurney », si important pour le diagnostic. En 1894, il publiait ses premières statistiques, soit 108 appendicectomies avec 98 survies.

L'histoire de cette pathologie comme celle de plusieurs autres est marquée par des faux départs, des périodes d'oubli et des redécouvertes. L'appendicite fut notée la première fois par Laurenz Heister à la suite d'une autopsie pratiquée en 1711. Cinquante ans plus tard, Mestivier aurait pratiqué une première appendicectomie sans succès, ce qui prolongea la période d'oubli jusqu'en 1824. Louyer-Villermay décrivit alors à nouveau cette pathologie. Graduellement, l'intérêt suscité par cette maladie augmenta et Hancock pratiqua à Londres, en 1848, une autre appendicectomie[138]. Il faudra cependant attendre l'ère de l'antisepsie et de l'asepsie, et les publications de R.H. Fitz, pour que l'appendicectomie devienne une opération courante. Encore y aura-t-il des mouvements d'avance et de recul avec les partisans de l'opération à chaud ou à froid. C'est ainsi qu'en 1902 le roi Édouard VII d'Angleterre fut traité pour péri-typhlite durant plusieurs semaines jusqu'à ce qu'une perforation rendit le diagnostic évident. L'opération retarda son couronnement d'un mois. Ce n'est qu'au début du xxe siècle que l'appendicectomie prendra son essor et deviendra même abusive.

Pour nous retremper dans l'atmosphère du temps, lisons cet article du docteur A.C. Lamothe-Ramsay, chirurgien en chef d'un hôpital du Minnesota, à l'adresse de la *Gazette médicale de Montréal*.

De l'appendicite.

Par le Dr A.C. Lamothe-Ramsay, ancien interne des hôpitaux, chirurgien en chef de l'Hôpital St-Raphaël, St-Cloud, Minn. U.S.A.

« Cette maladie a été dernièrement le sujet de beaucoup de discussions parmi les chirurgiens français. Il y a déjà deux ou trois ans que la littérature américaine est remplie d'articles sur ce sujet. Smith, ainsi que Morton, ont beaucoup contribué à ouvrir les yeux de nos chirurgiens et à amener le traitement rationnel de cette maladie si commune et si sérieuse.

« Mais à Senn, ce grand maître de la chirurgie intestinale américaine, appartient l'honneur d'avoir décrit les symptômes et la technique opératoire qui ont amené la guérison de tant de pauvres malheureux souffrant de cette maladie.

« L'appendice sera attaché avec de la soie forte aussi près que possible du cæcum et sa couverture péritonéale rapprochée par des points séparés. S'il y a un foyer purulent, le drainage sera indispensable. Senn donne les règles suivantes:

1) Tous les cas d'appendicites catarrhales et ulcéreuses devraient être traités par la laparotomie et l'excision de l'appendice aussitôt que la lésion serait reconnue.

2) L'excision de l'appendice dans les cas non compliqués de perforation est une des plus faciles et des moins dangereuses des opérations abdominales.

« Je puis ajouter qu'avec les précautions aseptiques, même quand il y a perforation, l'opération n'est pas aussi dangereuse que l'ovariotomie dans les mains de nos meilleurs opérateurs du jour[139].

Le docteur J.A. Marien

En 1897, le jeune docteur Amédée Marien rapporte de ses études européennes les nouvelles règles de l'asepsie.

Fils et petit-fils de médecins, né à la Rivière-des-Prairies le 10 mai 1866, J.A. Marien fit ses études au Collège de l'Assomption et entra en médecine à l'École Victoria où il obtint son doctorat en 1890. Après un court séjour en médecine générale, il se rendit à Paris où il étudia la chirurgie avec Legueux, ainsi que l'anatomie pathologique, l'histologie et la bactériologie chez les professeurs Vagberg de l'Institut Pasteur, et Ledulc & Brault, attachés à la Faculté de médecine de Paris.

Il revint donc à Montréal en 1897, avec des idées bien arrêtées sur l'asepsie et la ferme intention d'en imposer l'application par l'exemple.

« Marien était, à la salle d'opération, d'une discipline militaire. Ponctuel, il consacrait à la préparation de son malade ses soins minutieux. Il se lavait les mains avec méthode car il connaissait les travaux de Halsted. Ensuite, c'était la plongée jusqu'aux coudes dans un bocal de permanganate de potasse, suivie d'un rinçage au bisulfite de soude. »

« Marien avait également des exigences post-opératoires qui faisaient sourciller tout l'entourage. Dans la chambre de chacun de ses malades, l'infirmière devait installer ce qu'elle appelait « l'autel de Marien », à savoir: une table recouverte d'un drap blanc où étaient alignés des bocaux stériles servant à contenir les instruments et toutes les pièces de pansement. Un cathétérisme vésical fait à la méthode de Marien devait se faire avec une asepsie rigoureuse. »

Marien exigeait aussi le port du masque et des gants — lui-même portait toujours des gants de coton blanc.

Sa réputation dépassa vite les limites de la ville de Montréal. De partout, les gens venaient le consulter, et sa maîtrise opératoire faisait

Docteur J.A. Marien

l'orgueil de ses élèves et l'admiration des médecins étrangers. Cependant, ses aînés n'aimaient pas l'idée que l'on put bouleverser leurs procédures habituelles, et ils exhibaient leurs résultats heureux pour se défendre d'une révolution gênante. Cette résistance à la nouveauté n'allait tout de même pas l'emporter sur la persévérance du jeune docteur Marien. Quelque temps après son retour, on aménage à l'Hôtel-Dieu des salles d'opérations *aseptiques*. Nous sommes en 1898.

Voici ce que sœur Béatrice Hébert écrit à ce sujet: « Influencé par les idées de Pasteur, le docteur J.A. Marien, de retour d'Europe, organise les salles d'opérations en salles « aseptiques ». Jusqu'à cette date, la pharmacienne de l'hôpital avait la responsabilité de la salle d'opération. Avant chaque intervention, elle devait stériliser les compresses au fer chaud. Les instruments, les compresses, etc. sont maintenant stérilisés à l'autoclave[140]. »

Cette nouvelle technique ne s'était cependant pas imposée sans heurts. Le docteur Télesphore Parizeau rapporte d'ailleurs que les débuts de l'asepsie furent plutôt difficiles à Montréal. Il se rappelle entre autres que Marien dut plaider sérieusement auprès des autorités, pour qu'on lui permit d'installer — tant bien que mal —, à côté de la salle d'opérations (et non à l'intérieur), ses propres appareils de stérilisation.

On hésita longtemps à mettre en pratique les nouvelles règles d'asepsie venues tout droit d'Europe, mais la persévérance et la foi d'Amédée Marien (appelé à succéder à Sir William Hingston à la chaire des cliniques chirurgicales) eurent finalement gain de cause devant les chirurgiens et la direction de l'hôpital.

Avec l'asepsie commence donc une ère nouvelle à l'Hôtel-Dieu de Montréal. Les hystérectomies abdominales et les appendicectomies se multiplient. On note des cholécystectomies, des néphrectomies, des néphropexies; une première gastro-entérostomie pratiquée par le docteur Marien, et une première colostomie réalisée par le docteur Hingston, sur un patient de soixante-dix ans.

Il faudra tout de même attendre le xxe siècle pour assister à des gastrectomies et à des abdomino-périnéales.

Le docteur Henri Merrill

Un comtemporain du docteur Marien, le docteur Henri Merrill, allait lui aussi faire sa marque à l'Hôtel-Dieu de Montréal, et appuyer la thèse de l'asepsie.

Docteur G.H. Merrill

Ancien élève du Collège Ste-Marie, il étudia la médecine à l'École Victoria et à l'Université McGill. Il obtint son doctorat en 1876 et dès lors exerça sa profession sans se consacrer exclusivement à la chirurgie. En 1896, il fut nommé chef de cliniques à l'Hôtel-Dieu et en 1899, agrégé de l'Université Laval de Montréal. C'est lui qui, après le décès du docteur Brunelle, prit la relève pour assister le docteur Hingston. Il collabora, avec J.A. Marien, à l'enseignement de la chirurgie à l'Hôtel-Dieu.

Pour illustrer la dernière année de ce siècle, relisons cet article du docteur J.A. Marien paru dans « *l'Union médicale du Canada* » à propos d'un cas de gastro-entérostomie, opération qui était alors considérée comme une prouesse chirurgicale.

« J'ai l'honneur de vous présenter, au nom du Dr Dubé et au mien, un malade à qui j'ai fait une gastro-entérostomie, pour un rétrécissement du pylore.

« Voici son observation: M. B., machiniste, est âgé de 43 ans. Marié depuis l'âge de 24, il a eu trois enfants tous vivants et bien portants.

« Comme antécédents héréditaires il est intéressant de noter que son père est mort à l'âge de 46 ans, d'un cancer de l'estomac, constaté par l'autopsie.

« Sa mère, agée de 81 ans, jouit encore d'une excellente santé.

« Sur une famille de 15 enfants, dont les autres sont morts en bas âge, de différentes maladies, cinq sœurs et deux frères survivants se portent bien. L'on ne connaît personne parmi les collatéraux qui soit mort de cancer.

« Jusqu'à l'âge de onze ans le patient ne se rappelle pas avoir été sérieusement malade. À cet âge il a eu la fièvre typhoïde qui a duré sept à huit semaines, mais dont il a d'ailleurs parfaitement guéri.

« À part cela, jusqu'à l'âge de 26 à 28 ans, il n'y a rien d'important à noter dans cette observation.

« Depuis l'âge de 28 ans, c'est-à-dire depuis une quinzaine d'années, des troubles d'estomac se sont manifestés par divers phénomènes qui ont incessamment assombri l'existence de ce malade; d'abord tous les phénomènes subjectifs de dyspepsie se traduisant par du gonflement et des évacuations de gaz, des rapports surs et des vomissements acides, quelques heures après le repas, de la constipation alternant avec de la diarrhée, de l'anorexie générale, mais non élective pour certains aliments.

« Il y a environ quatre ans tous ces symptômes se sont amendés et le malade s'est trouvé tout à fait bien pendant deux ans, son appétit est devenu meilleur, il digérait bien et dormait bien.

« Après cette période d'accalmie, M.B. a recommencé à souffrir, depuis bientôt deux ans, de troubles digestifs avec réapparition des mêmes symptômes gastriques, sans dégoût prononcé cependant pour certains aliments; les digestions deviennent difficiles, accompagnées de gonflements épigastriques, et d'émissions de gaz, les vomissements acides surviennent, d'abord espacés, puis se rapprochant de plus en plus; la constipation devient opiniâtre.

Tous ces symptômes ont été en s'accentuant de plus en plus et environ huit mois avant l'opération, des selles *noirâtres* ont été remarquées à plusieurs reprises, de même que des *vomissements de sang* assez considérables par deux fois répétés à des intervalles peu éloignés, une fois à la suite de manipulations nécessitées par l'examen et la palpation.

« Des douleurs avec exacerbation par l'ingestion des aliments une heure après les repas sont ressenties depuis deux ans; elles empêchent parfois le malade de dormir, car elles se manifestent surtout lorsqu'il est couché.

« Ce sont tantôt des douleurs angoissantes avec irradiations variées, d'autres fois ce sont des sensations d'étouffement qui s'atténuent par l'émission de gaz, mais qui sont continuelles.

« Dans l'espace de douze mois, l'amaigrissement de ce malade a été assez notable; de 151 livres son poids est diminué à 121 livres, c'est-à-dire de trente livres: quelque temps avant l'opération, l'amaigrissement était de deux livres par semaine.

« Son moral est très affecté, il est découragé et très anxieux de son état.

« À l'examen de l'abdomen, l'on ne trouva pas de tumeur ni de tuméfaction considérable. Il n'y a ni météorisme, ni ascite, mais à la palpation l'on provoque une sensation douloureuse assez accentuée dans la région sus-ombilicale, surtout à droite au-dessous du rebord des fausses côtes, dans la région pylorique. Le foie a son volume normal, et au-dessous de lui dans la région pylorique on ne constate aucune tuméfaction.

« Pas d'adénopathies externes, ni inguinale, ni sus-claviculaire.

« La grande caractéristique anatomique du cancer pylorique avec sténose, qui est l'énorme dilatation de l'estomac, fait à peu près défaut dans notre observation; en un mot ce qui domine ce sont les signes fonctionnels d'une lésion grave de la muqueuse stomacale.

« Dans la première semaine de mai, M. Dubé présenta son malade à l'Hôtel-Dieu et la plupart de nos collègues l'examinèrent.

« L'existence d'une néoplasie de la muqueuse stomacale semblait indubitable, mais le diagnostic resta hésitant quant à la nature maligne ou bénigne et quant à la localisation de la maladie; une laparatomie exploratrice fut proposée au malade qui l'accepta courageusement, tout en se soumettant entièrement à l'avance à l'opération jugée nécessaire, une fois le ventre ouvert.

« Le 1er juin, après une préparation soignée du champ opératoire et du tube intestinal, je fais sous chloroforme, assisté du Dr Merrill, une laparatomie médiane. Avec beaucoup de jour, il est facile d'examiner les deux faces et les deux orifices de l'estomac. Ce qui frappe tout d'abord, c'est l'épaisseur considérable des parois de l'estomac qui est peu distendu mais dont les vaisseaux sont fortement dilatés et congestionnés. Mais ce qui attire surtout notre attention, c'est une masse, de la grosseur et de la forme d'un œuf de poule, qui siège précisément au niveau de l'orifice pylorique.

« Cette tumeur, d'une consistance assez dure, n'est pas bosselée; elle fait corps avec les tuniques profondes de l'organe, sans envahir toutefois les couches les plus superficielles. L'on trouve bien quelques ganglions mésentériques hypertrophiés, mais on peut les mettre aussi bien sur le compte d'un processus inflammatoire que cancéreux.

« En présence de ce néoplasme qui envahit le pylore et en rétrécit l'orifice presque totalement, nous n'hésitons pas à faire une gastro-entérostomie antérieure, suivant le procédé de Wolfloeer, à l'aide du bouton de Murphy fortifié par une suture séro-séreuse.

« Je profite de cette communication pour vous signaler un point de repère précieux, que je n'ai pas vu mentionner par les auteurs, dans la recherche parfois difficile de la première anse jéjunale: c'est la queue du pancréas, très facile à reconnaître par sa consistance. Après avoir plongé la main dans le ventre et avoir soulevé l'épiploon, le côlon transverse et l'estomac, il est facile de saisir l'anse qui touche à cette glande, et de s'assurer par sa fixité, que l'on ne s'est pas trompé.

« Les suites opératoires furent excellentes; le bouton a été expulsé sans accident le 17ᵉ jour après l'opération.

« Le malade a quitté l'hôpital dans la 4ᵉ semaine après son opération dans un état très satisfaisant; tous les troubles fonctionnels avaient disparu; il dormait bien, mangeait bien et ne souffrait plus. Son poids était déjà augmenté de quelques livres.

« Aujourd'hui, cinq mois après l'intervention, il a augmenté de 22 livres et la guérison se maintient d'une façon des plus satisfaisantes.

« Entre autres réflexions, il faut se demander si nous avons eu affaire à un néoplasme purement inflammatoire ou à un néoplasme malin. L'avenir nous le révèlera.

C'était aussi la glorieuse époque du bouton anastamotique de Murphy servant, après une résection, à suturer les deux bouts de l'intestin. Voici un petit article amusant, tiré de l'Union médicale du Canada à propos du bouton de Murphy:

« Dans les opérations chirurgicales ayant pour but la suture de l'intestin sectionné, on emploie le bouton anastamotique de Murphy: c'est une espèce de bouton de manchette en os, sur lequel on fixe les deux extrémités intestinales. La plaie se cicatrise, les points de suture se résorbent, et le bouton est éliminé par l'intestin. Le Dʳ Chaput avait fait remarquer à la Société de Chirurgie que le bouton de 27 millimètres (un pouce), d'après des mensurations nombreuses faites sur l'intestin humain, est beaucoup trop volumineux pour le petit intestin en général, et surtout pour la partie inférieure de l'iléon. Des trois grandeurs il préfère la plus petite, celle de 21 millimètres (un peu plus de ¾ de pouce), parce qu'elle s'adapte mieux à toutes les circonstances. Le *Canadian Practitioner* du mois d'avril, en profite pour taquiner le chirurgien français. « Si les français ont les intestins plus petits que ceux des américains, dit-il, cela doit dépendre de la cuisine: les mets sont tellement élaborés qu'ils n'exigent aucune digestion, et l'intestin ne se développe pas ».

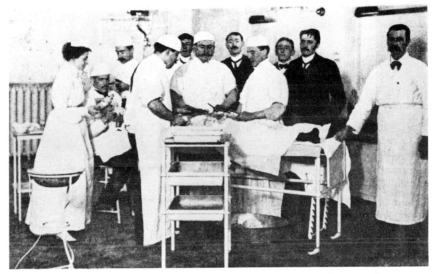

Opérateur: Dr Merrill assisté des Drs Cartier, Gravel et Verner à l'arrière-plan.
Garde Sénécal présente le chloroforme au Dr Bourgeois.
Dernière rangée, de gauche à droite: un infirmier, Dr Tremblay, M.Ed. Merrill, fils du chirurgien, un visiteur, Dr Hamelin, interne.

À la fin du siècle, les malades étaient encore opérés sans intubation, sans solutés intra-veineux et sans transfusions. Potain venait à peine de proposer un sphigmomanomètre, et il est probable qu'il n'était pas systématiquement utilisé. Les interventions chirurgicales majeures étaient peut-être moins risquées depuis l'asepsie mais elles demeuraient semblables à des courses à obstacles, dont le succès dépendait de la rapidité et de l'adresse du chirurgien, qui se condidérait souvent comme un virtuose du bistouri.

ÉPILOGUE ET POSTFACE

ÉPILOGUE

Ainsi se termine cette « saga » chirurgicale de l'Hôtel-Dieu de Montréal au xixe siècle, illustrée par le choix de quelques protocoles opératoires conservés dans les annales des religieuses hospitalières de Saint-Joseph et dignes d'intérêt, par des biographies, des publications et des cliniques parues dans les rares revues médicales de l'époque. On oublie trop souvent ce siècle remarquable qui a vu naître l'anesthésie générale, la chirurgie abdominale, l'antisepsie, l'asepsie, la biochimie, la microbiologie, l'anatomie pathologique et les rayons X. On ignore également les mérites de ces grands patrons de la médecine et de la chirurgie qui nous ont tracé le chemin. Chaque génération étant montée sur les épaules de la précédente, il est juste d'opérer quelquefois un retour en arrière, de faire acte de reconnaissance ou même d'admiration et d'humilité.

Espérons que d'autres prendront la relève et continueront cette chronique chirurgicale de l'Hôtel-Dieu au cours du xxe siècle qui fut le témoin de progrès infiniment plus grands en médecine, en anesthésie, en chirurgie générale, cardio-vasculaire, neurologique, gynécologique, urologique, plastique, orthopédique et ophtalmique, en radiologie, en microbiologie, en biochimie et en informatique. Souhaitons aussi que nos successeurs de l'an 2000, bien plus savants que nous, connaissant peut-être le remède au cancer et les secrets de la biotechnologie, utilisant couramment la microchirurgie et le laser, ou pratiquant les transplantations les plus osées, continueront cette « généalogie chirurgicale » et seront fiers d'y trouver des titres de noblesse.

POSTFACE

Dans la vie d'une nation, une institution plus que triséculaire est toujours importante. Son importance ne tient pas uniquement à sa survie dans le temps, mais surtout au rôle qu'elle a joué dans le développement de l'activité pour laquelle elle a été créée. Le volume de Pierre Meunier fait ressortir la contribution de l'Hôtel-Dieu de Montréal et de ses chirurgiens dans l'avancement de la chirurgie, non seulement dans la province de Québec, mais également au Canada tout entier et même dans le monde. L'auteur nous rapporte qu'à l'Hôtel-Dieu de Montréal au XIXe siècle, il y a eu possiblement deux premières mondiales, soit la première néphrectomie et la première glossectomie totale et mandibulectomie, avec survie des patients: les deux opérations ont été pratiquées par Sir William Hale Hingston. Les premières laparotomies au Canada ont été faites à l'Hôtel-Dieu de Montréal par Robert Nelson.

L'œuvre de Pierre Meunier souligne également la contribution majeure des médecins et chirurgiens de l'Hôtel-Dieu dans le développement de l'enseignement de la médecine et de la chirurgie québécoise. Il insiste sur leur rôle primordial dans la fondation de l'École de médecine et de chirurgie et sur l'importance de cette dernière dans l'éducation médicale à Montréal au XIXe siècle.

Ce travail de Pierre Meunier nous permet de conserver pour les générations futures des faits et des récits de la petite histoire. C'est cette petite histoire qui assaisonne la grande Histoire qui trop souvent, n'est maheureusement qu'une suite sans saveur d'événements et de dates. Un tel volume qui raconte notre passé chirurgical fait partie du patrimoine québécois dont nous pouvons nous enorgueillir à juste titre.

Marcel J. Rheault, M.D., F.R.C.S.(C), F.A.C.S.
Professeur titulaire, Université de Montréal
Chef du service de chirurgie générale, Hôtel-Dieu de Montréal

RÉFÉRENCES

1. Sœur MONDOUX, *Hôtel-Dieu, premier hôpital de Montréal, 1642-1942*.
2. Maude ABBOTT, *History of Medicine in the Province of Quebec*, McGill University, Montréal 1931.
3. Sœur Jeanne BERNIER, *l'Hôpital de Jeanne Mance à Ville-Marie*, thèse 1955.
4. Edgar Andrew COLLARD, *The Gazette*, Montréal 14 juin 1986.
5. *Vie de Mlle Mance et l'histoire de l'Hôtel-Dieu à Ville-Marie dans l'île de Montréal en Canada*, auteur anonyme, Paris 1854.
6. F.H. GARRISON, *History of Medicine*, W.B. Saunders Co. 1929.
7. John HEAGERTY, *Four Centuries of Medical History in Lower Canada*, MacMillan, Toronto 1928.
8. Drs M.J. et Géo AHERN, *Notes pouvant servir à l'histoire de la médecine*, Edit. Laflamme, Québec 1923.
9. Ambroise TARDIEU, *Manuel de pathologie et de cliniques médicales*, Ed. Gernier et Baillière, Paris 1866.
10. Jean-Jacques LEFEBVRE, *Mémoires de la Société généalogique*, Montréal, janvier 1949, p.162, note 32.
11. Maude ABBOTT, *History of Medicine in the Province of Quebec*, op.cit
12. H.E. MACDERMOT, *History of the Montreal General Hospital*, Montréal 1930.
13. Sœur Jeanne BERNIER, *l'Hôpital de Jeanne Mance à Ville-Marie*, op. cit
14. Colloque sur l'histoire de la médecine au Canada, Lac Beauport 1966, Ed. Association médicale canadienne et Schering Co.
15. Drs Sylvio LEBLOND et Jean BEAUDOIN, *Canadian Medical Association Journal*, vol. 132, janvier 1985.
16. *Vie de Mlle Mance et l'histoire de l'Hôtel-Dieu à Ville-Marie dans l'île de Montréal en Canada*, op. cit
17. Audet'Biographical notes, Archives Publiques du Canada, Ottawa.
18. H.A. MATHIEU, « Ovariotomie », *l'Abeille médicale* 1880. p. 337.
19. F.H. CARRISON, *History of Medicine*, op. cit
20. F.H. CARRISON, *History of Medicine*, op. cit
21. F.H. CARRISON, *History of Medicine*, op. cit

22. Wayland CAMPBELL, *Medical Chronicle of Montreal Monthly Record of Medicine and Surgery*, 1854, vol II, no 5.

23. Dr FRANK, revue *Le Docteur*, 1923, p. 17.

24. Fonds Desjardins, Archives de l'Université de Montréal.

25. Pierre MUNRO, « Les hernies », *l'Abeille médicale* 1880, vol II, p. 201.

26. F.H. GARRISON, *History of Medicine*, op. cit

27. Kenneth WALKER, *Histoire de la médecine*, (traduction), Marabout Université 1962, Ed. Gerard et Cie, Verviers, Belgique.

28. M.A. JAMIN, *Manuel de chirurgie*, Ed. Gernier et Baillière, Paris 1864.

29. Edgar Andrew COLLARD, *The Gazette*, Montréal, 13 avril 1985.

30. William STONE, *Maria Monk and the Nursery of the Hôtel-Dieu*, Ed. Howe and Bates, New-York 1836.

31. Collection Pignon sur rue, *Pour le développement de Montréal*.

32. Annales des religieuses hospitalières de Saint-Joseph, Hôtel-Dieu de Montréal.

33. Dr L.D. MIGNEAULT, « Histoire de l'École de médecine et de chirurgie de Montréal », *l'Union médicale du Canada*, 1926, vol 55, p. 597.

34. H.E. MACDERMOT, *History of Montreal General Hospital*, op. cit

35. Edgar Andrew COLLARD, *The Gazette*, Montreal, 13 juillet 1985.

36. Horace NELSON, "Case of a large tumor successfully removed", *British American Journal of Medicine and Surgery*, 1860, vol I, p. 9.

37. Ibid, p. 248 "Impromptu tracheotomy".

38. Ibid, p. 439 "Vesico, urethro, vaginal fistula".

39. Dr FRANK, revue *Le Docteur*, septembre 1923, p.17.

40. Bill TRENT, « Grosse Île, Island of Death », Canadian Medical Association Journal 1984, vol 131, p. 966.

41. Leslie ROBERTS, Montreal, MacMillan, Toronto 1969.

42. Dr L.D. MIGNEAULT, « Histoire de l'École de médecine et de chirurgie de Montréal », *l'Union médicale du Canada*, 1926, vol 55.

43. Dr FRANK, revue *Le Docteur*, août 1923, p. 15.

44. Dr FRANK, revue *Le Docteur*, mai 1923, p. 14.

45. Dr FRANK, revue *Le Docteur*, juillet 1923, p. 14.

46. Sœur Corinn KERR, *l'Hôtel-Dieu de Montréal, 1642-1973*, Cahiers du Québec, Ed. Hurtubise H.M.H. Montréal.

47. Leslie ROBERTS, Montréal, op. cit

48. Ibid, p. 175 "A few observations on chloroform" by Dr W.H. Hingston.

49. Ibid, p. 282 "Observations on ankylosis" by Dr W.H. Hingston.

50. Ibid, "Hospitals in Paris" by Dr W.H. Hingston.

51. Ibid, "Uremic poisoning" by Dr W.H. Hingston, 1859, vol VI, p. 533.

52. Ibid, "Remarks on vomiting as a sign of cholera" by Dr Hector Peltier, 1855, vol II, no. 8, p. 224.

53. Harold SPEERT, *Histoire illustrée de la gynécologie et de l'obstétrique*, Ed. Roger Dacosta, Paris 1973.

54. Sœur Corinn KERR, *l'Hôtel-Dieu de Montréal, 1642*, op. cit

55. *British American Journal of Medicine and Surgery*, 1860, p. 382, « Hôpital Sainte-Famille ».

RÉFÉRENCES

56. Sœur Béatrice Hébert, *Hôtel-Dieu, le plus ancien hôpital de Montréal*, 1973.

57. *l'Abeille médicale*, 1880, p. 352.

58. *la Gazette médicale de Montréal*, 1887, vol I, p. 362, « Notes prises en passant » par un journaliste.

59. A) Sœur Béatrice Hébert, *Hôtel-Dieu, le plus ancien hôpital de Montréal*, op. cit
    B) Robert Lahaise, *l'Hôtel-Dieu de Montréal, 1642*, op. cit p. 55, réf. 176, 1973.

60. Edgar Andrew Collard, *The Gazette*, Montréal, 2 novembre 1985.

61. André Lavallée, *Hôtel-Dieu de Montréal, 1642*, op. cit « Les religieuses hospitalières de Saint-Joseph et l'École de médecine et de chirurgie dans la querelle universitaire », p. 269, 1973.

62. *l'Abeille médicale*, 1879, p. 353.

63. *British American Journal of Medicine and Physical Sciences*, 1862, "Excision of the elbow joint" by Dr W.H. Hingston.

64. Ibib, "Excision of part of the inferior maxillary bone", by Dr W.H. Hingston.

65. *Canada Medical Journal and Monthly Record of Medicine and Surgery*, 1865, vol I, p. 4 "Traumatic aneurism of the femoral artery" by Dr W.H. Hingston.

66. Roger Saint-Jacques, *les Cahiers de la Société d'histoire de Belœil*, Mont Saint-Hilaire, no 17, juin 1985.

67. Dr L.D. Migneault, « Histoire de l'École de médecine et de chirurgie de Montréal », *l'Union médicale du Canada*, 1926, vol 55, p. 597.

68. *la Gazette médicale de Montréal*, 1890, p. 437.

69. Discours sur la chirurgie, par le Dr W.H. Hingston, *l'Union médicale du Canada* 1872, vol I, p. 481.

70. « Clinique sur les hernies » par le Dr Pierre Munro, 1880, vol II, p. 202.

71. Skin grafting by Dr W.H. Hingston, *Canada Medical Journal and Monthly Record of Medicine and Surgery*, 1871, p. 495.

72. Dr L.G. Migneault, « Histoire de l'École de médecine et de chirurgie de Montréal », *l'Union médicale du Canada*, 1926, vol 55, p. 597.

73. Ibid.

74. Sœur Béatrice Hébert, *l'Hôtel-Dieu, le plus ancien hôpital de Montréal*, op. cit

75. Dr Eugène Saint-Jacques, *l'Union médicale du Canada*, novembre 1921.

76. Dr Frank, revue *Le Docteur*, janvier 1924.

77. Fonds Desjardins, « La vie nouvelle », Archives de l'Université de Montréal.

78. « Toxicité de l'acide carbonique », *l'Union médicale du Canada*, 1881, p. 39.

79. « The system of Professor Lister » by George Nelson, *Canada Medical Journal and Monthly Record of Medicine and Surgery*, 1878, p. 143.

80. « Médecin interne à l'Hôtel-Dieu », *l'Union médicale du Canada*, 1876, vol V, p. 283.

81. Sœur Béatrice Hébert, *l'Hôtel-Dieu, le plus ancien hôpital Montréal*, op. cit

82. Dr Eugène Saint-Jacques, *Histoire de la médecine*, Montréal, Ed. Beauchemin 1935.

83. F.H. Garrison, *History of Medicine*, op. cit

84. Osler's first medical publication, « Canadian Medical Association Journal », vol 131, octobre 1984, p. 800.

85. *l'Union médicale du Canada*, 1879, p. 476.

86. « Opération de la taille » par le docteur Pierre Munro, *l'Union médicale du Canada*, 1873, vol II, p. 526.

87. « Calculs vésicaux et lithotomie » par le docteur W.H. Hingston, *l'Union médicale du Canada*, 1874, vol III, p. 4.

88. *l'Abeille médicale*, 1979, vol I, p. 166.

89. Harold SPEERT, *Histoire illustrée de la gynécologie et de l'obstétrique*, op. cit

90. Alphonse GUÉRIN, *Éléments de chirurgie opératoire*, Ed. Chamacot et Lauwereyess, Paris 1869.

91. « Ouverture des cours à l'École de médecine et de chirurgie de Montréal », *l'Union médicale du Canada*, 1874, vol III, p. 529.

92. « Nécrologie, docteur W.H. Hingston » par E.-J. Kennedy, *l'Union médicale du Canada*, mars 1907.

93. Dr Eugène SAINT-JACQUES, « Évocations », *l'Union médicale du Canada*, 1920, p.1

94. « Dr W.H. Hingston, maire de Montréal », *l'Union médicale du Canada*, vol IV, mai 1875.

95. Edgar Andrew COLLARD, *The Gazette*, Montréal, 22 décembre 1881.

96. Dr Eugène SAINT-JACQUES, *l'Union médicale du Canada*, 1921, p. 125.

97. Dr FRANK, revue *Le Docteur*, octobre 1924.

98. « Distribution des diplômes à l'École de médecine et de chirurgie de Montréal », *l'Abeille médicale*, 1880, vol II, p. 248.

99. « Décret Pontifical », *l'Union médicale du Canada*, 1876, vol V, p. 524.

100. Dr L.G. MIGNEAULT, « l'Histoire de l'École de médecine et de chirurgie de Montréal », *l'Union médicale du Canada*, 1926, vol 55, p. 597.

101. *L'Hôtel-Dieu de Montréal, 1642-1973*, p. 61. op. cit

102. « Ouverture des cours, session 1879-1880, *l'Abeille médicale*, vol I, 1879.

103. Robert RUMILLY, revue *l'Hôpital*, février à décembre 1937.

104. « L'Université Laval à Montréal », *l'Abeille médicale*, 1880, vol II, p.381.

105. « Ouverture des cours à Laval », *l'Union médicale du Canada*, 1880, p. 307.

106. « Requête libellée », *l'Abeille médicale*, 1881, vol III, p. 193.

107. Robert RUMILLY, revue *l'Hôpital*. op. cit

108. Dr L.G. MIGNEAULT, « L'Histoire de l'École de médecine et de chirurgie de Montréal », *l'Union médicale du Canada*, 1926, vol 55, p. 597.

109. « Revue annuelle du Bureau provincial de médecine », *l'Union médicale du Canada*, 1884, p. 283.

110. « L'Épidémie de variole », *l'Union médicale du Canada*, 1886, p. 90.

111. Edgar Andrew COLLARD, *The Gazette*, Montréal, 22 décembre 1981.

112. « Résultat des examens pour l'année 1887 », *la Gazette médicale*, 1887, vol I, p. 142.

113. C.T. Morel DE LA DURANTAYE, « Notes prises en passant », *la Gazette médicale de Montréal*, 1887, vol I, p. 362.

114. « Entente universitaire », *l'Union médicale du Canada*, 1889, p. 356.

115. « Séance de réconciliation », *la Gazette médicale de Montréal*, 1890, vol IV, p. 455.

116. « Allocution du Dr W.H. Hingston au congrès de la British Medical Association », *la Gazette mécicale de Montréal*, 1892, vol VI, p. 433.

117. « Discours du Dr A.A. Foucher », *la Gazette médicale de Montréal*, 1892, vol VI, p. 444.

118. *L'Union médicale du Canada*, 1892, vol XX, p.662.

RÉFÉRENCES

119. Edgar Andrew COLLARD, *The Gazette*, Montréal, 6 juillet 1985.

120. Chronique, *l'Union médicale du Canada*, 1895, vol XXIII, p. 455.

121. « Cliniques chirurgicales de l'Hôtel-Dieu », *la Gazette médicale de Montréal*, 1887, vol I, p. 97.

122. « Imperforation anale », *la Gazette médicale de Montréal*, 1888, vol II, p. 343.

123. « Atrésie vaginale », *la Gazette médicale de Montréal*, 1888, vol II, p. 546.

124. « Tumeur fibreuse naso-pharyngienne » par le Dr W.H. Hingston, *la Gazettte médicale de Montréal*, 1889, vol III, p. 249.

125. « Cliniques chirurgicales de l'Hôtel-Dieu », *la Gazette médicale de Montréal*, 1891, vol V, p. 500.

126. « Cliniques chirurgicales de l'Hôtel-Dieu », *la Gazette médicale de Montréal*, 1891, vol V, p. 545.

127. « Cliniques chirurgicales de l'Hôtel-Dieu », *la Gazette médicale de Montréal*, 1892, vol VI, p. 353.

128. « L'uréthrotomie externe » par le Dr W.H. Hingston, *la Gazette médicale de Montréal*, 1892, vol VI, p. 63.

129. *Hôtel-Dieu de Montréal 1642-1973*, op. cit

130. A case in which a bullet was radiographed and photographed in the leg, by doctors John Cox and R.C. Kirkpatrick of McGill, Montreal Medical Journal 1896. vol 24, p. 661, 665 and Canadian Medical Association Journal, vol, 129, octobre 1983.

131. « Diagnostic par les rayons X », *l'Union médicale du Canada*, 1897, p. 118.

132. « Clinique chirurgicale », *l'Union médicale du Canada*, février 1897.

133. Harold SPEET, *Histoire illustrée de la gynécologie et de l'obstétrique*, op. cit

134. *Histoire de la chirurgie à Paris du XIIIe siècle au XXe siècle*, Collaboration, Paris 1983.

135. « De l'asepsie substituée à l'antisepsie », *la Gazette médicale de Montréal*, 1890, vol IV, p. 398.

136. Samuel POZZI, *Traité de gynécologie*, Paris 1897.

137. William OSLER, *Principle and Practice of Medicine*, 1891.

138. F.H. GARRISON, *History of Medicine*, op. cit

139. « De l'appendicite » par le Dr A.C. Lamothe, Ramsay, *la Gazette médicale de Montréal*, 1891, p. 100.

140. Sœur Béatrice HÉBERT, *Hôtel-Dieu, le plus ancien hôpital de Montréal*, Montréal, 1973, op. cit

INDEX DES NOMS

Achevé d'imprimer
en septembre 1989 sur les presses
des Ateliers Graphiques Marc Veilleux Inc.
Cap-Saint-Ignace, Qué.